Reiseführer Natur
MALAYSIA

Die Deutsche Bibliothek – CIP-Einheitsaufnahme

Malaysia/Eberhard Homann; Klaudia Homann. –
München; Wien; Zürich: BLV 1992
(Reiseführer Natur)
ISBN 3-405-14330-6

Umschlagfotos:
Eberhard und Klaudia Homann (vorn: Orang-Utan in
Sepilok/Sabah; hinten: Hibiskus, Nationalblume Malaysias;
großes Foto: typischer Strand der malaiischen Ostküste)
H. D. Brandl/Okapia (hinten: Braunliest)

Foto S. 1: Kokospalme
Foto S. 2: Rajang River, der längste Fluß Sarawaks

BLV Verlagsgesellschaft mbH
München Wien Zürich
8000 München 40

© 1992 BLV Verlagsgesellschaft mbH, München

Umschlaggestaltung: Julius Negele, München
Karten: Viertaler + Braun, Grafik und DTP, München
Redaktionelle Mitarbeit: Dr. Einhard Bezzel
Prof. Dr. Josef H. Reichholf
Lektorat: Dr. Friedrich Kögel
Layout: Volker Fehrenbach, München
Herstellung: Hermann Maxant
Satz: Appl, Wemding
Reproduktionen: Fotolitho Longo, Frangart/Bozen
Druck: Appl, Wemding
Gedruckt auf chlorfrei gebleichtem Papier (Royal Focus)
Bindung: Bückers GmbH, Anzing

Printed in Germany · ISBN 3-405-14330-6

Inhalt

Einführung

Essays

Eberhard Homann
Klaudia Homann

Reiseführer Natur Malaysia

Hauptreiseziele

Nebenreiseziele

Reiseplanung

Anhang

Zum Geleit

Reiseführer Natur – eine Chance für den sanften Tourismus?

Dem Massentourismus ist sehr viel Natur zum Opfer gefallen. Der Versuch, der Unwirtlichkeit der Städte und der Industriegesellschaft in eine »intakte Natur« für die kostbarsten Wochen des Jahres zu entfliehen, mißlang gründlich. Denn der Ruhe, Entspannung und Naturgenuß suchende Mensch wurde im Touristikboom schnell wieder in die Massen einbezogen und beinahe zu einer »Ware« degradiert. Der zähe Brei des Massentourismus wälzte sich, da er fortlaufend seine eigenen Existenzgrundlagen zerstört, immer weiter hinaus bis in die letzten Winkel der Erde. Mit größter Sorge betrachteten Naturschützer in aller Welt diese Entwicklung und versuchten – vergeblich – sich dagegen zu stemmen. Sie waren und sind machtlos gegen die Flut, die über sie und die wenigen geschützten Gebiete hereinbrach. Die Naturschützer hatten so gut wie keine Chancen, die Natur vor dem Massenansturm zu bewahren.

So wurde denn der Tourismus in Bausch und Bogen als nicht natur- und umweltverträglich verdammt und gebrandmarkt. Nicht ganz zu Recht, wie man bei objektiver Betrachtung der Sachlage zugeben muß. Denn nicht wenige der wichtigen, ja unersetzlichen Naturreservate der Welt konnten gerade wegen des Tourismus gesichert werden, der Staaten wie Tansania mit der weltberühmten Serengeti oder Ecuador mit seinen Galápagos-Inseln mehr harte Währung einbrachte, als eine Umwidmung der geschützten Flächen zu anderen Formen der Nutzung. Durch geschickte und gezielte Lenkung des Besucherstromes ist es möglich, die Schäden gering zu halten, aber großen Nutzen einzubringen. Viele Beispiele gibt es hierfür. In Amerika, in Afrika und in Südostasien gelingt es offenbar weitaus besser, Naturreservate zu erhalten als hierzulande in Mitteleuropa, wo Naturschutzgebiete fast automatisch zu Sperrgebieten für Naturfreunde gemacht werden (während andere Nutzungsformen, insbesondere Jagd und Fischerei, in der Regel uneingeschränkt weiterlaufen dürfen).

Es fehlt an Information und an Personal, das die Schutzgebiete überwacht, Besucher betreut und für die Erhaltung der Natur wie für die Einhaltung der Schutzbestimmungen sorgt. Vielfach können gerade da, wo die Schutzgebiete mit strengem »Betreten verboten« ausgewiesen sind, die Schutzziele nicht eingehalten werden. Es fehlen die »Verbündeten«; sie sind als Naturfreunde ausgeschlossen und damit keine starken Partner. Eine grundsätzliche Änderung, eine Wende zum Besseren ist derzeit nicht in Sicht. So bleibt der Naturfreund auf sich allein gestellt, Natur zu erleben, ohne sie zu stören oder gar zu zerstören.

Die neue Serie »Reiseführer Natur« folgt diesen Leitgedanken. Sie will den engagierten Naturfreunden die Möglichkeiten aufzeigen, sich schöne Landschaften mit einem reichhaltigen oder einzigartigen Tier- und Pflanzenleben auf eine »umweltverträgliche« Art und Weise zu erschließen. Ein Tourismus dieser Art, der auf Information aufbaut und dessen Ziel die Sicherung der Naturschönheiten ist, wird vielleicht die überfällige Wende bringen. Unberührte Natur, naturnahe Landschaften und freilebende Tiere und Pflanzen haben ihren besonderen Wert. Aber er wird nicht zum Nulltarif auf Dauer zu erhalten sein.

Einhard Bezzel
Josef H. Reichholf

Vorwort

Malaysia und Singapur üben schon lange ihren exotischen Reiz auf uns aus. Immer wieder begeistert uns diese Region mit ihrer faszinierenden Natur und den überaus freundlichen Menschen. Die vielfältigen Anpassungen der Tier- und Pflanzenwelt an den einzigartigen Lebensraum Tropischer Regenwald üben eine geradezu magnetische Anziehung auf viele Naturreisende aus, die vor Ort allerdings nur zu rasch merken, wie groß das Gebiet ist und wie zeitaufwendig das Reisen hier sein kann. Möglichst noch vor der Reise muß eine Planung der Route erfolgen. Viele Nationalparks können nur nach Voranmeldung mit z. T. aufwendigen Behördengängen besucht werden. Hinzu kommen noch die Überlegungen, welche Parks zu welcher Jahreszeit vom Monsun betroffen sind.

Dieser Reiseführer bietet die Möglichkeit, sich bereits vor der Reise genau mit den Planungen beschäftigen zu können. Das Buch soll aber noch mehr leisten. Es ist uns ein wichtiges Anliegen, bereits an dieser Stelle auf eine oft zu beobachtende Schwierigkeit hinzuweisen, die vielen Reisenden Probleme bereitet. Trotz der Üppigkeit der Vegetation und den Berichten über Millionen von Arten, die den Regenwald ihr Zuhause nennen, sind nicht überall und stets Tiere, vor allem Großtiere, zu sehen. Wer bereits andere Länder bereist hat, in denen riesige Tierherden zu beobachten waren, wird leicht enttäuscht – obwohl er damit bereits eines der wichtigsten Prinzipien des Regenwaldes erfährt: großer Artenreichtum bei geringer Individuenzahl. Wer sich über dieses Phänomen im klaren ist, wird sich an den massenhaft auftretenden, oft leuchtend bunten Insekten und der Pflanzenwelt begeistern. Highlights der Reise sind dann Beobachtungen von Großtieren, die zwar selten, aber mit Hilfe dieses Buches doch auffindbar sind.

Der Tropische Regenwald wird seit Jahren abgeholzt. Diese Tatsache wird auch dem Naturreisenden auf Schritt und Tritt in Malaysia bewußt. Weitflächig gerodete Gelände, Plantagen und Wohnsiedlungen sind überall zu sehen. Wir hoffen, daß auch der Naturtourismus diesen Ländern eine Chance gibt, den Wert ihrer Wälder anders zu nutzen. Eine echte Chance besitzen die Regenwälder aber nur dann, wenn auch in den westlichen Länder ein Umdenken erfolgt. Wer Malaysia besucht hat, kann sicherlich dazu beitragen, indem er von der Faszination der Natur berichtet und gleichzeitig der Trauer Ausdruck gibt, die durch die Zerstörung dieser Natur unweigerlich entsteht.

Hat man neben der Natur auch noch die Menschen kennen- und schätzen gelernt, wird man, genau wie wir, immer wiederkehren.

KLAUDIA HOMANN
EBERHARD HOMANN

Einführung

Zur Benutzung des Buches

Das Buch soll dem Leser die Möglichkeit geben, das Land mit seiner Tier- und Pflanzenwelt möglichst problemlos kennenzulernen. Zum Aufbau und zur Benutzung des Reiseführers zuvor folgende Hinweise: In der **Kleinen Landeskunde** werden die natürlichen Gegenbenheiten der Reiseländer Malaysia und Singapur wie Geographie und Geologie, Klima, Mensch und Geschichte erklärt sowie ein erster allgemeiner Überblick über die Tier- und Pflanzenwelt des Tropischen Regenwaldes vermittelt. Dieses erste Kapitel enthält wichtige Informationen, die während der ganzen Reise von Bedeutung sind.

Im zweiten und dritten Teil des Buches werden dann 23 Hauptreiseziele und 16 Nebenreiseziele beschrieben, die dem Leser die Möglichkeit bieten, individuell zu entscheiden, welche Ziele sich für ihn besonders lohnen. Die Numerierung erfolgt von der Hauptstadt Kuala Lumpur aus nach Osten, entlang der Ostküste West-Malaysias von Norden nach Süden, in Ost-Malaysia erfolgt sie von West nach Ost, d.h. von Sarawak nach Sabah.

Die **Hauptreiseziele** sind die besonders interessanten Gebiete der Reiseländer. Ihr Kennenlernen erfordert in der Regel einen längeren Aufenthalt, da die Anreise z. T. langwieriger ist. Sofern keine Übernachtungsmöglichkeiten bestehen, ergibt sich zwangsläufig ein kürzerer Aufenthalt. Als Auswahlkriterien dienten besondere geologische Formationen sowie das Vorkommen interessanter Tier- und Pflanzenarten. Die vorgestellten Arten werden möglichst im Foto abgebildet. Durch die relative Gleichförmigkeit der Natur begegnet man vielen Arten in fast allen Gebieten. Sind die Arten bereits in anderen Gebieten besprochen, werden Abbildungen durch (S. ...) an-

gezeigt. Auf Textstellen wird durch (s. S. ...) hingewiesen. Besondere Tiere und Pflanzen oder Zusammenhänge, die einer genaueren Beschreibung bedürfen, werden in kleinen Essays beschrieben, die durch blaue Unterlegung hervorgehoben sind. Bei der Besprechung der Pflanzen und Tiere haben wir uns bemüht, möglichst deutsche Artnamen zu verwenden. Für die Säuger wurde »Grzimeks Enzyklopädie« (1988), für die Vogelarten »Wolters, Die Vogelarten der Erde« (1975–1982) verwendet. Die Bezeichnung der Pflanzen erfolgte nach »Lötschert/Beese, Pflanzen der Tropen« sowie »Bärtels, Farbatlas Tropenpflanzen«. Gelegentlich gibt es keine deutschen Artnamen. In diesem Fall wurde auf den englischen oder den wissenschaftlichen Namen zurückgegriffen.

Jedes Hauptreiseziel wird zunächst allgemein besprochen, um einen Gesamteindruck zu vermitteln. Im Anschluß folgt im Teil »**Im Gebiet Unterwegs**« eine Routenbeschreibung. Hier werden kürzere oder längere Wanderungen vorgeschlagen bzw. Orte genannt, die es wert sind, aufgesucht zu werden. Allerdings gibt es auch Ausnahmen. Einzelne Gebiete sind individuell nicht bereisbar, so daß die Entscheidung den Guides überlassen werden muß, die sich aber nach den Wünschen des Reisenden richten. Sie kennen die Stellen, an denen Beobachtungen besonders gut möglich sind.

Die »**Praktischen Tips**« am Ende des Kapitels ermöglichen es, rasch und problemlos anzureisen, Permits und Übernachtungen zu organisieren und nennen die offiziellen Stellen, bei denen man aktuellste Informationen einholen kann. Bei einigen Gebieten bietet es sich an, »Attraktionen«, die in der Nähe liegen, ebenfalls aufzusuchen. Diesem Anliegen wird mit dem »**Blick in die Umgebung**« Rechnung getragen.

Die **Nebenreiseziele** sind oft ähnlich strukturierte Gebiete. Sie liegen aber meist weiter außerhalb, sind z. T. nur schwer erreichbar oder bringen keine neuen Details, so daß es nicht lohnend erscheint, eine Region allein wegen dieses Zieles aufzusuchen. Gleichwohl bieten sie interessante Aspekte, die möglicherweise nebenher erkundet werden können, z. B. während man auf das Permit für einen großen Nationalpark wartet.

Der letzte Abschnitt des Buches ist der **Reiseplanung** gewidmet. Transport- und Unterkunftsmöglichkeiten, gesundheitliche Vorsorge und die Wahl der Fotoausrüstung stehen hier im Mittelpunkt. Ein wichtiger Aspekt ist aber auch die Sprache. Englisch ist sehr weit verbreitet, den echten Zugang zur Bevölkerung bekommt man aber nur dann, wenn man sich einige Wörter Bahasa Melayu aneignet. Die Sprache kommt ohne viel Grammatik aus und ist somit recht leicht erlernbar.

Eine Hilfe beim Lernen der Sprache und zum Bestimmen der Arten bieten die Bücher in der Literaturliste. Sie geben aber auch einen Einblick in die Lebensweise der Menschen und helfen, die Reise auch in kultureller Hinsicht zum Erlebnis werden zu lassen.

Zum Schluß noch ein Wort zur Aktualität. Gerade in den Ländern Südostasiens vollzieht sich ein permanenter Wandel. Dies macht auch vor Nationalparks nicht halt. So können Verkehrsverbindungen ausfallen, Übernachtungsmöglichkeiten zerstört worden sein oder bestimmte Gebiete kurzfristig von der Regierung gesperrt werden. Auch solche Erlebnisse müssen den Reiz einer Reise nach Malaysia nicht beeinträchtigen, solange man Flexibilität zeigen kann. Die Auswahl von Alternativzielen sollte deshalb bereits vor Reiseantritt erfolgen.

Zeichenerklärung für die im Text verwendeten Karten

Um die Übersichtlichkeit zu gewährleisten wurden die Informationen in den Karten auf interssante Aspekte für Naturtouristen beschränkt.

Verwendete Kartensymbole

Straße jeglicher Breite und Ausbaustufe	Kalksteingebirge
Eisenbahn	Mangroven
Wanderweg	● Stadt
Staatsgrenze	△ Berg
Abbruchkante	⌂ Übernachtungsmöglichkeit
Korallenriff	■ Gebäude
Fluß	☆ Besonders interessanter Punkt
See, Meer	✳ Aussichtspunkt
Land	⋀ Campingplatz
Nationalpark	✈ Flughafen
	③ Besuchspunkte (mit Querverweisen im Text)

Kg. = Kampung · Sg. = Sungai · P. = Pulau · G. = Gunung · HQ. = Headquarters
(Dorf)　　　　　(Fluß)　　　　　(Insel)　　　　　(Berg)　　　　　(Zentrale)

Kleine Landeskunde

Lage und Größe

Malaysia ist kein Land im eigentlichen Sinne, sondern der staatspolitische Zusammenschluß zweier großer Gebiete, die durch rund 700 km Südchinesisches Meer voneinander getrennt sind. Beide Landesteile zählen zu Südostasien. Sie liegen zwischen dem 1. und 7. ° nördlicher Breite und dem 100. und 120. ° östlicher Länge. Malaysia erstreckt sich auf einer Fläche von 329 750 km². 131 500 km² entfallen auf die Halbinsel Malaysia, auch West-Malaysia genannt, die 1000 km lange und zwischen 90 und 315 km breite Landzunge des asiatischen Kontinents zwischen dem Indischen Ozean (Andamanen-See) und dem Pazifik (Südchinesisches Meer). Im Norden wird die Halbinsel von Thailand, im Süden von Singapur begrenzt. Der zweite Landesteil Malaysias, Ost-Malaysia, liegt auf der Großen Sunda-Insel Borneo. Im Nordwesten befindet sich der malaiische Staat Sarawak und im Nordosten der Staat Sabah. Zusammen umfassen sie 200 564 km², ein Fünftel der Gesamtinsel. Die beiden Staaten werden im Norden durch das Südchinesische Meer, im Osten durch die Sulu-See und im Süden und Westen durch die Landgrenze zum indonesischen Kalimantan begrenzt. Malaysia ist politisch gesehen der Zusammenschluß von 13 Teilstaaten mit jeweils einer Hauptstadt (in Klammern): Kedah (Alor Setar), Perlis (Kangar), Kelantan (Kota Bharu), Terengganu (Kuala Terengganu), Perak (Ipoh), Pahang (Kuantan), Penang (Georgetown), Selangor (Shah Alam), Malacca (Malacca), Negri Sembilan (Seremban), Sarawak (Kuching), Sabah (Kota Kinabalu) und das Federal Territory Kuala Lumpur.
Singapur ist ein Inselstaat am südlichen Zipfel der malaiischen Halbinsel. Die Republik besteht aus einer Haupt- und 54 kleineren Inseln. Die Fläche des gesamten Staatsgebietes beträgt nur 615 km². Seit den 20er Jahren unseres Jahrhunderts gibt es den sogenannten Causeway, eine Straßen- und Eisenbahnverbindung mit dem malaiischen Staat Johor.

Entstehung und Landschaften

Vor etwa 200 Mio. Jahren, am Ende des Perms, spaltete sich der Urkontinent Pangäa in den Nordkontinent Laurasien und den Südkontinent Gondwanaland, aus dem sich später Südamerika, Afrika, die Antarktis und Australien entwickelten. Laurasien breitete sich westlich und östlich aus. Seit etwa 130 Mio. Jahren gab es im Südosten des asiatischen Festlandes keinerlei größere Klimaveränderungen mehr und nur noch geringfügige tektonische Verschiebungen. Die Sunda-Inseln hingegen erlebten noch eine längere Phase tektonischer Verschiebungen. Dies lag z. T. an der Kollision zwischen der eurasisch-kontinentalen Erdkruste und Australien. Rege Vulkantätigkeit, die auch heute noch in weiten Teilen der Region beobachtbar ist, war die Folge. In Nord-Borneo dauerte der Vulkanismus bis ins Tertiär. Diese Zeit vor etwa 20–1 Mio. Jahren gab Nord-Borneo seine charakteristische gefaltete Struktur mit den höchsten Bergen, dem Gunung Murud (2423 m) in Sarawak und dem 9 Mio. Jahre alten Mount Kinabalu (4101 m; S. 124) in Sabah, aber auch die küstennahen Erdölfelder. Eiszeiten unterbrachen weder die Verbreitung der west- noch die der ostmalaiische Vegetation. Dies erklärt den überaus großen Artenreichtum beider Landesteile.
In West-Malaysia können zwei Großlandschaften unterschieden werden, der Küsten- oder Tieflandsaum und die Gebirgsketten im Landesinneren. Entlang der West- und Ostküste der Halbinsel erstreckt sich der nur 10 m über dem Meeresspiegel liegende Tieflandsaum, der im Westen zwischen 20 und 60 km breit ist. An der Ostküste erreicht er oft nur 3–8 km Breite.

Kristallklares Wasser und dichte Vegetation zeichnen Pulau Tioman aus.

Im Westen ging der Regenwald an der Küste in dichte Mangrovenwälder über (heute sind sie großflächig abgeholzt), da diese Küste durch Sumatra vor dem Monsun geschützt wird. An der ungeschützten Ostküste hingegen schuf der Monsun den fast 500 km langen Sandstrand. An beiden Küsten ergießen sich die großen Flüsse, die in den Gebirgen entspringen, in weiten Delten ins Meer. Zu ihnen gehören der 470 km lange Sungai Pahang, der 400 km lange Sungai Perak und der Sungai Kelantan.

Die Gebirge im Landesinneren lassen sich von Westen nach Osten in die Bintang-Kette, die Titiwangsa-Kette, die Gunung-Tahan-Kette, die Gunung-Benom-Kette und die Östliche Kette (Banjaran Timur) unterteilen. Alle verlaufen in Nord-Süd-Richtung annähernd parallel zueinander. Ihre höchsten Erhebungen sind der Gunung Bintang (1862 m), der Gunung Korbu (2182 m), der Gunung Tahan (2189 m), der Gunung Benom (2108 m) und der Gunung Lawit (1519 m). Im Übergangsbereich zwischen den Gebirgszügen und dem Tiefland gibt es Hügelregionen, in denen besonders entlang der Westküste weitläufige Plantagen entstanden sind.

In der Gegend um Ipoh ragen einzelne Kalkfelsen aus der Landschaft hervor. Sie entstanden aus ehemaligen Ablagerungen der Meere und verwittern nun immer mehr. Dies führt zum stetigen Abbruch ganzer Wandbereiche, wodurch die charakteristischen schroffen Klippen gebildet werden.

Ost-Malaysia ist in Schwemmlandgebiete, einen Tieflandsaum und Gebirgsketten gegliedert. Diese Gliederung tritt jedoch nur in Sarawak deutlich in Erscheinung. Im Bereich der Küsten entstanden und entstehen ausgedehnte Schwemmland- und Mangrovengebiete. Hier münden die zahlreichen Flüsse, allen voran der Batang Rajang (564 km lang), in breiten Delten. Eine stark zergliederte Küstenlinie ist die Folge. Das angrenzende Tiefland geht dann in die von Ost nach West verlaufenden Gebirgszüge, die Kapuas Mountains, die Iran Mountains, die Klingklang Range und die Penambo Range über, die die Grenze zu Indonesien darstellen. In der Penambo Range

Alfred Russel Wallace – ein berühmter Naturforscher

Die malaiische Inselwelt übte schon immer eine große Faszination auf Abenteurer, Entdecker und Naturforscher aus. Einer von ihnen war A.R. Wallace. Er bereiste die Inselwelt zwischen 1854 und 1862. Seine Entdeckungen und Beschreibungen der Pflanzen- und Tierwelt führten zur heute noch gültigen Wallace-Linie, die zwischen Bali und Lombok verläuft. Diese gedachte Linie markiert die Grenze zwischen der asiatischen und australisch-melanesischen Tierwelt.

Seine Reisen führten ihn zunächst nach Singapur, dann weiter nach Malakka und Sarawak. Später folgten Expeditionen auf die heutigen indonesischen Inseln.

Er formulierte ungefähr zur gleichen Zeit wie Charles Darwin Gedanken zur Evolutionstheorie. Darwin konnte seine Theorie jedoch eher veröffentlichen und bekam den meisten Ruhm.

Eines der interessantesten Werke von Wallace ist das Buch »Der Malayische Archipel«, das im Original 1869 erschien. Wallace beschreibt seine Eindrücke über Pflanzen, Tiere und Menschen, denen er begegnete und die ihn faszinierten. Natürlich hat sich nach über 100 Jahren einiges in der Region verändert – aber doch vieles ist noch ähnlich anzutreffen oder zeigt zumindest noch das Flair der Geschehnisse, die Wallace so treffend beschreibt.

Hier nun ein kurzes Zitat seiner Beschreibung eines Baumfrosches:

»Eines der seltsamsten und interessantesten Amphibien, welches ich auf Borneo fand, war ein großer Laubfrosch, den mir ein chinesischer Arbeiter brachte. Er sagte mir, daß er ihn in querer Richtung einen hohen Baum gleichsam fliegend hinunterkommen gesehen hätte. Als ich ihn näher untersuchte, fand ich die Zehen sehr groß und bis zur äußersten Spitze behäutet, so daß sie ausgebreitet eine viel größere Oberfläche darboten als der Körper. Die Vorderbeine waren ebenfalls von einer Haut eingefaßt, und der Körper konnte sich beträchtlich aufblähen. Der Rücken und die Glieder waren von einer tiefgrünen Farbe, die Unterseite und das Innere der Zehen gelb, und die Schwimmhäute schwarz und gelb gestreift. Der Körper war ungefähr vier Zoll lang, während die vollständig ausgebreiteten Schwimmhäute jedes Hinterfußes eine Oberfläche von vier Quadratzoll bedeckten und die Schwimmhäute aller Füße zusammen ungefähr zwölf Quadratzoll. Da die Enden der Zehen große Haftscheiben zum Festhalten haben, welche das Tier zu einem wahren Laubfrosch stempeln, so ist es nicht gut denkbar, daß diese große Zehenhaut nur zum Schwimmen da ist, und die Erzählung des Chinesen, daß er vom Baume herunterflog, gewinnt an Glaubwürdigkeit. Dies ist, soviel ich weiß, das erste bekannte Beispiel eines ›fliegenden Frosches‹, und es ist für Darwinianer sehr interessant, da es zeigt, daß die Variabilität der Zehen, welche zum Schwimmen und Klettern modifiziert worden waren, vorteilhaft dazu benutzt wurde, um eine verwandte Art zu befähigen, gleich einer fliegenden Eidechse durch die Luft zu streichen.«

(aus: A.R. Wallace, Der Malayische Archipel, Societäts-Verlag, Frankfurt 1983, S. 37/38)

liegt der 2423 m hohe Gunung Murud, der höchste Berg Sarawaks.

Sabah ist dagegen gebirgiger. Die Crocker Range (S. 117) mit dem höchsten Berg Südostasiens, dem Mount Kinabalu, erstreckt sich bis in Küstennähe. Auch die nord- und südöstlichen Gebiete sind von Gebirgen gekennzeichnet. Nur bei Sandakan und in den äußersten östlichen Regionen existieren Tieflandgebiete.

Singapur ist ein flaches Land. Durchschnittlich liegt der Staat knapp 10 m über dem Meeresspiegel. Die höchste Erhebung, der Bukit Timah erreicht gerade 177 m. Im Osten besteht der Untergrund weitgehend aus Kies und Sand. Daran schließt sich im Mittelpunkt der Hauptinsel ein hügeliges Gebiet an, dessen Untergrund aus Granit besteht. Im Westen und Süden trifft man auf Kalksteinsedimente.

Klima

Malaysia und Singapur liegen im Bereich der immerfeuchten tropischen Klimazone, die sich durch ihre Gleichförmigkeit im Jahresgang auszeichnet. Thermische Jahreszeiten im üblichen Sinne existieren nicht. Die Temperaturen liegen ganzjährig zwischen 22 °C und 32 °C. Extremwerte über 34 °C oder unter 18 °C sind sehr selten. Hiervon ausgenommen sind die Gebirgsregionen. So kann die Temperatur am Mount Kinabalu nachts schon recht nah an den Gefrierpunkt reichen.

Die Luftfeuchtigkeit liegt konstant bei 80 %. In Küstennähe sinkt die Luftfeuchtigkeit durch Windeinflüsse, im Regenwald kann sie bis auf 100 % steigen.

Die einzigen Unterbrechungen im Verlauf des Jahres sind die Regenzeiten, die durch den Nordost- und den Südwestmonsun entstehen. Der Nordostmonsun herrscht in der Zeit von Oktober bis Januar/Februar. Heftige Regenfälle sind dann an der Ostküste der Halbinsel und in Ost-Malaysia an der Tagesordnung. Der Südwestmonsun, von Mai bis September, beeinflußt

hauptsächlich die Westküste der Halbinsel. Der Begriff »Regenzeit« darf wörtlich genommen werden. Tage- oder sogar wochenlange Regenfälle sind allerdings nicht zu erwarten. Stattdessen regnet es nur häufiger, möglicherweise täglich, und mit gesteigerter Intensität. Der Regen und die damit verbundene Luftfeuchtigkeit sind nun einmal die bestimmenden Faktoren der Tropen.

Regen ist aber auch außerhalb der Regenzeit ein ständiger Reisebegleiter. Nur entlang der Ostküste kommt es in den Monaten Juli bis September häufig zu trockenen Wochen. Dann steigen die Temperaturen jedoch so weit an, daß ein Regenschauer als Erfrischung dringend herbeigesehnt wird.

Zwischen Juli und September fällt auch in Singapur häufig wenig Regen. Besonders im Bereich der City kommt es dann wegen fehlender Luftbewegungen zwischen den riesigen Gebäuden zu regelrechten Hitzestaus, die jede Bewegung zur Qual werden lassen.

Vegetation

Die Verschonung durch die Eiszeiten und die lange erdgeschichtliche Konstanz der Region haben in Malaysia zu einem immensen Artenreichtum geführt. Bisher wurden über 50 000 Pflanzenarten ermittelt, davon allein 5000 verschiedene Bäume.

Die ursprüngliche Vegetation ist der Tropische Regenwald, der in etwa 800–1000 m Höhe in den Bergregenwald übergeht. Ab etwa 1600 m beginnt der Nebelwald, der bis zur Baumgrenze reicht (die man nur am Mt. Kinabalu in Sabah findet). An den Küsten geht der Regenwald, besonders im Bereich der zahlreichen Flußmündungen, in Mangrovenvegetation über. Charakteristisch für den Regenwald dieser Region sind die Zweiflügelfruchtbäume (Dipterocarpaceen; s. S. 136), die zusammen mit zahlreichen anderen Baumarten

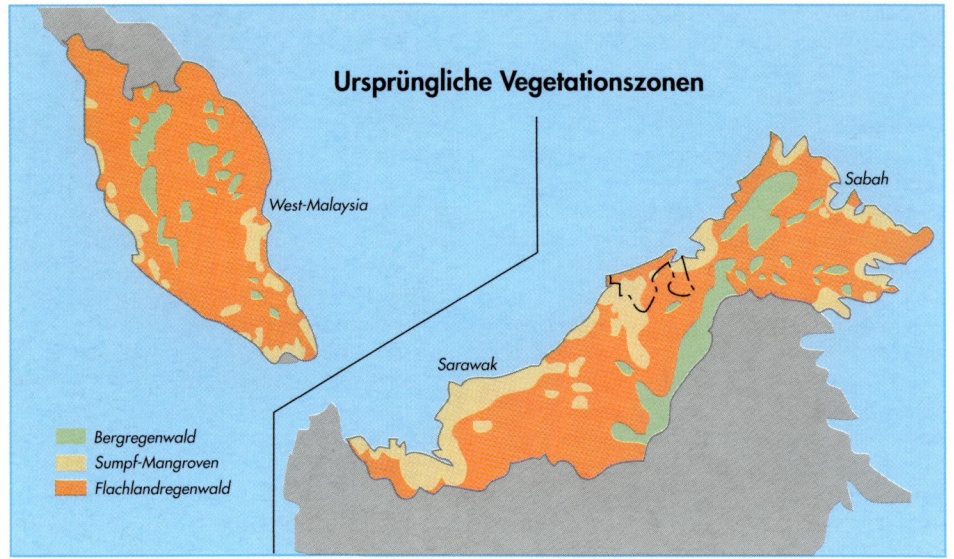

Ursprüngliche Vegetationszonen

West-Malaysia

Sabah

Sarawak

- Bergregenwald
- Sumpf-Mangroven
- Flachlandregenwald

wie Meranti-Bäumen, etlichen Maulbeer-
gewächsen, darunter Feigenbaumarten
der Gattung *Ficus*, Lianen und Palmen ein
geschlossenes Blätterdach in etwa
40–50 m Höhe bilden. Einzelne Bäume,
sogenannte Überständer, können dieses
Blätterdach noch um etliche Meter überragen. Neben den vielen Baumarten sind
auch die Epiphyten (S. 73) oder Aufsitzerpflanzen typisch für die malaiischen Regenwälder. In Astgabeln oder auf Ästen, an
Felsen und Baumstämmen setzen sich diese Pflanzen fest, um möglichst weit nach
oben zum Licht zu gelangen.

Das geschlossene Blätterdach und nicht
zuletzt zahlreiche Abenteuerromane und
Filme nähren die Sage vom »undurchdringlichen Dickicht«, dem Begriff der in
der altindischen Sprache, dem Sanskrit,
»Jangula« hieß und heute als »Dschungel«
überall bekannt ist. Tatsächlich hat ein in-
takter Regenwald jedoch fast keinerlei Unterwuchs, da der wichtigste Faktor für das
Pflanzenwachstum, das Licht, bereits in
den Kronenregionen der Bäume abgefan-
gen wird und am Boden allenfalls noch
diffuses Dämmerlicht herrscht. In diesen

lichtarmen Bereichen können nur Pflanzen mit speziellen Anpassungen gedeihen.
Wo noch Licht den Boden erreicht, findet
man besonders große Blätter, die eine optimale Lichtausbeute für die Pflanze gewährleisten. Bei einigen Arten besitzen
Jungpflanzen große Blätter, Altpflanzen,
die bereits hoch oben leben, nur sehr kleine. Eine Erklärung des Phänomens ist recht
einfach: Der stetige Wind in den oberen
Regionen würde große Blätter rasch zerstören.

Andere Pflanzen haben das Problem der
Lichtarmut dadurch gelöst, daß sie keine
Photosynthese mehr betreiben, sondern
als Schmarotzer an den Nährstoffen anderer Arten teilhaben. Die faszinierendste
Pflanze dieses Typs ist die Rafflesia
(S. 120). Sie lebt u. a. im Gebiet des Mt.
Kinabalu und bei Ipoh. Zur Blütezeit bricht
ihre Knospe auf, die in den Wurzeln einer
bestimmten Lianenart wächst. Die geöffnete Blüte erreicht einen Durchmesser
von bis zu 1 m. Ihr entströmt dann ein Geruch, der an verwesendes Aas erinnert.
Schmeißfliegen werden angelockt, die zur
Verbreitung der Samen beitragen.

Einige Pflanzen gehen mit den Bäumen den Kampf ums Licht ein. So bilden die Lianen Ranken oder lange Sprosse aus, mit denen sie in lichtdurchflutete Regionen hinaufwachsen.

Die feinen Samen der Aufsitzerpflanzen oder Epiphyten werden von Tieren oder dem Wind auf Bäume getragen. Auf den Ästen keimen sie aus. Orchideen und Vogelnestfarn gehören zu den häufigen Aufsitzerpflanzen Malaysias.

An Flußmündungen in Küstennähe gedeihen Mangroven (S. 112). Diese Pflanzen sind speziell an die unterschiedlichen Gegebenheiten ihres Lebensraumes angepaßt. Ebbe und Flut sorgen für einen ständigen Wechsel des Wasserstandes und des Salzgehaltes. Stelzwurzeln, Salzausscheidungsorgane und die Viviparie (d. h. Jungpflanzen keimem noch an der Mutterpflanze aus und fallen erst als bewurzeltes Pflänzchen zu Boden, um nicht weggeschwemmt zu werden) gehören zu den Strategien, mit denen Mangroven sich in ihrem Lebensraum behaupten.

Leider ist die faszinierende Welt des Tropischen Regenwaldes auch hier extrem bedroht. Singapur ist stark bevölkert. Der Wald mußte weitgehend weichen. Obwohl Malaysia nicht überbevölkert ist, wird auch hier der Regenwald gerodet (s. S. 150). Holz ist ein wichtiges Exportprodukt des Landes. Weite Areale sind bereits der Säge zum Opfer gefallen, hauptsächlich um Kisten, Möbel, Fenster, Türen, Särge, Eßstäbchen und Frühstücksbrettchen für die Industrieländer zu liefern. Ein weiterer Grund für das Abholzen ist die Nachfrage nach Produkten wie Palmöl, Kautschuk, Bananen, Caschewnüssen und Pfeffer. Großflächig werden Plantagen für Ölpalmen (s. S. 34) angelegt. Das gepreßte und raffinierte Öl wird zu Produkten wie Schmierseife und Bratfett verarbeitet. Gummibaumplantagen (s. S. 34) sichern den Rohgummi- oder Kautschukbedarf der Welt. In Sarawak gibt es schließlich riesige Pfefferplantagen, die das Land zum bedeu-

Eichenblattfarne leben epiphytisch auf Bäumen, um in gutbelichtete Bereiche zu gelangen.

tendsten Pfefferlieferanten der Welt werden ließen.

An den Küsten stehen überall Kokospalmen (s. S. 54), manchmal einzeln, scheinbar niemandem gehörend, manchmal in großen Plantagen: Hier werden die in der ganzen Welt bekannten tropischen Früchte geerntet. In der Umgebung von Ortschaften gibt es weitere Nutzpflanzen (S. 24), wie Rambutan, Durian, Mangobaum, Papaya, Ananas, Maniok und Reis. Im Hochland West-Malaysias wird Tee angebaut.

Der Weißbart-Ruderfrosch ist als Kulturfolger recht häufig an Bäumen und Blättern zu beobachten.

Tierwelt

»Hübsche Spechte und buntfarbige Königsfischer, grüne und braune Kuckucke mit sammetweichen roten Köpfen und grünen Schnäbeln, rotbrüstige Tauben und metallisch glänzende Honigsauger wurden mir Tag für Tag zugetragen und erhielten mich in einem ununterbrochenen Zustande freudiger Erregung.« So schrieb A.R. Wallace (s. S. 12) 1869 in seinem Buch »Der Malayische Archipel«. Ein paar Seiten weiter: »Tiger und Nashorn werden hier noch gefunden, und noch vor ein paar Jahren gab es viele Elefanten, aber sie sind jetzt alle verschwunden.«
Diese beiden kurzen Zitate geben ein zutreffendes Bild von der vielfältigen Tierwelt Malaysias. Hier zur Verdeutlichung ein paar Zahlen: Man kennt etwa 250 Säugetier-, 100 Süßwasserfisch-, 500 Vogel-, 200 Reptilien- und über 100 000 Insektenarten.
Zu den **Säugetieren** zählen u. a. zahlreiche Affen. Häufig handelt es sich um Makaken, Languren und Gibbons, seltener kommen Nasenaffen (s. S. 93) und Orang-Utan (s. S. 141) vor. Selten sind auch Tiger und Leoparden, Nashörner und Elefanten. Häufig trifft man auf Schönhörnchen und Tupaias (s. S. 66), eine Halbaffenart. Wildschwein, Wasserbüffel und Kantschil, Tapir, Malaienbär, Fledermäuse und Fliegende Hunde sind je nach Region ebenfalls sehr häufig. Überall ist auch die Wanderratte heimisch, die sich besonders in Nationalparks gerne an Vorräten vergreift.
Unter den zahlreichen **Vogelarten** gibt es viele Greifvögel, Eisvögel, Nashornvögel, Beos, Tauben und Segler.
Auch die **Reptilien** bilden eine überaus vielseitige Gruppe. Zahlreiche Schlangenarten, z. B. Python und Kobra, Lanzenotter und Krait, faszinieren mit ihrer Anmut. Es gibt auch die sehr gefährliche Königskobra. Geckos und die großen Binden- und Bengalenwarane, Verwandte der Komodowarane, Leistenkrokodile und Gaviale bevölkern die Region. An der Ostküste Malaysias kommen alljährlich die großen Lederschildkröten (S. 56) an Land, um ihre Eier abzulegen.
Das Reich der **Insekten** ist das artenreichste der Tierwelt Malaysias. Käfer, auch Nashornkäfer (S. 27), winzig kleine Ameisen und zentimetergroße Roßameisen bevölkern den Wald. Schmetterlinge und Libellen fliegen umher. Erwähnenswert sind auch die Termiten, die große Schäden an Gebäuden anrichten, indem sie die Hauptbausubstanz, das Holz, auffressen, das sie mit Hilfe von Mikroorganismen in ihrem Darm verwerten können. Nicht zu vergessen sind auch die Malaria übertragenden *Anopheles*-Mücken, die allerdings nur nachts stechen. Leider gibt es auch zahlreiche tagaktive Mückenarten.
In Mangrovengegenden leben Schlammspringer und Winkerkrabben, Tiere, die sich an diese speziellen Lebensräume angepaßt haben. Schlammspringer (S. 112), die zu den Fischen gehören, können sich auf umgebildeten Flossen an Land fortbewegen, haben Kugelaugen zur guten

Rundumsicht und lagern Wasser im Kiemenbereich ein, um auch bei Ebbe über genügend Sauerstoff zu verfügen.
Die Tiere des Regenwaldes sind in der Regel scheu oder gut getarnt, auf jeden Fall aber schwierig zu beobachten. Trotz der großen Artenzahlen darf man nicht erwarten, überall auf Großtiere zu treffen. Hier wird an der immensen Artenzahl ein Prinzip des Tropischen Regenwaldes deutlich: sehr viele Arten mit nur geringen Individuenzahlen und möglichst weiträumiger Verteilung. Der Wald bietet den Tieren nicht immer eine optimale Nahrungsgrundlage, so daß sie sehr große Streifgebiete benötigen, um die täglich benötigte Nahrung zu finden. Große Individuenzahlen, wie in den offenen Savannen Afrikas, können nicht entstehen, da eine ausreichende Nahrungsbasis fehlt. Viele Großtierarten leben deshalb als Einzelgänger bzw. nur in kleinen Gruppen. Die großen Erlebnisse, wie z. B. einem der letzten Tiger oder Nashörner zu begegnen, sind sicherlich selten und die absolute Ausnahme. Vielmehr muß man ein offenes Auge für die kleinen Dinge am Rand des Weges bekommen, um z. B. Ameisen auf ihren Streifzügen zu beobachten. Auch die Affen sind in Hülle und Fülle ständige Begleiter in den naturkundlich interessanten Reisegebieten,

Braunlieste erbeuten mit Vorliebe Amphibien.

Indische Hirtenstare gehören zu den häufigsten Vögeln in Städten und Dörfern.

Perlhalstauben leben auch in der Nähe des Menschen.

wenn auch Arten wie der Nasenaffe und der Orang-Utan sehr selten sind. Allerdings gibt es auch bei diesen beiden Arten die Möglichkeit, sie in Reservaten zu sehen. Auch wenn die Orang-Utans dort nur »halbwild« leben, bleibt es ein eindrucksvolles Erlebnis.

Im Großökosystem Tropischer Regenwald sind im Laufe der Evolution unterschiedlichste Anpassungen bei Tierarten entstanden. Beispielsweise sind baumbewohnende Affen, wie Gibbon und Orang-Utan, durch überlange Arme perfekte Hangelkünstler.

Eine ganz besondere Anpassung unterschiedlichster Arten an diesen Lebensraum soll nicht unerwähnt bleiben: die Entwicklung der Flug- oder besser Gleitfähigkeit. Bei den Säugern besitzt das Gleithörnchen diese Fähigkeit. Ein Hautlappen zwischen Vorder- und Hinterbeinen kann bei Bedarf ausgebreitet werden und hilft dann, das Tier zwischen 30 und 70 m weit durch die Luft zu tragen. Der Schwanz wird vom Gleithörnchen als Steuerorgan eingesetzt, um gegebenenfalls die Richtung zu ändern.

Diese Gleitfähigkeit findet man auch bei Reptilien und Amphibien. Die Goldschlange, eine Schmuckbaumnatter, kann durch Abspreizen der Rippen und Bauchleisten durch die Luft gleiten. Die Flugdrachen der Gattung *Draco* (S. 133) besitzen seitliche Hautlappen, die über verlängerte Rippen ausgebreitet werden können. Die Steuerung erfolgt bei ihnen über den Schwanz und die Gleitflughäute.

Der Baumfrosch und der Borneo-Flugfrosch besitzen Spannhäute zwischen den Zehen. Springen diese Tiere in die Tiefe, wird der Fall durch die ausgebreiteten Spannhäute verlangsamt. gleichzeitig gelingt es ihnen, den vertikalen Fall in eine leicht horizontale Bewegung umzusetzen. Alle diese Tiere ersparen sich durch ihre Gleitfähigkeit zeitraubende Umwege, die durch das Hinabklettern an Bäumen notwendig wären.

Mensch und Geschichte

Der erste Mensch, der Südostasien besiedelte, war vermutlich der *Pithecanthropus erectus*, der »aufrechtgehende Affe«. Sein Leben spielte sich im Pleistozän vor etwa 600 000 bis 150 000 Jahren ab. Funde von Schädeldecken und Steinwerkzeugen auf Java und am Perak-Fluß in Malaysia lassen auf die Besiedlung des ganzen Raumes schließen, da während der Eiszeiten immer wieder Landbrücken zwischen dem Festland und den Sunda-Inseln bestanden, die erst vor rund 12 000 Jahren völlig verschwanden. *Homo sapiens sapiens*, der heutige Mensch, lebt wohl seit etwa 40 000 Jahren in der Region. Erste Funde gelangen Mitarbeitern des Sarawak-Museums in den Niah-Höhlen (s. S. 97) in Sarawak.

In der Mittel- und der Neusteinzeit fanden im gesamten südostasiatischen Raum große Wanderbewegungen statt. Von ihnen zeugen Relikte wie Knochen, Werkzeuge und Reste von tierischen Nahrungsmitteln. Diese Wanderungen führten die **Orang Asli**, die »ursprünglichen Menschen«, auf die malaiische Halbinsel. Zuerst kamen die australid-negriden **Semang**. Ihre Nachfahren, vermutlich leben noch etwa 2000, wohnen vornehmlich im Inneren Malaysias, z. B. im Gebiet des Taman Negara. Sie bilden auch heute noch weitgehend nichtseßhafte Gruppen, jagen mit dem Blasrohr und sammeln Früchte und Knollen im Dschungel. Mit seßhaften Gruppen und malaiischen Dörfern wird loser Kontakt zum Handeln gehalten. Die Semang leben weitgehend in Einklang mit der Natur, d. h. sie entnehmen dem Wald nur soviel Nahrung und Baumaterial, wie sie benötigen.

Kurze Zeit nach den Semang wanderten proto-malaiische Gruppen ein, die **Senoi** und **Jakun**. Beide Gruppen, von denen noch etwa 40 000 Menschen auf der malaiischen Halbinsel leben, wandelten sich im Laufe der Zeit von nichtseßhaften Jägern und Sammlern zu seßhaften Kleinbauern. Der Anbau und Handel mit Tapioka, Hirse, Mais, Chilli, Durian, Rambutan und Kokosprodukten ist für sie lohnender geworden. Ihre Dörfer unterscheiden sich kaum von den Kampongs der Malaien. Der einzige Unterschied ist ihre Religionszugehörigkeit. Auch gegenwärtig noch sind überwiegende Teile der Orang Asli Animisten, d. h. sie glauben an eine beseelte Natur, in der überall Götter oder Dämonen leben, die besänftigt werden oder denen Huldingungsopfer dargebracht werden müssen. Die malaiische Regierung versucht, die Gruppen zu islamisieren, großer Erfolg bleibt jedoch aus.

In Sarawak und Sabah leben etwa 60 proto-malaiische Volksgruppen. Zu ihnen gehöen die Iban oder See-Dayak, die Bidayuh oder Land-Dayak, Melanau, Kenyah, Kayan, Murut, Punan, Bajau, Kadazan oder Dusun.

Die Besiedlung durch diese Gruppen begann etwa 2000 Jahre v. Chr. Bis auf die Punan sind diese Volksgruppen heute seßhaft. Die seßhaften Volksgruppen haben ihre traditionelle Dorfform, das Langhaus, weitgehend beibehalten. Sie betreiben heute Ackerbau und Viehzucht. Etliche sind auch als Holzfäller für große Gesellschaften tätig.

Die Punan, man nimmt an, daß es sich noch um etwa 3000–5000 Menschen handelt, versuchen auch heute noch weitgehend zurückgezogen zu leben. Ein Teil von ihnen ist mittlerweile den Aufrufen der Regierung gefolgt und hat sich ansiedeln lassen. Probleme gibt es für diese Volksgruppe dadurch, daß der Regenwald, in und von dem sie leben, zunehmend zerstört wird. Ihre Nahrungsgrundlage geht verloren. Wildtiere wandern ab oder werden von Holzfällern geschossen, Flüsse sind durch Auswaschungen infolge der Abholzungen so weit getrübt, daß Fischfang nahezu unmöglich wird. Zahlreiche Menschenrechts- und Naturschutzorganisationen setzen sich mittlerweile für diese Menschen ein.

Neben diesen Ureinwohnern besteht die Bevölkerung Malaysias aus Malaien, Chinesen, Indern und Europäern. Die **Malaien** besiedelten die Region ab etwa 250 v.Chr. Sie beherrschten die Kunst der Metallverarbeitung. Diese Technik befähigte sie, rasch im Land Fuß zu fassen und die ursprünglich hier heimischen Völker ins Landesinnere zurückzudrängen.

Bereits seit etwa 2000 Jahren treiben die **Chinesen** Handel mit Malaysia. Ein wichtiger Handelsposten war Malakka (Melacca). Die Bedeutung dieses Hafens erkannten auch die Portugiesen, die 1511 Malakka eroberten. Damit begann die wechselvolle **Kolonialzeit**. Den Portugiesen folgten 1641 die Holländer. 1795 kamen dann die Engländer.

Im Laufe der Zeit veränderten sie einiges im damaligen Malaya. Sie begannen mit dem Anlegen von Kautschuk-, Ölpalm- und Teeplantagen und dem Abbau der Bodenschätze. Zinn ist seither eine der bedeutensten Ausfuhrwaren. Riesige Zinnminen wurden vornehmlich im Bereich der Westküste der Halbinsel angelegt. Gold-, Silber-, Kupfer-, Eisen- und Bauxitvorkommen werden ebenfalls abgebaut, haben aber einen geringeren Anteil als das Zinn. 1941 besetzten japanische Truppen Malaysia und Singapur. 1945 wurden sie wieder vertrieben. Noch einmal folgte eine kurze Zeit der englischen Herrschaft. 1959 wird Malaya vollständig autonom. 1963 wurde ein Zusammenschluß von Malaya, Sarawak, Sabah und Singapur zum Staat Malaysia durchgesetzt, der allerdings nur bis 1965 hielt. Seitdem sind Malaysia und Singapur unabhängig voneinander, pflegen jedoch rege Beziehungen. Seit 1967 sind beide Staaten Mitglieder der Association of South-East Asian Nations (ASEAN). Malaysia gilt heute aufgrund der guten wirtschaftlichen Entwicklung als Schwellenland. (Die Literaturliste nennt Werke mit ausführlichen Darstellungen zur Kultur der Ureinwohner und der Geschichte des Landes.)

1 Kuala Lumpur und Umgebung

Hauptstadt Malaysias; Grüngürtel mit Botanischem Garten und Lake Gardens; National Zoo und Aquarium; Dschungel des Templer Parks; Batu-Cave-Kalksteinhöhle.

Der Name der malaiischen Hauptstadt bedeutet übersetzt soviel wie »schlammige Flußmündung«. Die heute etwa 1,5 Mio. Einwohner zählende Stadt ist erst 135 Jahre alt. 1857 kamen Zinnschürfer aus Kelang den Sungai Klang hinauf. Im Bereich des Zusammenflusses des Sungai Klang und des Sungai Gombak fanden sie ein seichtes Ufer, an dem sie ihr Lager errichteten. Durch die Magie ihres Zauberers fanden sie schließlich Zinn. Die Nachricht vom Fund zog rasch Minenarbeiter und Händler an. Die Siedlung wuchs ständig. Heute ist Kuala Lumpur eine aufstrebende Stadt. Man versucht es dem Nachbarn Singapur gleichzutun, zumindest was Prunkbauten, Hotels und Konsumgüter anbelangt.

Solange dies noch nicht völlig gelungen ist, gibt es immer noch faszinierende Kontraste zwischen fertiggestellten Wolkenkratzern, mehrspurigen Schnellstraßen und dschungelbedeckten Hügeln mitten in der Stadt.

Erste (Natur-)Eindrücke des Reiselandes »Malaysia« lassen sich bereits bei einem Stadtrundgang gewinnen. Die nähere Umgebung bietet dann für den Naturliebhaber leicht erreichbare Ziele, die ein breites Spektrum der Tier- und Pflanzenwelt Malaysias offenbaren.

In der Hektik Kuala Lumpurs sind die Lake Gardens ein Ort der Ruhe.

Überall anzutreffen ist der Wunderstrauch oder Croton.

Das Blumenrohr setzt als Zierpflanze farbliche Akzente.

Die Höhlensysteme der Batu Caves sind alljährlich Schauplatz des indischen Thaipusam-Festes.

Pflanzen und Tiere

Kuala Lumpur ist eine »grüne« Stadt. Überall blühen exotische Blumen, Sträucher und Bäume. Viele der Ziergewächse stammen ursprünglich nicht aus Malaysia, sondern aus anderen asiatischen oder den tropischen Ländern Afrikas oder Südamerikas. Beliebte Ziergewächse sind die Drillingsblume oder Bougainvillie, die Wagnersche Heliconie (S. 80) und die Scharlachrote Alpinie. Auf Teichen, z. B. im Lake Gardens, wachsen Seerosen und Lotusblumen (S. 184). Ein besonders exotischer Reiz geht immer wieder vom Baum des Reisenden aus. Farbenprächtige Pflanzen sind auch die Goldtrompete, die Tibouchine (S. 116), das Blumenrohr, der Puderquastenstrauch und die Königsgrenadille, die die Passionsfrüchte liefert. Bananenstauden, Mango- und Rambutanbäume runden das Bild ab.
Die Tierwelt ist, wenn auch weniger auffällig, ebenfalls reichhaltig. An erster Stelle fallen sicherlich die Vögel auf, wobei der Indische Hirtenstar (S. 17) bezüglich der

Häufigkeit die Spitzenposition unter den Stadtvögeln einnimmt. Rang zwei teilen sich verschiedene Taubenvögel, in erster Linie die Perlhalstaube (S. 17) und das Sperbertäubchen. Unter den Arkaden von Chinatown sind der Malaien- und Weißbürzelsegler häufig zu sehen. Diese Seglervögel bauen ihre Nester an Häusern oder unter Brückenbögen. Meist handelt es sich um ganze Ansammlungen von Nestern. Es reicht aus, nach unten auf den Boden zu schauen, da sich unter den Nestern der ausgeschiedene Kot großflächig sammelt. Glanzkrähen sind an den Brücken über den Sungai Kelang besonders häufig. Neben zahlreichen Mückenarten gibt es in Kuala Lumpur noch verschiedene Reptilienarten. An erster Stelle steht das Hausgecko, das in fast jedem Haus anzutreffen ist. Dieser Haftzeher hat die Fähigkeit, an Decken und Wänden zu laufen. Die Hauptnahrung sind Insekten.
Säuger sind praktisch nicht zu sehen, wenn man vom Blick in die fast überall offenen Regenwasserkanäle absieht. Blickt man dort hinein, kann man mit ziemlicher Sicherheit eines der häufigsten Säugetiere Asiens erblicken: die Wanderratte.

Weißbürzelsegler bauen überall unter den Arkaden ganze Nistkolonien.

Im Gebiet unterwegs

<u>Lake Gardens</u> ①: Nahe des Stadtzentrums befindet sich dieses Erholungsgebiet, das den Charakter eines botanischen Gartens hat. Asphaltierte Wege führen um Seen herum. Rasenflächen mit Blumenbeeten, tropische Ziersträucher und Bäume bestimmen das Bild. An den Seen kommt der zu den Baumeisvögeln gehörende Braunliest häufig vor. Auch der Eisvogel ist oft zu sehen.

<u>Bukit Nanas</u> ②: Das letzte Stück Dschungel mitten in der Stadt. Farne, Bäume mit Brettwurzeln (S. 44), Epiphyten bilden die Kulisse dieses Waldes. Zeitweise kann man hier Schönhörnchen sehen. Schmetterlinge und Tausendfüßer sind allerdings weitaus häufiger vertreten.

<u>Nationalmuseum</u> ③: Neben einer Ausstellung zur Kultur zeigt das Museum viele Exponate zur Tier- und Pflanzenwelt des Landes. Auch Dinge aus der Landwirtschaft und Industrie (z. B. zur Kautschuk- und Zinnherstellung) werden ausgestellt.

<u>Nachtmarkt</u> ④: Dieser allabendlich in Chinatown stattfindende Markt bietet dem gerade aus Europa kommenden Besucher eine Fülle von Eindrücken in die Natur des

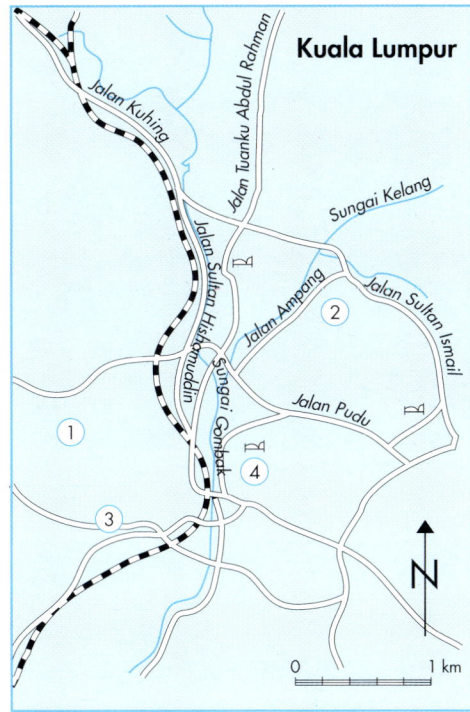

Kuala Lumpur

Jalan Kuhing

Jalan Tuanku Abdul Rahman

Sungai Kelang

Jalan Sultan Hishamuddin

Jalan Ampang

Jalan Sultan Ismail

Sungai Gombak

Jalan Pudu

① ② ③ ④

N

0   1 km

Landes. Hier bekommt man alle Früchte der Region und kann so schon einmal beginnen, Erfahrungen zu sammeln, die später helfen, Obstbäume zu erkennen. Außerhalb des Stadtgebietes gibt es ebenfalls eine Reihe lohnender Ausflugsziele:

National Zoo/Aquarium ⑤: Ein Besuch im Zoo verschafft einen guten Überblick über die Tierwelt Malaysias. Gezeigt werden über 250 Arten aus Malaysia und den umliegenden Staaten. Das Aquarium bietet Einblicke in die Welt unter Wasser im Bereich der malaiischen Küsten. Interessant ist allerdings auch die Süßwasseranlage, in der zahlreiche Arten der Flüsse Malaysias zu sehen sind. Insgesamt umfaßt das Aquarium etwa 90 Arten.

Batu Caves ⑥: Diese Kalksteinhöhlen liegen etwa 14 km außerhalb des Stadtzentrums. Umgeben von Wald, in dem auch die allgegenwärtigen Javaneraffen leben, befinden sich riesige Höhlensysteme. Da der Ort von großer religiöser Bedeutung für die Hindus ist, wird die Haupthöhle entsprechend häufig besucht. Es gibt eine Treppe mit 250 Stufen und eine Zahnradbahn zur großen Höhle. Im Inneren der Höhle leben zahlreiche Salaganen.

Templer Park ⑦: 25 km außerhalb der Stadt liegt der Templer Park. In diesem Dschungelgebiet gibt es zahlreiche Wege, die zu einem Wasserfall mit Bade- und Angelteich führen. Entlang der Wege trifft man einen großen Teil der über 200 hier heimischen Pflanzenarten an. Haubenlanguren (S. 28) und Javaneraffen (S. 85) gehören zu den Bewohnern des Parks. Inmitten des Parks ragt der Bukit Takun, ein Kalksteinfelsen, 360 m hoch auf. Von hier hat man einen guten Überblick über das gesamte Gebiet.

Frasers Hill ⑧: Dieses Hügelgebiet liegt etwa 100 km von Kuala Lumpur entfernt. Die Vegetation ähnelt der der Cameron Highlands mit ihren Baumfarnen. Touren durch die Vegetation des kühlen Mittelgebirgsklimas sind recht angenehm. Ein Wasserfall mit Badeteich bietet die Möglichkeit, auszuruhen und sich in der Umgebung nach Farnen, Epiphyten (z. B. Geweihfarn und Vogelnestfarn) und Schmetterlingen umzusehen.

Hausgeckos, wichtige Insektenvertilger in Gebäuden, können an Decken und Wänden laufen.

Tropische Früchte – ein Rundgang über den Markt

Neben den zahlreichen Kuturpflanzen, die bereits auf S. 15 erwähnt wurden, muß noch die große Vielfalt der tropischen Früchte genannt werden. Europäer schätzen die exotischen Obstsorten sehr, stehen auf den Märkten dann aber oft ratlos vor der Fülle unbekannter Arten. Keinerlei Schwierigkeiten bereitet es, **Ananas** (»nanas«) oder **Bananen** (»pisang«) zu erkennen. Doch halt: Bananen gibt es in über 20 Sorten, von denen einige nur gekocht genießbar sind. Besonders schmackhaft sind die kleinen.

Mango (»mangga«): Grüne bis gelbe Frucht mit süßsaurem Geschmack.

Guave (»jambu«): Grüne, leicht birnenförmige Frucht mit festem Fruchtfleisch. Erinnert im Geschmack an einen Apfel.

Papaya (S. 65): Große, längliche Frucht mit orangegelbem bis rötlichem Fruchtfleisch. Der Geschmack ähnelt der Melone, mit der sie auch verwandt ist.

Mangostane (»manggis«): Apfelgroße, rötliche bis violette Frucht mit harter Schale und kleinen weißen Samenmänteln im Inneren, die süß-sauer schmecken. Achtung: Der rötliche Saft aus der Schale färbt sehr stark.

Rambutan: Rötliche oder gelbe Frucht mit langen Haaren, die an Stacheln erinnern. Im Inneren befindet sich das weiße eßbare Fruchtfleisch, das den Kern umhüllt.

Jackfrucht (»nangka«): Grüne Frucht, die bis zu 50 cm lang wird. Diese Sammelfrucht enthält zahlreiche Samen, die roh oder geröstet gegessen werden.

Langsat oder **Duku**: Kleine gelbliche Früchte. Das unter der Schale liegende Fruchtfleisch schmeckt saftig und süß.

Starfruit (»karambole«, »belimbing«): Gelbe Frucht mit sternförmigem Querschnitt. Der Geschmack ist apfelähnlich.

Rambutan, die »Haarfrucht«, wird hauptsächlich zwischen Juni und September verkauft. Zweimal jährlich wachsen die Früchte büschelartig an Bäumen (unten).

Rosenapfel (»jambu air«): Kleine rötliche Früchte von birnenförmiger Gestalt mit wässerigem Geschmack.

Durian (S. 63): Bis zu 30 cm lange, grünliche Frucht, die dicht mit Dornen besetzt ist. Im Inneren befinden sich zahlreiche Samen, deren cremig-gelber Samenmantel gegessen wird. Der Geruch ist überaus unangenehm. Der Frucht wird aphrodisierende Wirkung nachgesagt.

Fast alle Früchte können vor dem Kauf gekostet werden, so daß die Auswahl leichter fällt.

Die Mangostane besitzt süß-saures Fruchtfleisch.
Die Jackfrucht ist ein Beispiel für Stammblütigkeit.

Blütenstände von Bananenstauden hängen nach unten.

Neben den genannten Früchten gibt es auch sehr viel Importwaren, wie z. B. Äpfel, Orangen, Mandarinen. Erdbeeren werden extra in den Cameron Highlands angepflanzt, weil die Malaien unsere Früchte so exotisch finden. ACHTUNG: Obst nie ungewaschen oder ungeschält essen!

Saftiges Fruchtfleisch bieten auch die Litschis.

Glanzkrähen wurden aus dem übrigen Asien nach Malaysia eingeführt.

Praktische Tips

Anreise
Von Europa und Ost-Malaysia aus mit dem Flugzeug. Aus West-Malaysia mit Expreßbussen, Eisenbahn, Taxi und PKW.

Klima/Reisezeit
Die Temperaturen schwanken ganzjährig zwischen 21 °C und 32 °C. Lärm und Autoabgase lassen Ausflüge im Stadtgebiet allerdings strapaziös werden. Die Hauptregenmonate sind Oktober bis Dezember sowie März/April.

Unterkunft
Die Stadt bietet ein reichhaltiges Hotelangebot, wobei viele Zimmer bereits in Europa gebucht werden können.

Adressen
➪ TDC, P.O. Box 10328, 50710 Kuala Lumpur, Tel. 03/2935188.

Eine typische Zierpflanze: die Strelitzie, die in Afrika beheimatet ist.

Weltweit verbreitet: die Wanderratte, einer der häufigsten Säuger Asiens.

2 Cameron Highlands

1600 Meter hoch gelegenes Bergland; angenehm kühles Klima; Teeplantagen; Dschungeltouren durch Bergregenwald mit meterhohen Baumfarnen; Wasserfälle; farbenprächtige Schmetterlinge.

Etwa 200 km nördlich von Kuala Lumpur verändert sich das Gelände und damit auch die Vegetation. Die gut ausgebaute Straße führt in eine immer gebirgigere Landschaft.
Während im vorigen Jahrhundert die englischen Kolonialherren die malaiische Halbinsel besetzt hielten, wurden von den Städten und Stützpunkten aus immer wieder Expeditionen ins unbekannte Landesinnere durchgeführt. Auf der Suche nach Bodenschätzen und mit dem Wunsch, Landkarten exakter zu gestalten, kam eine Expedition unter W. Cameron 1885 in das Hochland. Da ihnen das angenehm kühle Klima der Region zusagte, folgten viele andere Europäer, die der Hitze der Küstenbereiche entfliehen wollten.
Das Gebiet gehört zur längsten Gebirgskette West-Malaysias, der Titiwangsa-Kette. Hauptgestein ist Granit. Die im Vergleich zu den übrigen Gebieten Malaysias niedrigeren Temperaturen, die zwischen 14 °C und 22 °C schwanken, ließen eine Bergregenwaldvegetation entstehen, die sonst in West-Malaysia selten ist.
Neben dieser natürlichen Vegetation gibt es zahlreiche Anpflanzungen von Gemüse (z. B. Kartoffeln und Tomaten), Obst (z. B. Äpfel und Mandarinen), Rosen und Tee. Eindrucksvoll ist die große Zahl der Insekten. Hier kommen viele Schmetterlinge vor, die leider häufig gejagt, getötet und

verkauft werden. Viele von ihnen sind sehr selten. Präparierte Schmetterlinge sollte man deshalb nicht kaufen.
Wanderungen in den Highlands führen zu zahlreichen Wasserfällen. In der Umgebung gibt es verschiedene Berge zwischen 1500 m und 2100 m Höhe, die in mehrstündigen Touren bestiegen werden können.

Pflanzen und Tiere

Entlang der Hauptstraße und in den Wäldern stehen riesige Baumfarne der Gattung *Cyathea*. Bei ihrem Anblick fühlt man sich in frühere Erdzeitalter zurückversetzt. Diese Einschätzung ist auch nicht falsch, denn die Gattung trat bereits im Jura auf. Die Wedel der Farne werden bis 3 m lang. Einzelne Cyatheen erreichen auch in den Cameron Highlands bis 12 m Wuchshöhe. Ein weiterer urzeitlicher Vertreter der Farne ist der aus dem Oberkarbon stammende filigrane *Gleichenia*-Farn (S. 67). Vertreter dieser Gattung wachsen zu weitläufigen Dickichten zusammen.
Weit verbreitet ist der Teestrauch. Die Pflanzen erreichen je nach Zuchtform

Schwer zu entdecken sind die urtümlich anmutenden Nashornkäfer.

In den Cameron Highlands breiten sich Teeplantagen teppichartig aus.

3–12 m Wuchshöhe. Ihre Blätter sind länglich-rund und leicht gezähnt. Die weißen Blüten des Tees bilden zur Blütezeit einen hübschen Kontrast zum einheitlichen Grün der Plantagen.

Der Charakter der Cameron Highlands als Erholungsgebiet hat natürlich auch die Vegetation beeinflußt. Bereits seit der Kolonialzeit wurden hier immer wieder Blütenpflanzen aus ästhetischen Erwägungen angepflanzt, die z. T. aus ganz anderen Teilen der Welt stammten. Dazu zählen die Drillingsblume oder Bougainvillie mit ihren rötlich-violetten Hochblättern, die Geschnäbelte Heliconie und der Weiße Stechapfel. Alle drei Arten stammen aus dem tropischen Amerika.

Weiträumig angelegte Plantagen haben Großtiere weitgehend vertrieben. In den Wäldern leben noch einige Haubenlanguren. Diese Schlankaffen fallen im Gegensatz zu den ebenfalls häufig anzutreffenden Javaneraffen durch ihre schlanke Körpergestalt und ihre von der Körperfellfarbe deutlich abgesetzte Kopffellfarbe auf.

Schönhörnchen, z. B. das Plantagen- und das »Ear-spot«-Schönhörnchen, die hier leben, haben sich scheinbar an die Nähe des Menschen gewöhnt. Dies liegt sicherlich auch daran, daß etliche Früchte angebaut werden, die ihnen als Nahrung dienen können. Spitzhörnchen sind hier ausgesprochen selten.

Haubenlanguren sind in der dichten Vegetation des Waldes schwer auszumachen.

Rajah-Brooke-Schmetterlinge haben bis 19 cm Spannweite. Teepflücker bei der Arbeit.

In der Vogelwelt sind der Bronzedrongo, die Frühlingstaube und die Graukopf-Grüntaube besonders auffällig. In den Orten kommen Feldsperlinge, Glanzkrähen (S. 26) und Malaiensegler vor.
Insekten sind in der Region mannigfaltig vertreten. Gottesanbeterinnen und Nashornkäfer findet man hier ebenso wie zahlreiche Schmetterlingsarten. Besonders hübsch sind die Vogelfalter, die gelb, grün oder blau gefärbt sind. Ihre Größe (bis zu 20 cm Spannweite) und Färbung machen sie zu beliebten Sammelstücken.

Im Gebiet unterwegs

Ausgangspunkt für die Touren im Gebiet ist der Ort Tanah Rata ①. Viele Wege sind numeriert.
<u>Gunung Jasar/Gunung Perdan:</u> Von den beiden Gipfeln aus ergibt sich ein guter Überblick über die Cameron Highlands. In etwa 1–2 Stunden erreicht man den 1650 m hohen Gunung Jasar ②. Unter-

Cyathea-Baumfarne wachsen im günstigen Bergklima mehrere Meter hoch.

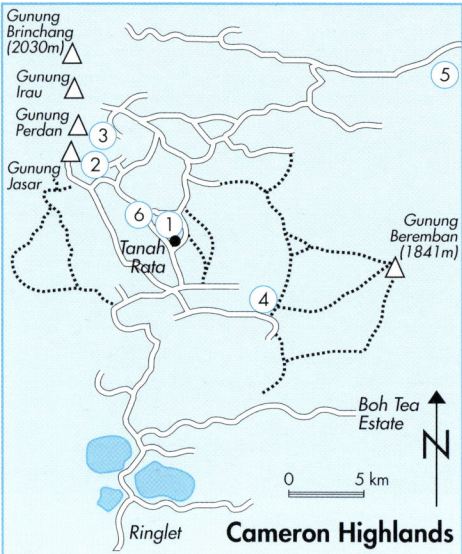

Cameron Highlands

Gunung Brinchang (2030m)
Gunung Irau
Gunung Perdan ③
Gunung Jasar ②
⑤
⑥ ①
Tanah Rata
Gunung Beremban (1841m)
④
Boh Tea Estate
0   5 km
Ringlet
N

wegs muß man durch dichtes Farnge-
strüpp. Weiter geht es durch den Bergwald
zum 1590 m hohen Gunung Perdan ③.
Auch hier trifft man auf viele Farne. Der
Abstieg zurück nach Tanah Rata führt
durch ein Dorf der Orang Asli, der Ureinwohner Malaysias (s. S. 18).

Robinson-Wasserfall ④: Nur etwa 30 Minuten vom Ortskern entfernt liegt der Robinson-Wasserfall. Klares kühles Wasser fließt
über den Fels. Häufig halten sich Javaneraffen und Haubenlanguren in der Umgebung auf.

Blue Valley Tea Estate ⑤: Von Tanah Rata
aus gibt es eine gut befahrbare Straße nach
Brinchang. Hier beginnt der Weg zum gut
2000 m hohen Gunung Brinchang. Der
Weg ist steil und häufig von Farnen und
Dornenranken überwuchert.
Folgt man weiter der Straße, gelangt man
nach etwa 25 Minuten zur Teeplantage.
Hier kann man zusehen, wie die Teeblätter
gepflückt werden. Hauptsächlich Inder
arbeiten auf der Plantage mit rasanter Ge-
schwindigkeit.

Mardi ⑥: Das Malaysian Agricultural Research Development Institute (MARDI)
liegt nahe Tanah Rata. Hier wird For-
schung an Nutzpflanzen betrieben. Ein
Forschungszweig beschäftigt sich mit dem
Tee. Dazu gibt es eigene Plantagen, die besucht werden können.

Praktische Tips

Anreise

Von Kuala Lumpur aus erreicht man die
Cameron Highlands mit Expreßbussen,
Überlandtaxis oder dem PKW. Die Straßen
sind gut ausgebaut.

Klima/Reisezeit

Höchste Temperaturen mit gleichzeitig geringsten Niederschlägen bieten die Monate Januar/Februar und Juni bis September.
Ab Oktober muß dann mit häufigeren Niederschlägen gerechnet werden.

Unterkunft

In Tanah Rata und den umliegenden Orten
gibt es ausreichend Hotels und Rest Hou-
ses, die den unterschiedlichsten Katego-
rien (Service und Preis) angehören.

Adressen

↪ TDC, P.O. Box 10328, 50710 Kuala
Lumpur, Tel. 03/2935188.

Zierliche weiße Blüten tauchen während der Blütezeit im
Grün der Teesträucher auf.

3 Pasoh-Reservat

Kleines ursprüngliches Flachland-
regenwaldgebiet; kleine Population
des Weißhandgibbons und des Kant-
schils; zahlreiche Vogelarten; ausge-
schilderter Baumlehrpfad; Ölpalmen-
plantagen; praktisch nur mit eigenem
PKW zu erreichen.

Etwa 65 km nordöstlich von Seremban,
der Hauptstadt des Staates Negri Sembilan, liegt das nur 600 ha große (oder
besser: kleine) Naturreservat Pasoh. In
dem von Plantagen umschlossenen Gebiet
werden Untersuchungen durchgeführt, die
sich mit den Auswirkungen von Kultivie-
rungsmaßnahmen auf den Flachlandregenwald beschäftigen. Besuchern, nicht
zuletzt auch Studenten, sollen ökologische Zusammenhänge im System Tropischer Regenwald vermittelt werden.

Auf der Fahrt zum Reservat erhält man zuerst einen recht enttäuschenden Eindruck
der Region. Eintönig ziehen sich Kilometer
um Kilometer Ölpalmplantagen schier
endlos hin. Von ursprünglicher Natur zeugen nur einzelne verkohlte Baumreste
oder blattlose Baumstämme, die scheinbar
anklagend gen Himmel ragen. Plötzlich
ändert sich das Bild. Wie eine undurchdringliche Mauer ragt der Dschungel beiderseits des Weges auf. Die Höhenstruktur,
in den Plantagen noch als Hügel und Täler
erkennbar, verschwindet unter einer geschlossenen grünen Decke. Nach einigen
hundert Metern Fahrt gelangt man zum
Forschungszentrum. Hier kann man erahnen, welche Vielfalt im Tropischen Regenwald vor dem menschlichen Zugriff ge-
herrscht hat. Das Gebiet wird auch von
den Rangern als Oase bezeichnet. Hier besteht eine Überlebenschance für zahlreiche Pflanzenarten, hierher flüchten sich
etliche Tiere.

Direkt an das Besucherzentrum des Pasoh-Reservats reicht der Regenwald heran.

Auf dem Weg zum Reservat stehen kilometerlang Plantagen: hier Kautschuk.

Pflanzen und Tiere

Während in den Plantagen der Boden zwischen den Palmen zwecks Befahrbarkeit möglichst pflanzenfrei gehalten wird, wachsen an den Palmen selbst Farne. Meist handelt es sich um den »Rabbit's Foot Fern« der Gattung *Davallia* (häufig vergesellschaftet mit Vogelnestfarnen), der die Palme oft so dicht besiedelt, daß der Stamm nicht mehr sichtbar ist. Farne spie-

len aber auch im Reservat eine große Rolle. An den Waldrändern bilden sonnenliebende *Gleichenia*-Farne eine dichte Mauer. Am Boden findet man Frauenhaar- und *Polystichum*-Farne. An gut belichteten Stellen fallen Bodenranker der Gattung *Pellonia* mit kleinen Blättchen auf. Die weißgesprenkelten Blätter der *Aglaenema* heben sich vom sonst nahezu einheitlichen Grün gut ab.

Am Forschungszentrum findet man zahlreiche Kulturpflanzen und Ziergewächse. Mango- und Mangostane-Baum gehören hier ebenso zum Bild wie Papaya und Bananenstaude. Wunderstrauch und Hibiskus, Hakenlilien, Drillingsblumen und Frangipani (S. 80) bieten attraktive Blickpunkte. Rasenartig überziehen Sinnpflanzen (Mimosen; S. 160) weite Flächen des Besucherzentrums. Werden die Fieder-

Ein typischer Farn des Gebietes ist die Art *Polystichum tsus-simense*.

Naturkautschuk wird in kleinen Schälchen aufgefangen.

Moosfarne wachsen an feuchten und dunklen Stellen.

blättchen der Pflanze berührt, klappen sie zunächst an die Stiele, anschließend sinken auch die Stiele zu Boden.

Im Wald findet man auch hier etliche Zweiflügelfruchtbaumarten, Rotstiel-, Salak- und Rotangpalmen (S. 100). Luftwurzeln von Baumwürgern (S. 101) hängen teilweise scheinbar wahllos im Gewirr der Bäume herab, an anderen Stellen haben sie bereits den Wirtsbaum komplett umwachsen. Die Fruchtstände der Fischschwanzpalme (S. 73) sind mit ihren vielen kugeligen Samen besonders auffällig. Infolge der geringen Größe des Areals ist die Tierwelt nicht so reichhaltig wie in anderen Gebieten. Mücken sind leider überaus häufig. Diese Plagegeister scheinen nur darauf zu warten, daß Besucher ihre Fahrzeuge verlassen und stürzen sich in Scharen auf ihre Opfer. Betritt man den

Wald, vernimmt man augenblicklich das schnarrende Geräusch der Zikaden, die allerdings sofort verstummen, wenn man in ihre Nähe gelangt. Bereits im offenen Gelände der Rangerstation gleiten zahlreiche Schmetterlinge durch die Luft. Schwalbenschwänze und »Malay Baron«-Falter (S. 119) sind hier besonders häufig. Schwieriger ist es, Gottesanbeterinnen und Stabheuschrecken auszumachen, die regungslos an Ästen sitzen.

Der Kupferschmied (ein Bartvogel) fällt durch seine kräftigen Farben im einheitlichen Grün des Waldes auf.

Der Kautschukbaum

Der zu den Wolfsmilchgewächsen zählende Kautschukbaum *(Hevea brasiliensis)* stammt ursprünglich aus dem tropischen Amerika. Mit der Entdeckung dieses Kontinents wurden auch diese Bäume bekannt. Ihre Nutzung begann Mitte des 18. Jh., zunächst überwiegend zur Produktion von Radiergummi. Erst durch das Verfahren des Vulkanisierens, das 1839 von Charles Goodyear entwickelt wurde, begann die großindustrielle Verwertung. Die Spanier kontrollierten lange den Anbau des Baumes und verhinderten die Ausfuhr aus ihren Territorien. Erst 1877 gelang es dem englischen Abenteurer Wickham, Baumsamen nach England zu schmuggeln. Botaniker konnten Jungpflanzen heranziehen, die dann nach Singapur, das zu dieser Zeit unter britischem Einfluß stand, verschifft wurden. Von hier aus gelangten sie nach Malaysia und Indonesien. Der Grundstein für die Produktion des Naturkautschuks, war gelegt. Heute erzeugt der südostasiatische Raum über 90% der Weltproduktion.

Ab einem Alter von 5 Jahren kann den Bäumen in 2- bis 3-tägigem Abstand mit einem kleinen spiraligen Schnitt der Milchsaft (Latex) abgezapft werden. Der Saft wird in kleinen Schälchen aufgefangen, zur Gerinnung mit Essig- oder Ameisensäure versetzt und anschließend gewalzt und getrocknet. Die entstehenden Ballen oder Platten können dann exportiert werden. Durch Zusatz von Schwefel und Kohlenstoff (Vulkanisieren) erhält man dann technisch verwertbaren Gummi.

Die Ölpalme

Die Afrikanische Ölpalme *(Elaeis guineensis)* wird bis zu 15 m hoch. Insgesamt erscheint sie gedrungener als Kokospalmen. Aus den weiblichen Blüten entwickeln sich etwa 3 cm große Steinfrüchte, die in großen Fruchtständen mit bis zu 4000 Einzelfrüchten zusammengefaßt sind. Bereits im Alter von 4 Jahren tragen die Bäume. Nach der Ernte der Fruchtstände erhält man durch Pressen der Früchte das Palmöl. Das Öl wird im wesentlichen zur Herstellung von Margarine und Kochfett verwendet. Es eignet sich auch zur Seifenherstellung, da der schaumbildende Laurinsäuregehalt recht hoch ist.

Waldgeckos der Gattung *Cnemaspis* (S. 85) und der Grüne Baumfrosch sind oft auf Steinen oder an Bäumen zu finden. In den umgebenden Plantagen sind das Malaiische Schuppentier und das Kurzschwanzstachelschwein sehr oft nachts auf Nahrungssuche. Die Tiere müssen zu ihrem Verhängnis oft Straßen überqueren, die die Plantagen durchziehen. Meist sind ihre Leichen dann die einzigen Hinweise auf das Vorkommen der Art im Gebiet. Zu den nachtaktiven Tieren gehört auch der Malaiische Palmenroller, eine Schleichkatzenart. Allerdings bestehen im Camp gute Chancen, ein solches Tier zu sehen, da die Palmenroller als Kulturfolger auch in Ansiedlungen kommen, um Kleintiere und Insekten, aber auch Früchte zu fressen. Zu seinen Beutetieren gehören gelegentlich auch junge Plantagenhörnchen, die hier sehr häufig vorkommen. Vogelbeobachtungen sind recht ergiebig. Feldsperling, Hirtenstar und Halsbandkrähe halten sich vornehmlich im offenen Gelände des Rangerpostens auf. Im Wald und den angrenzenden Plantagen leben Schwarzkopf- und Rotaugenbülbül, Einfarbmistelfresser, Rotaugentrogon, Langschnabel- und Gelbwangenspinnenjäger, Rotkehl- und Kupferkehl-Nektarvogel und seltener der Gelbrücken-Nektarvogel. Nektarvögel bieten mit ihrem schillernden Gefieder besonders attraktive Blickpunkte. Sehr farbig sind aber auch die Grünspechte, von denen sich hier der Rotflügelspecht häufig zeigt, sowie die Blauflügel-, Vielfarben- und Rotbüschelblattvögel.

Im Gebiet unterwegs

Viele Beobachtungen lassen sich bereits im Bereich der **Rangerstation** durchführen. Hierher kommen nachts schon mal Palmenroller oder in der Dämmerung Wildschweine. Von Zeit zu Zeit taucht hier sogar ein Elefant auf, der als Einzelgänger

durch die Plantagen streift und quasi zum »Haustier« der Ranger geworden ist (trotzdem ist Vorsicht geboten!). Das **Arboretum**, eine Art Waldlehrpfad, bietet einen guten Überblick über die Vielfalt der Pflanzenwelt im Regenwald Malaysias. Hier können zahlreiche Vogelarten beobachtet werden. Leider ist auch die Mückenpopulation besonders groß.

Nördlich des Rangerpostens beginnt ein **Nature Trail**, der sich zur Vogelbeobachtung hervorragend eignet.

Außerhalb des Reservates kann man durch die Plantagen wandern. Unterwegs bestehen viele Möglichkeiten, Vögel, Plantagenhörnchen, Mabuyen, gelegentlich auch Schlangen zu beobachten. Nachts bietet es sich an, mit dem Wagen die Wege abzufahren, um eventuell einmal ein Schuppentier oder ein Stachelschwein zu entdecken. In den Plantagen kann man auch den Arbeitern beim Sammeln der Ölpalmfrüchte zusehen, muß allerdings vorher um Erlaubnis fragen, da es sich um Privatgelände handelt.

Praktische Tips

Anreise

Mit dem PKW von Kuala Pilah Richtung Simpang Pertang fahren. Kurz vor dem Ort führt eine nichtasphaltierte Straße in eine Ölpalmenplantage. An der Abzweigung steht ein Schild mit der Aufschrift »Felda Pasoh«. Auf dieser kurvenreichen Straße fährt man etwa 3 km weit, bis ein gelbes Schild (direkt in einer Rechtskurve) zum Forschungszentrum Pasoh weist. Der Weg wird nun noch schlechter und schmaler (Achtung: Nach Regenfällen sind die Schlaglöcher mit Wasser gefüllt; ihre Tiefe ist dann nicht einschätzbar). Nach weiteren 3 km erreicht man dann die Rangerstation.

Wer kein eigenes Fahrzeug besitzt, muß entweder von Simpang Pertang oder von der Hauptstraße aus auf der extrem staubigen Straße zu Fuß gehen.

Die 3 cm großen Steinfrüchte der Ölpalme wachsen in Fruchtständen mit bis 4000 Einzelfrüchten.

Die langbeinigen Winkelkopfagamen sind typische Baumbewohner.

Klima/Reisezeit

Pasoh kann ganzjährig besucht werden. In den Monaten März/April und Oktober/November sind hohe Niederschlagsmengen zu erwarten.

Adressen

⮑ TDC, 24–27th Floor, Menara Dato' Onn, Putra World Trade Centre, 45 Jl. Tun Ismail, Kuala Lumpur, Tel. 2935188.
Die Informationen sind allerdings ausgesprochen mager.

Unterkunft

Im Rangerposten gibt es eine jugendherbergsartige Unterkunft mit Kochgelegenheit.

Verpflegung

Lebensmittel müssen mitgebracht werden. Die relative Nähe zum nächsten Ort (Simpang Pertang etwa 12 km) macht es möglich, Vorräte zu ergänzen.

Blick in die Umgebung

Etwa 30 km westlich von Kuala Pilah liegt **Seremban**, die Hauptstadt des Staates Negri Sembilan. Nahe der Stadt befindet sich der Lake Garden, eine Art botanischer Garten mit zahlreichen Zierpflanzen. Auf dem Weg führt die Straße am **Gunung Angsi** vorbei. Dieser 826 m hohe Berg kann in etwa 4 Stunden auf teilweise stark überwucherten Pfaden bestiegen werden.

4 Chini-See

Binnenseenlandschaft; zahlreiche kleinere und größere Wasserläufe; großflächiges Lotusblumenvorkommen; Wasservögel, Hirsche und Wildschweine; gelegentliches Vorkommen von Elefant, Tapir und Krokodil; Siedlungen der Orang Asli.

Etwa 130 km östlich von Kuala Lumpur bzw. 80 km westlich von Kuantan liegt der sagenumwobene Chini-See. Angeblich soll hier vor Jahrhunderten eine Stadt der Khmer versunken sein, die jetzt von einem Seeungeheuer bewacht wird.
Das Ungeheuer tritt aber wohl nur selten in Erscheinung. Möglicherweise ist dies auch darauf zurückzuführen, daß zwischen Juni und September weite Teile des etwa 18 km² großen Sees völlig unter einer dichten Lotusblumenschicht verschwinden. Die riesigen grünen Schwimmblätter der Pflanzen und die wie hineingestreut wirkenden rosa Blüten prägen dann das Bild der Landschaft. Der See wird vom nahe vorbeifließenden **Sungai Pahang**, dem längsten Fluß West-Malaysias (470 km) gespeist. Zwischen Fluß und See durchziehen kleinere Wasserläufe das Gebiet, in dem hauptsächlich Sekundärregenwald vorkommt.
Die schmalen mäandrierenden Dschungelflüsse verlaufen im Gewirr der Äste von überhängenden Bäumen oft wie in einem Tunnel, so daß ein ständiges Dämmerlicht herrscht. (Achtung: Zum Fotografieren unbedingt Blitzlicht und lichtempfindliche Filme, z. B. 400 ASA, verwenden.) Die Wasserläufe und die dichte Vegetation bieten einer großen Zahl von Tieren Lebensraum, allerdings erschwert das Dickicht auch die Beobachtung.

Lotusblumen bedecken zur Blütezeit weite Abschnitte des Chini-Sees.

Am südwestlichen Ufer des Sees befindet sich eine kleine Ansiedlung der Orang Asli, der Ureinwohner Malaysias. Diese ursprünglichen Nomaden der Regenwälder sind hier nahezu seßhaft geworden. Zum einen ist das auf eine gezielte Politik der Regierung zurückzuführen, zum anderen bietet sich für die Menschen die Chance, an diesem touristisch interessanten Ort Geld zu verdienen. Das Leben der Orang Asli ist so auch primär auf Besucher ausgerichtet. Blasrohrschießstand, Verkauf von Dschungelfrüchten und »primitiven« Gebrauchsgegenständen kennzeichnen das Dorf. Dies fällt jedoch nur dann negativ auf, wenn gerade eine organisierte Touristengruppe erscheint. Die Menschen sind nett und hilfsbereit. Ihre Kenntnis der Flora und Fauna macht sie zu ausgesprochen guten Führern.
ACHTUNG: Bei einem Besuch des Dorfes sollte man unbedingt beachten, daß es sich bei den Menschen nicht um Ausstellungsstücke handelt, die überall und in jeder Situation fotografiert werden dürfen – wie es leider immer wieder zu beobachten ist. Wer Menschen fotografieren möchte, sollte auch den Anstand besitzen, vorher

um Erlaubnis zu fragen und eine abgeschlagene Bitte akzeptieren können. Im Dorf werden häufig Blasrohre und Buschmesser (Parang) zum Verkauf angeboten. Potentielle Käufer seien an dieser Stelle darauf hingewiesen, daß die Einfuhr von Waffen nach Singapur verboten ist (dazu gehören auch die genannten Artikel). Diese Dinge müssen dann entweder beim Zoll hinterlegt werden, oder man muß in einem aufwendigen Verfahren eine Genehmigung beantragen.

Pflanzen und Tiere

Entlang der Zufahrtsstraßen zum See wechseln sich Kautschuk-, Ölpalmen- und Kakaoplantagen (S. 97) ab. Am See selber sind Lotusblumen weit verbreitet. Ihre rosa Blüten setzen hübsche Farbtupfer in das Grün der Blätter. Die eßbaren Samen liegen in einer mit Löchern versehenen Frucht, die in ihrer Form einem Gießkannenausguß ähnelt.
Neben der Lotusblume wachsen am und im See zahlreiche Riedgräser und zu den Ufern hin z. T. meterhohe Schraubenbäume. Schwimmfarn und Wasserhyazinthen bedecken den See oft weitflächig. Der Wassersalat kommt nur an einigen Seitenarmen des Sees vor.
In den Siedlungen nahe des Sees und im Dorf der Orang Asli findet man zahlreiche Kultur- und Zierpflanzen. Auffällig sind der Jackfruchtbaum, Taro- und Maniokpflanzen, Mango- und Rosenapfelbaum. Zu den Zierpflanzen gehören die Kaladie (S. 153), ein Aronstabgewächs, und der Wunderstrauch (S. 21), auch als Croton bekannt. Die Tierwelt im Bereich des Chini-Sees ist leider oft in der dichten Ufervegetation bzw. dem Dickicht des Sekundärwaldes verborgen. An den Ufern des Sees und der Seitenflüsse ist der Bindenwaran sehr häufig. Befindet er sich im Wasser auf Nahrungssuche, wird er oft mit dem mittlerweile sehr seltenen Sunda-Gavial oder

sogar dem Leistenkrokodil verwechselt. Im Gegensatz zum Krokodil, von dem, wenn es im Wasser liegt, nur Nasenlöcher, Augen und Ohren sichtbar sind, zeigt der Bindenwaran beim Schwimmen aber fast seinen ganzen Körper.

Nashornvögel gibt es auch in dieser Gegend. Besonders der Jahrvogel kommt häufig vor. Einzelne Individuen werden von den Orang Asli als Haustiere gehalten. Wegen ihrer auffälligen Färbung sind der Dschungelfischer und der Gurial, die beide zu den Eisvögeln gehören, oft zu beobachten. Seltener ist der Meninting-Eisvogel. Im Wald leben die Granatpitta und der Einfarbmistelfresser. Nahe der Ufer trifft man auf Seidenreiher, die hier im flachen Wasser nach Nahrung suchen. Über dem See kreisen oft Brahminenweihen (S. 61). Insekten kommen in großer Zahl vor. Schmetterlinge, darunter Schwalbenschwänze und der »Blue glassy Tiger« (S. 83), Libellen und Zikaden bestimmen das Bild, wobei von letzteren meist nur die schnarrenden Laute wahrgenommen werden.

ACHTUNG: Die bei weitem häufigsten Insekten sind allerdings Mücken. Sie sind sowohl am Tage als auch in der Nacht aktiv. Für Bootstouren und Wanderungen sind unbedingt Mückenschutzmittel erforderlich.

Die in der Gegend heimischen Gibbons lassen ihre Anwesenheit meist nur durch ihre an- und abschwellende Rufe, selten durch die schnellen Wanderungsbewegungen in höheren Bäumen erahnen. In der Dämmerung sind häufig Zwergotter, Sambarhirsch und Bartschwein, seltener auch Klein- und Großkantschil zu sehen. Gelegentlich streifen Schabrackentapire und Elefanten im Gebiet des Chini-Sees.

Im Gebiet unterwegs

Fast alle Aktivitäten sind in dieser Gegend ans Wasser und somit an Boote gebunden. Neben motorisierten Booten besteht die Möglichkeit, Kanus zu mieten. Zur Tierbeobachtung ist diesem lautlosen Transportmittel unbedingt der Vorzug zu geben. ACHTUNG: Wer mit dem Kanu unterwegs ist, sollte darauf achten, nicht aus dem Sungai Chini in den breiten Sungai Pahang zu gelangen. Die rasche Strömung, Strom-

Besonderes Kennzeichen des seltenen Sunda-Gavials ist die lange keilförmige Schnauze.

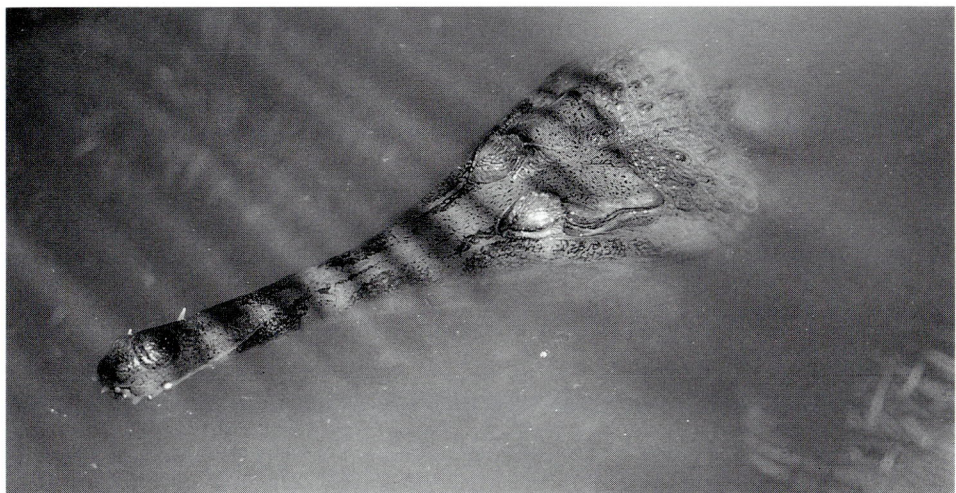

Der sagenumwobene Chini-See verbirgt seine Wasseroberfläche unter einer dichten Pflanzenschicht.

schnellen und Untiefen lassen ein Befahren dieses Flusses mit dem Kanu sehr gefährlich werden.

Sungai Chini: Dieser Fluß ① bildet die Verbindung zwischen dem See und dem Sungai Pahang. Der mäandrierende Fluß führt durch teilweise sehr dichte Vegetation. Hier sind Bindenwarane, Eisvögel sowie Schönhörnchen und Tupaias recht häufig.

Lotosblumen: Im Norden, nahe von Jerangking ② und im Süden des Sees im Laut Melai ③ lassen in der Zeit von Juni bis September Lotusblumen die Wasseroberfläche fast nur noch erahnen. Riedgräser und Schraubenbäume begrenzen die Uferstreifen.

Orang Asli: Im Südosten des Sees befindet sich am Ufer des Laut Gumum ④ eine kleine Siedlung der Orang Asli. Hier findet man viele typische Nutzpflanzen, kann den Menschen bei der täglichen Arbeit zuschauen oder Führer für Dschungelwanderungen finden.

Dschungel Trekking ⑤: Im Süden des Sees, am Ufer des **Laut Melai**, bieten sich gute Möglichkeiten für Dschungeltrekking. Im sonst nahezu undurchdringlichen Gewirr der Pflanzen legte man schmale Pfade an,

Im Halbdunkel des Sungai Chini ist der große Gurial recht gut auszumachen.

Der kleine Dschungelfischer ist ein typischer Waldbewohner.

Wasserhyazinthen sind am See recht häufig.

Taro-Pflanzen werden von den Orang Asli als Stärkelieferanten kultiviert.

Bengalenwarane sind ausgezeichnete Kletterer. Auf Bäumen suchen sie nach Nahrung oder Ruheplätzen.

die auch von den Orang Asli bei der Jagd genutzt werden. Hier sind in der Dämmerung die besten Möglichkeiten zur Wildbeobachtung gegeben.

Praktische Tips

Anreise

Von der Hauptstraße Kuala Lumpur – Kuantan biegt man kurz vor Kampung New Zealand Richtung Kampung Belimbing ab (an der Straße stehen große Hinweisschilder »Lake Chini«). Busse fahren regelmäßig nur zum Kampung New Zealand, spätestens hier muß man dann ein Taxi nehmen. Wer mit dem Taxi oder dem Mietwagen anreist, muß das Fahrzeug im Kampung Belimbing verlassen und ein Boot zum See mieten.

Klima/Reisezeit

Wegen der Lotusblüte bieten sich die Monate Juni bis September besonders für einen Besuch an. Leider ist zu dieser Zeit, besonders an Wochenenden, mit regem Besucheraufkommen zu rechnen. Vor Mai bzw. ab Anfang Oktober gibt es infolge des Monsuns höhere Niederschlagsmengen, die so manche Tour vereiteln.

Unterkunft/Camping

Am See stehen einige Chalets bzw. ein Resthouse zur Verfügung. Ein Restaurant befindet sich in der Nähe dieser Gebäude. Wer im Besitz einer Campingausrüstung ist, kann auf einer extra ausgewiesenen Stelle am See zelten. Die Verpflegung muß selbst organisiert werden. Wasser ist aus dem See zu beziehen.

Adressen

↪ TDC Malaysia, Menara Dato' Onn, Putra World Trade Centre, Jl. Tun Ismail, Kuala Lumpur, Tel. 2935188;

↪ LKNP Tourist Information Centre, 15th Floor, Kompleks Teruntum, Jl. Mahkota, Kuantan, Tel. 505566.

5 Taman Negara

Bereits in den 20er Jahren wurde das Gunung-Tahan-Tierreservat ins Leben gerufen. 1939 erweiterte man das Reservat von 1300 km^2 auf 4343 km^2. Mit der Unabhängigkeit mußte für das damalige Reservat »King George V.« ein neuer Name gefunden werden. Man nannte das Gebiet von nun an nur noch »Taman Negara« (=Nationalpark).
Den Untergrund des größten Teiles des Parks bilden Sedimentgesteine, meist Sandstein. Granit kommt in den östlichen Bereichen vor. In der Region des **Gunung Tahan**, des mit 2187 m höchsten Berges West-Malaysias, findet sich neben Sandstein auch Quarzit, z. T. mit Quarzablagerungen.
Zahlreiche Flüsse durchziehen das Gebiet. Das Wasser ist Anziehungspunkt für viele Tierarten, die allerdings nur mit Übung gegen das dichte Blattwerk auszumachen sind. Obwohl hier viele Arten heimisch sind, bestehen nur eingeschränkte Chancen, Tiere zu sehen. Die erste Voraussetzung ist Zeit. Gute Kondition ist allerdings genauso wichtig, um mehrere Tage lang unterwegs sein zu können, denn die Tiere sind scheu, so daß die Chance von Beobachtungen mit der Entfernung vom Parkhauptquartier Kuala Tahan beträchtlich steigt. Durch solche Touren wird der Aufenthalt zum echten Abenteuer, bei dem Flüsse durchquert werden müssen, Nachtlager im Freien stattfinden, Blutegel und Mücken ein immerwährendes Ärgernis darstellen und ständig die Gefahr besteht, von einem plötzlichen Regen völlig durchnäßt zu werden.

Pflanzen und Tiere

Die Vielfalt der Vegetation wird bereits während der Bootsfahrt nach Kuala Tahan deutlich. Die grüne Pflanzenmauer rechts und links des Flusses wirkt oftmals erdrückend. Ihre Undurchdringlichkeit und die enorme Wuchshöhe der Bäume, wobei der Eindruck noch durch die relativ niedrige Sitzposition im Boot verstärkt wird, machen eigentlich erst hier sehr eindringlich

Doppelhornvögel sind nur sehr selten zu beobachten.

Der Taman Negara ist eines der letzten großen Regenwaldgebiete Malaysias; im Hintergrund der Gunung Tahan.

klar, was das uneingeschränkte Wachstum über mehr als 100 Mio. Jahre vollbracht hat. Rosenapfelbäume fallen durch ihre rosa bis rot gefärbten birnenförmigen Früchte auf. Rote Blüten zeigt die Lagerstroemie. Beides sind Farbtupfer im sonst in allen Schattierungen vorherrschenden Grün. Farne und Gräser bilden die Vegetation der Uferränder. Direkt dahinter steht eine scheinbar undurchdringliche Mauer aus Pflanzen. Zweiflügelfruchtbäume stellen den größten Baumanteil des Gebietes. Ihre mächtigen Kronen überragen oft das Blätterdach der umgebenden Bäume. Kleinere einzeln stehende Pflanzen werden rasch von Kletterpflanzen wie den Lianen überwuchert. Winden verschließen rasch jeden Durchlaß zum Flußufer.

In Kuala Tahan trifft man dann wieder auf Kultur- und Zierpflanzen. Wunderstrauch und Hibiskus, Bananenstauden, Mango-

Riesige Brettwurzeln geben den Urwaldriesen Halt.

bäume, Yams und Papaya ragen aus den rasenartigen Flächen zwischen den Gebäuden. Viele Stellen sind unkrautartig mit Sinnpflanzen (Mimosen; S. 160) überwuchert.

Auf den verschieden langen Wanderungen fällt es sehr schwer, Bäume zu unterscheiden. Liegen Blätter oder Samen am Boden, besteht immerhin die Möglichkeit, sie einer Pflanzenfamilie zuzuordnen. Nahezu unmöglich ist es allerdings, genau zu ermitteln, ob die Funde zum Baum rechts oder links des Weges gehören oder sogar gewisse Strecken gesegelt sind. Die Kronenregion ist zu weit vom Boden entfernt. Einfacher wird es mit der Zuordnung von Rotangpalmen, Lianen, Strahlen- und Fächerpalmen.

Im Bereich der Höhenzüge des Gunung Tahan tauchen Eichen und Lorbeergewächse auf. Im Nebelwald wachsen zahlreiche Rhododendren, Orchideen und Kannenpflanzen (S. 94). Dichte Moosrasen bedecken den Boden und Äste.

Versucht man die Tierarten aufzuzählen, die im Gebiet des Taman Negara vorkommen, entsteht leicht der Eindruck eines riesigen Zoos. Leider sind die meisten Tiere nur mit viel Glück abseits der üblichen Pfade beobachtbar. Im Park kommen noch Gruppen des Gaurs, des größten Wildrindes, der Schabrackentapir, der Muntjak, Kantschil, Sambarhirsch, Bart- (S. 155) und Wildschwein vor. Hirsche und Wildschweine sind häufige Gäste in Kuala Tahan und zeigen sich in der Dämmerung gerne auf den offenen Flächen des Geländes, um an den Abfällen der Touristen teilzuhaben. Abfälle bevorzugen auch die Ratten und die kulturfolgenden Javaneraffen. Entlang der Flüsse tauchen häufig Glatt- und Zwergotter, Bindenwarane und Wasserbüffel auf. Bei den Wasserbüffeln han-

Termitengänge ziehen sich häufig an Bäumen hoch.

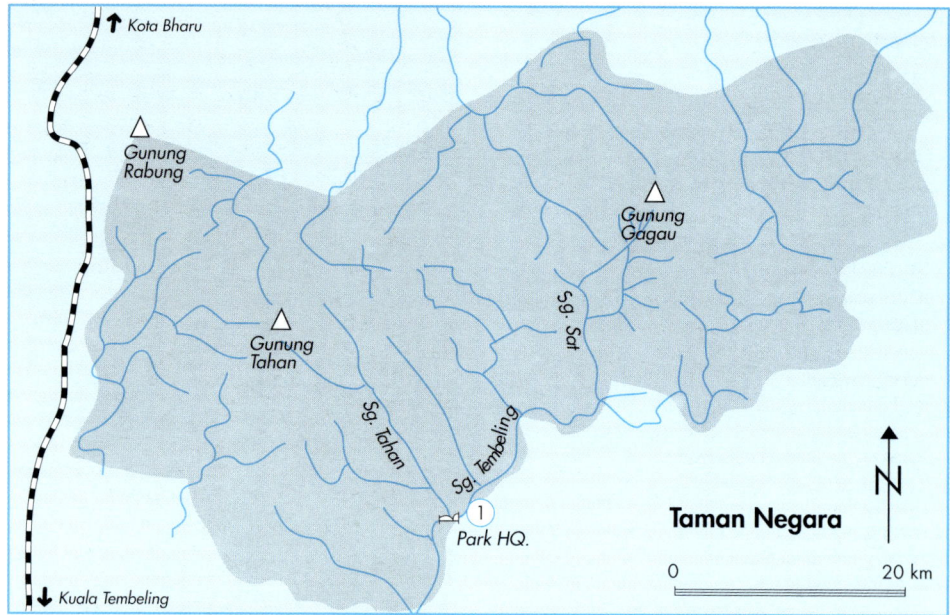

Kota Bharu

Gunung Rabung

Gunung Gagau

Gunung Tahan

Sg. Sat

Sg. Tahan

Sg. Tembeling

Park HQ.

Kuala Tembeling

N

Taman Negara

0   20 km

delt es sich nicht um Wildtiere, sondern vielmehr um Haustiere, die allerdings verwildert sein können.

In den Bäumen turnen oft Schön- und Riesenhörnchen (S. 157), seltener Spitzhörnchen. Das Knacken von Ästen weist meist auf die Anwesenheit von Affen hin. In der Regel sind dann Weißhandgibbons (S. 65) unterwegs, die hangelnd rasch große Entfernungen überbrücken. Eine weitere Gibbonart ist der Siamang, der allerdings nicht so weit wandert. Sitzt ein Siamang ruhig im Baum, ist er meist nur als schwarzer Klecks sichtbar. Laute Wanderungsgeräusche gehen auch vom Roten Langur aus, einem Schlankaffen, der ganz im Gegensatz zu seinem Namen eine graue bis braune Fellfarbe zeigt. Ein wichtiges Unterscheidungsmerkmal zum Gibbon ist der lange Schwanz der Languren.

Außerhalb des Hauptquartiers bestehen gute Chancen, Plumploris, Zibetkatzen (S. 153) und Ruß-Gleithörnchen zu sehen. Immer wieder gibt es Berichte über Elefanten, Sumatranashorn, Tiger, Leopard und

Malaienbär. Häufige Bekanntschaften wird man mit diesen Tieren wohl nicht schließen können, dafür aber mit den Blutegeln, den »Leeches«, die an feuchten Stellen von überall her auftauchen, möglichst schnell in Schuhen verschwinden oder in Hosenbeinen emporkriechen, um Blut zu saugen.

Malaienhornvögel, Gurial (S. 41), Braunliest (S. 17) und Hinduspint sind im Uferbereich der Flüsse leicht auszumachen. Unterwegs fallen Kappen- und Blaupitta, Schwarznacken-Pirol, Halsband-, Grünkopftrogon und Flaggendrongo auf. Rubinwangen- und Braunkehl-Nektarvögel bringen mit den metallisch schillernden Farben der männlichen Vögel hübsche Farbkleckse ins Grün des Waldes. Seltenere Vögel sind Riesenpitta, Rotschwanz-Schneidervogel und Kappenliest, der hier eines seiner Überwinterungsquartiere hat. An Gewässern stehen oft Graureiher. Auf dem Weg zum Gunung Tahan können gelegentlich Runzelhornvogel und Malaienpfaufasan gesichtet werden.

Tierbeobachtung

Fremde Länder, exotische Tiere. So einfach stellt sich oft die Ausgangssituation vieler Naturreisender dar. In der Realität sieht es zumindest in Malaysia erheblich anders aus. Natürlich leben hier viele Tiere. Die meisten erfüllen auch den Anspruch der Exotik. Aber anders als in offenen Gebieten sind viele Tiere im Regenwald nur schwer zu beobachten. Dies liegt zum einen an der Vegetation, zum anderen aber auch am Lebensraum, der sehr viele Arten mit jeweils nur sehr geringer Individuenzahl zuläßt, da das Nahrungsangebot im Tropischen Regenwald nicht so reichlich ist, wie es erscheinen mag. Hinzu kommt noch das aktuelle Problem der starken Bejagung einzelner Arten und die weiträumige Zerstörung des Lebensraumes.

Trotzdem gelingt es mit kleinen Tricks, Tiere zu beobachten. Wichtig ist, sich zunächst zu orientieren, in welchem Gebiet überhaupt noch die zu beobachtende Art vorkommt. Ranger vor Ort haben meist gute Informationen. Sie geben auch darüber Auskunft, welche Art zu welcher Wasserstelle kommt, oder welchen Wechsel sie bevorzugt. Ausgerüstet mit diesem Wissen fehlt nur noch die Information, ob die Art tag- oder nachtaktiv ist, schon kann es losgehen. Gute Beobachtungszeiten sind die Morgen- und Abenddämmerung. Viele Arten sind allerdings nur mit viel Geduld zu sehen. Längeres Verweilen an Wasserstellen bedeutet aber, eine leichte Beute von Mücken und Blutegeln zu werden. Also Insektenschutzmittel nicht vergessen.

Neben einem lichtstarken Fernglas, Wasserflasche und Bestimmungsbuch wird oft noch die Kamera mitgenommen. Leistungsfähige Objektive, hochempfindliche Filme und ein Blitzgerät sind für Aufnahmen im Wald unerläßlich. Motorbetriebene Kameras bieten einige Vorteile, bei den sich meist sehr rasch bewegenden Tieren. Stative behindern oft nur, weil viele Arten meist recht unvermittelt auftauchen und genau so schnell verschwinden. Optimales »Schußfeld« gibt es an Beobachtungsständen in großen Parks. Hier wurde genau zu diesem Zweck eine Lichtung geschlagen, oft mit dem Ergebnis, viele Besucher anzulocken, dafür aber weniger Tiere. Ruhe ist die erste Pflicht des Beobachters, leider auch anderer Menschen, die es häufig nicht so genau damit nehmen. Aus diesem Grund ist es ratsam, leicht erreichbare Orte nicht an Wochenenden oder in Ferienzeiten aufzusuchen.

Im Gebiet unterwegs

Ein echter Eindruck vom Regenwald stellt sich im Taman Negara am besten bei Dschungelwanderungen ein. Zahlreiche Pfade führen durch das Gebiet, wobei der Zeitaufwand von 3 Stunden bis zu 8 oder 9 Tagen reicht. Dieser längste Weg führt zum Gunung Tahan. Auf der Gesamtstrecke müssen über 100 km zurückgelegt werden. Transportmöglichkeiten bestehen nur auf den Flüssen. Dazu müssen Boote der Parkverwaltung gechartert werden, die häufig ausgebucht sind (Achtung: mehrere Tage vorher anmelden!).

Allerdings besteht auch die Möglichkeit, Dschungelerlebnisse direkt in **Kuala Tahan** ① zu sammeln. In der Dämmerung kommen oft Hirsche und Wildschweine ins Camp oder an den Zusammenfluß des Sungai Tahan mit dem Sungai Tembeling.

Wasserbüffel werden hauptsächlich als Haustiere gehalten.

Tageswanderungen

Nur etwa 1 Stunde ist der **Bumbun Tabing** ②, ein Beobachtungsturm, von Kuala Tahan entfernt. Startet man in den frühen Morgenstunden, bestehen gute Aussichten, hier Muntjaks an der Tränke zu sehen. Flaggen- und Ruderdrongos gehören unterwegs zu den häufigeren Vögeln. Ebenfalls nur 1 Stunde benötigt man, um den **Bukit Teresek** ③, nordöstlich von Kuala Tahan zu erreichen. Der Pfad ist allerdings oft steil und glitschig. Nahe der Hügelkuppe kommen Argusfasane zur Balz zusammen. Nach etwa der halben Strecke kann man einen Abstecher zur Salzleck-

Strahlenpalmen bilden ein Dickicht aus großen Blättern und dornigen Ranken.

Malaienbären sind sehr selten, können aber bei zufälligen Begegnungen recht gefährlich werden.

stelle **Jenut Muda** ④ machen. Außer Tierspuren ist allerdings meist nichts zu sehen. Fischschwanz- (S. 73) und Rotangpalmen (S. 100) wachsen nahe des Pfades (Achtung: Rotangpalmen besitzen spitze Dornen; möglichst auch beim Ausgleiten nicht als Halt verwenden). Vom Bukit Teresek führt ein Pfad ⑤ weiter zum **Bumbun Tabing**. Eine solche Rundwanderung erfordert etwa einen halben Tag. Trotzdem eignet sich dieser Weg sehr gut dazu, die eigene Kondition einschätzen zu lernen, da schwieriges Gelände überwunden werden muß.

Zwischen 2 Stunden und einem halben Tag dauert es, **Bumbun Belau** ⑥ auf der anderen Flußseite des Sungai Tahan zu besuchen. Die Nähe zum Sungai Tembeling mit regem Bootsverkehr beschränkt allerdings die Möglichkeit der Tierbeobachtung. Interessant ist ein Abstecher zur **Gua Telinga** ⑦. Mit einer guten Taschenlampe ist es möglich, die Höhle zu erkunden, deren Boden dick mit dem Kot der Fledermäuse (meist Hufeisennasen; S. 101) überzogen ist.

Ein längerer Weg führt zum **Bumbun Kumbang** ⑧. Über Bumbun Tabing gelangt man in etwa 5 Stunden (inklusive Stops für Beobachtungen) zum Aussichtsturm. Der recht eintönig erscheinende Wald verschließt meist den Blick auf den Himmel. Dämmerlicht, Feuchtigkeit, Blutegel (S. 137) und Mücken lassen die Wanderung recht strapaziös werden. An verschiedenen Stellen müssen kleinere Gewässer durchquert werden. Hier sind Vogelbeobachtungen möglich. Gurial und Braunliest leben in der Ufervegetation. Am Aussichtsturm tauchen in der Dämmerung häufig Schabrackentapire und Sambarhirsche auf. Unterwegs hört man oft das Brechen

von Ästen, wenn Gibbons (oft in größeren Familiengruppen) lautstark durch die Wipfel wandern. Es gelingt allerdings nur selten, einen Blick auf die Tiere zu erhaschen.

Die Rückwanderung nach Kuala Tahan ist nicht mehr am selben Tag möglich, so daß im Beobachtungsturm übernachtet werden muß. Als Alternative besteht die Mög-

Nur etwa 20 cm hoch werden die Kleinkantschile, die zu den Hirschferkeln gehören.

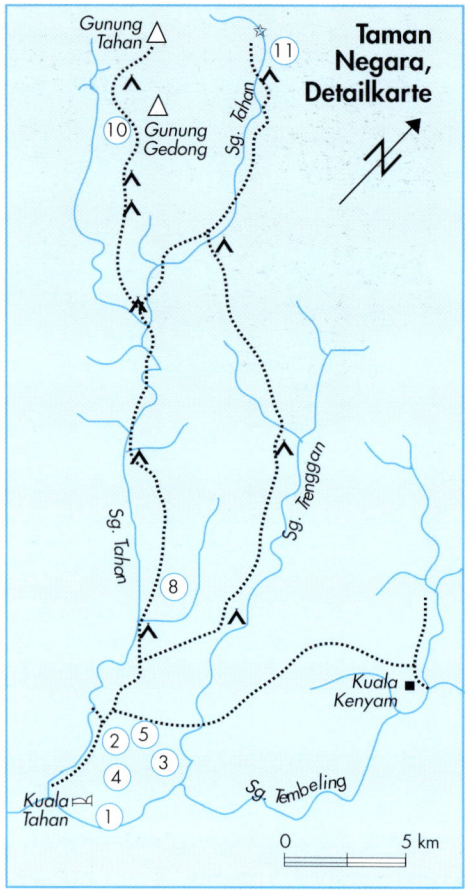

Taman Negara, Detailkarte

Gunung Tahan

Sg. Tahan

⑪

⑩ Gunung Gedong

Sg. Tahan

Sg. Trenggan

⑧

Kuala Kenyam

② ⑤

③

④

Kuala Tahan

①

Sg. Tembeling

0   5 km

ten nordwestlichen Bogen zum Camp zurück. Unterwegs besteht die Möglichkeit, den 569 m hohen **Gunung Gendang** in etwa 2 Stunden zu besteigen. Von hier bietet sich ein guter Ausblick auf den Gunung Tahan. In dieser Region kommen Siamangs, Javaneraffen und Rote Languren vor. Pro Tag muß mit etwa 5–7 Stunden Fußmarsch gerechnet werden.

Der am häufigsten begangene Weg führt zum **Gunung Tahan** ⑩. Etwa 8–9 Tage müssen für diese Tour veranschlagt werden, bei der insgesamt etwa 120 km zurückgelegt werden müssen. Zahlreiche Flußdurchquerungen, Kraxeleien an Hügeln, schlammige Dschungel- und Bergpfade erschweren den Weg. Auf einem Teil des Weges gibt es keine Frischwasserversorgung (ab Wray's Camp). Ab etwa 1500 m Höhe kann es nachts bis zu 4 °C kalt werden (Achtung: Pullover nicht vergessen). Trotz aller Strapazen lohnt sich dieser Weg. Hier besteht am ehesten die Chance, auf Großtiere wie Elefanten, Tapire, Sambarhirsche oder sogar auf den sehr seltenen Leopard oder Tiger zu treffen. Die Vegetation ist aber ebenso faszinierend. Der Weg führt in den Berg- und den Nebelwald. Myrthengewächse der Gattung *Leptospermum* (S. 129) findet man hier ebenso wie Kannenpflanzen und Orchideen. Im Nebelwald begeistern die vielen bemoosten Bäume.

ACHTUNG: In dieser Region bildet sich sehr rasch Nebel, der so dicht werden kann, daß abseits des Pfades schnell jegliche Orientierung verlorengeht. Ein mitgeführter Kompass kann sich dann als lebenswichtig erweisen.

Weniger häufig wird der Weg zum **Four Steps Waterfall** ⑪ eingeschlagen, dessen Wassermassen am östlichen Fuß des Gunung Tahan kaskadenartig zu Boden stürzen. Auch hier bestehen gute Chancen, Großtiere zu sehen. Man benötigt ebenfalls etwa 8 Tage. Ein Führer muß mitgenommen werden, da der Weg schlecht markiert und oft überwuchert ist.

lichkeit, mit dem Boot in 45 Minuten von Kuala Tahan nach Kuala Trenggan zu fahren. Von hier aus geht es dann in weiteren 45 Minuten zu Fuß zum Bumbun Kumbang und in 5 Stunden zurück nach Kuala Tahan.

Mehrtägige Touren

Echtes Dschungelabenteuer versprechen Touren, bei denen Übernachtungen im Wald notwendig werden. Der **Rentis Tenor Trek** ⑨ beansprucht etwa 2–3 Tage. Der Weg beginnt auf der Kuala Tahan gegenüberliegenden Flußseite und führt im wei-

Anreise

Von der Ost-West-Verbindungsstraße zwischen Kuala Lumpur und Kuantan zweigt in Temerloh eine Straße nach Jerantut ab. Von dort aus führt eine kleinere Straße nach Tembeling, am Ufer des Sungai Tembeling. In etwa 4 Stunden (60 km) erreicht man von hier aus per Boot Kuala Tahan, das Parkhauptquartier.

Eine rechtzeitige Anmeldung in Kuala Lumpur ist notwendig, um nicht in Tembeling auf freie Plätze im Boot (möglicherweise tagelang) warten zu müssen.

Klima/Reisezeit

Der Park ist 10 Monate im Jahr, von Mitte Januar bis Mitte November, geöffnet. Für Tierbeobachtungen empfiehlt es sich, direkt nach der Öffnung den Park zu besuchen. Zu dieser Zeit (Ende der Regenzeit) sind die Tiere noch nicht von Besuchermassen verschreckt. In jedem Moment können heftige Regenfälle einsetzen, die so manche Tour »ins Wasser fallen lassen«. In den europäischen Sommermonaten herrscht reger Besucherverkehr.

Unterkunft/Camping/Verpflegung

In Kuala Tahan stehen verschiedene Unterkünfte, vom Hostel bis zum fast luxuriösen Bungalow zur Verfügung. Bei mehrtägigen Touren übernachtet man entweder in Beobachtungstürmen oder in Zelten, die im Park geliehen werden können. Eine Kantine und ein Laden versorgen mit Lebensmitteln; Frischobst ist schwer zu bekommen.

Adressen

⇨ Park Booking Officer, Department of Wildlife and National Parks, Km 10, Jl. Cheras, Kuala Lumpur, Tel. 9052872/3;

⇨ TDC, 24–27th Floor, Menara Dato'Onn, Putra World Trade Centre, 45 Jl. Tun Ismail, Kuala Lumpur, Tel. 2935188.

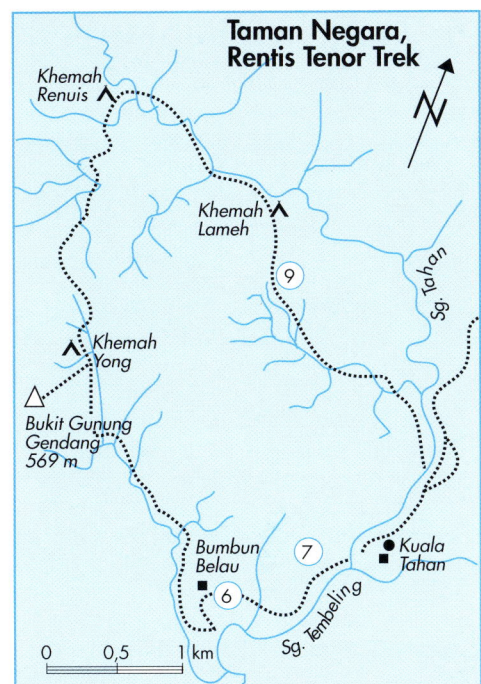

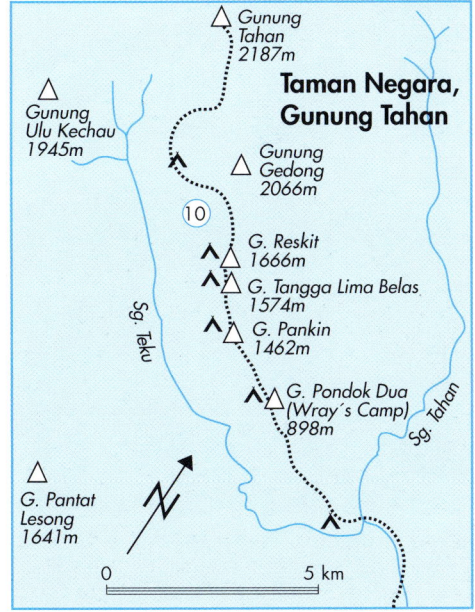

6 Zwischen Rantau Abang und Cherating

Kilometerlange Sandstrände;
abenteuerliche Flußfahrten;
Mangrovensümpfe; Eiablage der
Lederschildkröten; urtümliche
Pfeilschwanzkrebse; Kokos-
palmenplantagen.

Der Küstenabschnitt zwischen Rantau
Abang und Cherating liegt in den beiden
Staaten Terengganu und Pahang. Auf etwa
100 km Länge erstreckt sich ein ebener
Sandstrand entlang der Küste, der nur nahe
Cherating von kleineren Kalkhügeln unter-
brochen wird. Nördlich von Cherating gibt
es nur noch den Wechsel zwischen Kokos-
palmen, kleineren Flußmündungen und
Dörfern.

Der Nordostmonsun kann die Ostküste
alljährlich ungebremst erreichen. Seine
Wind- und Wassergewalt haben diesen
Strand entstehen lassen.
Im Bereich der Flußmündungen befinden
sich Kampungs, die typischen Dörfer Malaysias, mit ihren auf Pfählen stehenden
Häusern. Meist handelt es sich um Fischer
oder um Besitzer von Kokospalmplanta-
gen. Entlang der Flüsse zieht sich oft ein
dichter Mangrovensaum ins Landesinnere.
Mittlerweile wird die Mangrove auch als
Brennholz verwertet und in der Nähe der
Kampungs großflächig abgeholzt.
Die Brandung des Südchinesischen Meeres schwankt in diesem Küstenabschnitt
zwischen sehr kräftig und leisem Plät-
schern. Je nach Beschaffenheit des Mee-
resbodens kann man an einigen Stellen bis
zu hundert Meter ins Meer hineinwaten,
z. B. bei Cherating. An anderen Küstenab-
schnitten, z. B. nahe Rantau Abang, weist
das Meer bereits in unmittelbarer Ufernähe mehrere Meter Wassertiefe auf. Trotz
dieser Unterschiede findet man im gesamten Küstenabschnitt sandigen Untergrund.
Durch die Verwirbelungen der Wellen ist
das Wasser meist trüb bis undurchsichtig,
auf jeden Fall nicht zum Schnorcheln geeignet.
Alljährlich findet an diesem Küstenabschnitt ein Naturereignis statt, das auch die
schärfsten Strandgegner hierher lockt: die
Eiablage der Lederschildkröte. Die Weibchen dieser riesigen Seeschildkrötenart
kommen zwischen Mai und September an
den sandigen Küsten an Land, um nachts
ihre Eier im Sand zu vergraben, die dann
von der Sonne ausgebrütet werden.

◀ Bei Cherating nutzt man dressierte Schweinsaffen zum
Kokosnußpflücken.

Die Palmenstrände der Ostküste mit feinem weißen ▶
Sand sind das Ziel sonnenhungriger Urlauber.

Die Kokospalme

An nahezu allen tropischen Stränden wachsen Kokospalmen (Cocos nucifera). Jeder kennt sie, oder doch zumindest ihre Früchte. Trotzdem ist überraschend, wie viele Besucher Malaysias sich immer wieder über die riesigen grünen, gelben oder braunen Gebilde an den Palmen wundern. Dies liegt sicherlich daran, daß in Europa fast ausschließlich der Steinkern der Frucht in den Handel kommt. Dieser harte braune Kern ist dann bereits von der bastartigen Ummantelung befreit und hat nichts mehr mit dem Aussehen der Frucht im Ursprungsland gemein. Ungewohnt ist auch der Genuß von Kokosnußprodukten in Malaysia. Einheimische schütteln oft bedauernd den Kopf, fragt man sie nach einer braunen Kokosnuß mit hartem Fruchtfleisch. Für den Verzehr verwendet man hier nur »Kelapa mudah« (junge Kokosnuß), deren Fruchtfleisch sehr weich, der »Milch« genannte Saft wohltuend kühlend ist. Hartes Kokosmark wird häufig in geraspelter Form Speisen zugesetzt. Als besonderer Pfiff an scharfen Gerichten dient oft Kokosmilch, die auch hilft, das starke Brennen nach dem Verzehr von Chillies zu lindern.

Von der Palme werden aber nicht nur die Frucht, sondern nahezu alle Teile verwendet. Das Holz dient als Brenn- und Baumaterial, die Palmwedel zur Herstellung von Besen und dem Eindecken von Dächern. Sogar der Bast aus der Ummantelung des Kernes kann als Brenn- und Flechtmaterial genutzt werden.

All dies hat die weite Verbreitung der Palme gefördert. Ihre nahezu weltumfassende Verbreitung hat die Art allerdings selbst vollbracht. Als leicht salztolerante Pflanze bevorzugt sie Standorte nahe des Meeres. Hier fallen die Früche oft ins Meer, werden weggeschwemmt und keimen aus, sobald sie an irgendwelchen Stränden angespült werden.

Pflanzen und Tiere

Die sicherlich auffälligste Pflanze ist die Kokospalme. Diese über die gesamten Tropen verbreitete Palmenart wird von den Einheimischen auf vielfältige Weise genutzt. Angefangen von der Kokosmilch, über das Fruchtfleisch bis hin zum Holz und den Wedeln der Palme bildet sie die Grundlage für viele Dinge des täglichen Gebrauchs.

Zwischen den Palmen wächst vielerorts in Bodennähe eine grünblättrige Pflanze über den Strand, die Ziegenfußwinde (S. 68) oder Tropische Strandwinde. Der Name stammt daher, daß die Form ihrer Blätter an den Fußabdruck einer Ziege im Sand erinnert. In der Nähe von Flußmündungen ist der Schraubenbaum recht häufig. Diese Pflanze läßt sich leicht an den schraubig angeordneten Blättern, den stelzenartig breit ausgefächerten Wurzeln und den rötlichen Fruchtständen erkennen, die aus zahlreichen Einzelfrüchten bestehen.

Direkt an den Flüssen sind Mangroven und Nipapalmen anzutreffen. Die Nipapalme bildet keinen Stamm aus. Ihre Wedel wachsen direkt aus dem schlammigen Boden heraus. Sie gehört wahrscheinlich zu den ältesten Palmen, da Funde ihr Vorkommen vor bereits 180 Mio. Jahren nachweisen.

Die Tierwelt ist an den Flüssen sehr reichhaltig. Hier leben im Morast Schlammspringer (S. 112), Winkerkrabben (S. 94) und Diogenes-Einsiedlerkrebse. Mit Beginn der Abenddämmerung kommen häufig Schlangen auf die relativ wenig befahrene Straße, um die Wärme des Asphaltes aufzunehmen. Wer abends kein Glück beim Beobachten der Schlangen hat, kann sicherlich morgens überfahrene Tiere finden.

Ein Räuber der Schildkrötengelege ist der Rauhnackenwaran, der sich von anderen Waranen vor allem durch seine dunkle Färbung unterscheidet. Die Schuppen im Nackenbereich sind höckerig aufgeworfen.

Nahe Cherating lebt im Gezeitenbereich ein recht urtümliches Tier, der **Pfeilschwanzkrebs** oder **Schwertschwanz**. Dieses auf den ersten Blick unheimlich erscheinende Tier zeigt dem Betrachter zunächst nur den Panzer, in dem sich Komplexaugen befinden, die denen der Insekten ähneln. Der gesamte Panzer ist stachelbewehrt und endet in einem langen beweglichen Schwanzstachel. Das völlig harmlose Tier bewegt sich langsam über den Meeresboden fort, während es ständig an der Unterseite Nahrungsteilchen einstrudelt. Die Atmung des Tieres erfolgt über Kiemenblättchen an der Unterseite. Tagsüber ist es sehr eindrucksvoll, den Kokosnußpflückern zuzuschauen. Schweinsaffen werden von ihren Besitzern an langen Leinen auf die Palmen hinaufgeschickt und werfen reife Früchte zu Boden.

Die Vogelwelt bietet nichts außergewöhnliches. Häufig sind der Feldsperling, der Indische Hirtenstar (S. 17) und das Sperbertäubchen. Lediglich im Wald und in den Mangroven leben Kupferkehl-Nektarvogel und Rotschwanz-Schneidervogel. Manchmal zeigen sich hier auch Graureiher.

Im Gebiet unterwegs

Viele Naturfreunde kommen, um die Eiablage der Lederschildkröten zu beobachten. Leider läßt sich nicht vorhersagen, an welchem Bereich der Küste Schildkröten an Land kommen. Die größte Chance besteht bei **Rantau Abang** ①. Wächter kontrollieren nachts die Strände, um Touristen das einmalige Ereignis zeigen zu können und Eiräuber an ihrem Tun zu hindern. Wer selbst nicht nächtelang wachen möchte, kann sich in Rantau Abang vom Unterkunftbesitzer wecken lassen, sobald Schildkröten auftauchen.

Zwischen Rantau Abang und Cherating

Nipapalmen säumen auf weiten Strecken die sumpfigen Flußufer.

Jungschildkröten in der Aufzuchtstation von Rantau Abang und Lederschildkröte bei der Eiablage.

Gegen Ende der Trockenzeit bringt der Flamboyant ein Meer roter Blüten hervor.

Diese Möglichkeit besteht auch in der Gegend von Cherating ②. Hier sind die Schildkröten allerdings seltener anzutreffen.

Bei Cherating kommen gelegentlich auch die Suppen- und die Karettschildkröte zur Eiablage an den Strand.

ACHTUNG: Die Seeschildkröten gehören zu den bedrohten Tierarten der Welt. In den letzten Jahren konnten bei Rantau Abang oft jahrmarktähnliche Zustände beobachtet werden, wenn eine Lederschildkröte an den Strand kam. Die Regierung hat nun sehr strenge Regeln aufgestellt, um eine Beeinträchtigung der Tiere zu verhindern. Lampen und Feuer sind am Strand verboten. Das Anfassen der Tiere wird durch einen etwa 3 m großen Sicherheitsabstand vermieden. Blitzgeräte dürfen nicht verwendet werden.

In Rantau Abang befindet sich das sehr informative Besucherzentrum. Hier wird

Schwertschwänze, urtümliche Spinnentiere, sind im flachen Wasser bei Cherating recht häufig. An ihrer Unterseite befinden sich Kiemen.

Der Schraubenbaum oder Pandanus (rechts) ist eine weitverbreitete Strandpflanze, deren Früchte (links) eßbar sind.

Schmetterlingsagamen bevorzugen sandige Küstenbereiche zum Anlegen von Tunneln für die Jungtieraufzucht.

dem Besucher das Thema »Lederschildkröten« aus den unterschiedlichsten Perspektiven nahegebracht.

In unmittelbarer Nähe von Rantau Abang befindet sich ein Schildkrötenschutzprojekt der Regierung. Hierher werden die gesammelten Gelege gebracht, damit sie sich unter der Obhut der Aufseher ungestört entwickeln können.

<u>Recreation Park</u> ③: 4 km vom Visitor Center Rantau Abang entfernt befindet sich ein kleines Waldstück, das als Erholungspark

Wespenbussarde können stechenden Insekten die bewehrten Hinterleibsanhänge abreißen, um Stiche zu vermeiden.

gedacht ist. Hierher kann man tagsüber vor der Sonne »flüchten«. Etliche Hörnchen, gelegentlich auch auch Javaneraffen (S. 85) leben in diesem Gebiet.

<u>Cherating River</u> ④: Direkt bei Cherating mündet der von Mangroven gesäumte Cherating River ins Meer. Im Ort besteht die Möglichkeit, kleine Boote zu mieten. Mit dem Boot kann man dann flußaufwärts fahren. Neben Schlammspringern, Winkerkrabben und Mücken (Achtung, Mückenschutz!) leben hier viele Schönhörnchen und Affen, in der Regel Javaneraffen. Ein solcher Ausflug empfiehlt sich besonders am frühen Morgen, da dann noch viele Tiere zu sehen sind und man nicht in der Mittagshitze paddeln muß.

Praktische Tips

Anreise

Mit dem Bus, Taxi oder PKW über Kuantan bzw. Kuala Terengganu sind Cherating und Rantau Abang sowie die anderen Orte entlang der Küste gut zu erreichen.

Klima/Reisezeit

Die Eiablage der Schildkröten beginnt im Mai und endet mit Beginn des Oktober. Die meisten Tiere kommen in den Monaten August/September zur Eiablage. Gerade in dieser Zeit kann es allerdings auch sehr heiß werden.

Unterkunft

In Rantau Abang und Cherating stehen Bungalows unterschiedlicher Preiskategorien zur Verfügung.

Adressen

➪ TDC, No. 13, Jl. Sultan Omar, 20300 Kuala Terengganu, Tel. 09/621415;

➪ TDC, Wisma Persatuan Bolasepak, Jl. Gambut, 25000 Kuantan, Tel. 09/521218;

➪ Rantau Abang Visitor Center, Rantau Abang.

7 Kenyir-Stausee

Künstlicher See inmitten des Tropischen Regenwaldes; hervorragende Fischfangmöglichkeiten; Dschungeltrecking; über 200 Inseln; zahlreiche Wasservögel; Dörfer der Orang Asli; Wassersportmöglichkeiten.

Seit Beginn der 80er Jahre wurde am heute 150 m hohen Staudamm gebaut. Ein riesiges Areal im Hügelgebiet des 1400 m hohen Gunung Padang soll zur Energieerzeugung überschwemmt werden. Seit 1989 sind Turbinen in Betrieb, die mehrere hundert Megawatt Strom aus Wasserkraft erzeugen.
40000 ha Wasserfläche entstanden auf diese Weise. Aus dem See ragen 215 Inseln, ehemalige Hügelspitzen. Durch die Überschwemmung veränderten sich Flora und Fauna. Viele Tiere und Pflanzen gingen zugrunde oder wanderten ab, andere, besonders Wasserpflanzen, Wasservögel und Fische, kamen neu hinzu. Einige Arten wurden durch die Inselentstehung isoliert und auf engem Raum zusammengedrängt. Dies erleichtert dem Besucher die Beobachtung.
Aus der Wasseroberfläche ragen Hunderte von toten Bäumen als bizarre Gestalten auf. Es sind die Relikte der vor wenigen Jahren noch geschlossenen Vegetation. Die Szene wird nur durch Greifvögel belebt, die sich gelegentlich auf den blattlosen Ästen niederlassen.
Im umliegenden Wald leben einige Großtierarten (z. B. Tapire und angeblich auch Elefanten). In der Nähe des Sees liegen ein paar kleine Orang-Asli-Siedlungen, die man besuchen kann. Denken Sie aber daran, kleinere Geschenke mitzunehmen.

Pflanzen und Tiere

Neben den bereits bekannten Pflanzen des Tropischen Regenwaldes, wie z. B. Zweiflügelfruchtbaum (s. S. 136), Würgfeige (s. S. 98) und Epiphyten, kommen im und am See viele Wasser- und Sumpfpflanzen vor.
Am eindrucksvollsten ist sicherlich die Lotusblume (S. 37), deren grüne Blätter an vielen Stellen die Oberfläche des Sees bedecken. In der Blütezeit (hauptsächlich Juli bis September) ragen ihre großen rosa Blüten über die Wasseroberfläche empor. An den sumpfigen Uferstellen des Sees wächst Bambus bis zu 15 m hoch.
Wegen ihrer kräftig roten Blütenstände ist die Scharlachrote Alpinie besonders auf-

Malaienreiher sind Bewohner der Küstengewässer und Binnenseen.

Die bewaldeten Ufer des Kenyir-Stausees eignen sich zur Tierbeobachtung.

fällig. Sie ist eine beliebte Zierstaude, die im Gebiet um den Stausee häufig verwildert vorkommt.

An der Zufahrtsstraße zum See stehen einige Durianbäume, die die begehrten kopfgroßen Früchte liefern. In der Haupterntezeit Juli/August sollte man sich den Bäumen vorsichtig nähern, da die Früchte von den Besitzern eifersüchtig gehütet werden.

Zahlreiche Eisvogelarten, wie der Gurial (S. 41), der Malaienliest und der Kappenliest, der dieses Gebiet zum Überwintern nutzt, finden am See hervorragende Lebensbedingungen. Einige Reiherarten, z. B. Mangrovenreiher, kommen am See ständig, andere als Zugvögel vor. Dauerndes Wohngebiet ist der See auch für den Nachtreiher, der in der Dämmerung und der Nacht Fische und Amphibien jagt. Zugvögel am See sind Grau- und Seidenreiher. Zeitweise bevölkern diese Vögel in

Bambusgehölze gehören zu den typischen Pflanzen der Umgebung.

An Flüssen, Seen und Küstengewässern suchen Brahminenweihen nach Nahrung: z. B. Amphibien und Reptilien.

Scharen die Bäume der Umgebung. Im
Gebiet um den See leben der Blauwangen-
Bartvogel, der Klage- und der Schimmerkuckuck sowie der Dschungelfischer
(S. 41). Unter den Greifvögeln sind der
Dreifarben- und der Brahminenweih recht
häufig, der Wespenbussard (S. 58) ist eher
selten.
In der Dämmerung werden die Asiatischen
Ochsenfrösche aktiv. Diese etwa 15 cm
großen Tiere stimmen ein Konzert an, das
stundenlang dauert und u. a. zur Revierab-
grenzung dient.
Im Wald, aber auch in Ufernähe lebt der
Bindenwaran, der bis 2 m lang wird. Da er
gut schwimmen kann, wird er häufig mit
dem Krokodil verwechselt, das im See
nicht heimisch ist.
Auch die zum raschen Farbwechsel
fähige Indische Schönechse ist häufig. Sie
wird auch als Indischer Blutsauger bezeichnet, da die Männchen zur Paarungs-
zeit eine kräftige rote Körperfärbung zeigen.
In der Morgen- und Abenddämmerung bestehen gute Gelegenheiten, scheue Wald-
tiere, wie den Schabrackentapir, Wildschweine oder den Kantschil (S. 49), einen
nur etwa 30 cm Schulterhöhe erreichen-
den Hirsch, zu sehen.

Im Gebiet unterwegs

Bootstouren auf dem See sind in Eigenre-
gie schwierig zu organisieren und teuer.
Aus diesem Grund ist es am günstigsten,
an organisierten Touren teilzunehmen. Sie
bieten den Vorteil, daß die Führer über
gute Orts- und Naturkenntnisse verfügen.
Sie steuern bestimmte Inseln an, auf denen
mit hoher Wahrscheinlichkeit Tiere, wie

Mangrovenreiher kamen mit der Anlage des Sees von den
Küsten zum Kenyir-Stausee.

Ochsenfrösche stimmen in der Dämmerung vielstimmige
Konzerte an.

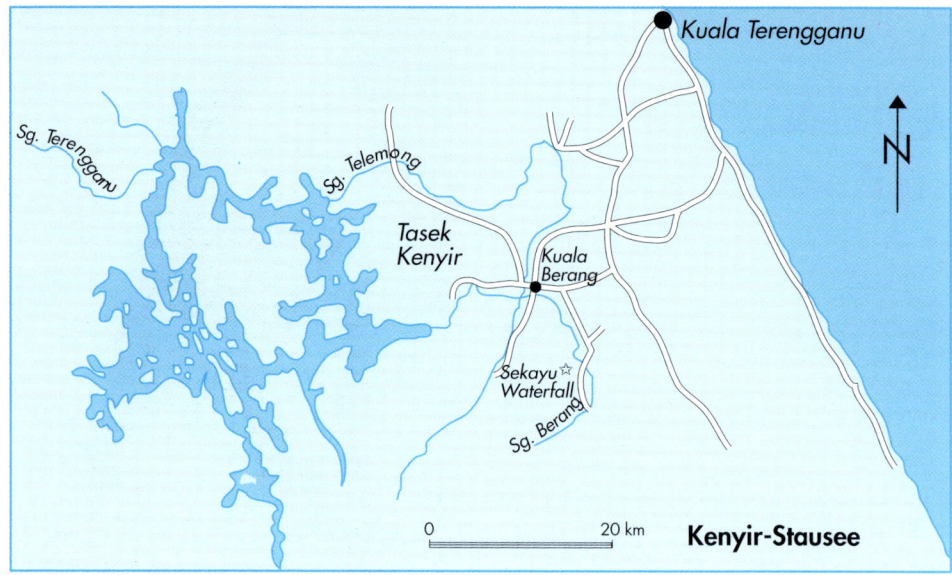

Kenyir-Stausee

z. B. der Kantschil, beobachtet werden können.

Dschungeltouren werden organisiert angeboten; man kann aber auch gut auf eigene Faust die nähere Umgebung des Stausees erkunden. Zumindest in der Umgebung der Bungalows sind Pfade angelegt worden, die ständig erweitert werden.

Praktische Tips

Anreise
Mit dem PKW aus Richtung Kuantan oder Kuala Terengganu über Kuala Berang nach Sungai Gawi.
Organisierte Touren starten entweder in Kuantan oder Kuala Terengganu.

Klima/Reisezeit
Der See kann ganzjährig besucht werden. In der Zeit des Monsuns, zwischen Oktober und Januar, kann es allerdings zu heftigen Regenfällen kommen.
Das Gebiet soll auch für den regionalen Tourismus, besonders für Angler, erschlos-sen werden und erfreut sich steigender Beliebtheit. Aus diesem Grund kann es an Wochenenden und bei regionalen Feiertagen zu erheblichen Besucherzahlen kommen.

Unterkunft
Kenyir Lake Resort bietet Bungalows und Zimmer auf einer auf Grund liegenden alten Fähre. In Kuala Berang gibt es ein kleines Hotel.

Adressen
➪ TDC, East Coast Region Office 2243, Wisma MCIS, Jln. Sultan Zainal Abidin, Kuala Terengganu, Tel. 09/621433/893;
➪ Kenyir Lake Resort, No. B 2289, Jln. Beserah, Kuantan, Tel. 09/523687.

Blick in die Umgebung

Von Kuala Berang aus erreicht man den Sekayu-Wasserfall (s. Nebenreiseziel 7, S. 165).

Durian

Der Durianbaum wird bis 40 m hoch und gehört damit zu den größeren Obstbäumen. Seine bis 30 cm langen Früchte werden oft auch als Stinkfrüchte bezeichnet. Sie werden mehrere Kilo schwer. Durch ihre grüne bis grünlichgelb gefärbte Oberfläche mit den zentimeterdicken, harten Stacheln fallen sie im Oliv der Blätter auf. Wird die Schale zerteilt, erkennt man einen cremefarbenen, weichen Fruchtmantel, in den braune Samen eingebettet sind. Erkennbar sind die Früchte auch auf große Entfernungen am Geruch, der so stark ist, daß viele Hotels ihren Gästen verbieten, Durian mit aufs Zimmer zu bringen. Spätestens am Geschmack der Früchte scheiden sich die Geister dann endgültig. Dem einen ist sie eine »Königin der Früchte«, anderen bereitet sie Brechreiz. Wer sie mag, kann nicht darauf verzichten und will es auch nicht, gilt sie doch als Aphrodisiakum. So sieht man in der Hauptreifezeit zwischen Juni und September überall Händler die Früchte anbieten und Käufer, die mit fast wissenschaftlicher Akribie Durian prüfen. Sie taxieren nach Gewicht, Geruch und Geschmack. Erst wenn die entsprechende Frucht gefunden wurde, wird sie zu oft hohen Preisen gekauft. Neben dem Verzehr der Früchte in unterschiedlichen Reifestadien wird Durian auch zur Herstellung verschiedener Speisen (sogar für Speiseeis) verwendet.

8 Pulau Tioman (Tioman Island)

Eine der 10 schönsten Inseln der Welt; weiße Sandstrände; kristallklares Wasser; bunte Unterwasserwelt; Tauch- und Schnorchelmöglichkeiten; Wanderungen durch unberührten Dschungel; zahlreiche Affenarten.

In der Tourismuswerbung wird Tioman als eine der schönsten Inseln der Welt gepriesen. Die 39 km lange und 18 km breite Insel ist aber auch in der Realität faszinierend. Ob sie wirklich zu den 10 schönsten Inseln zählt, mag dahingestellt sein. 64 Inseln vulkanischen Ursprungs gibt es vor der Küste des Staates Pahang. Die kleinste ist nur ein Fels, der aus dem Wasser schaut, die größte ist Tioman, etwa 56 km vom Festland entfernt.

Inmitten der Insel ragt der <u>Gunung Kajang</u> etwa 1050 m hoch auf. Direkt hinter dem Strand und den Kokospalmenplantagen bedeckt Tropischer Regenwald die Insel. Der Wald ist auch heute noch weitgehend unberührt, da Holzeinschlag wegen der vergleichsweise geringen Größe Tiomans unrentabel wäre.
Die malerischen Sandstrände und das kristallklare Wasser des Südchinesischen Meeres locken viele sonnenhungrige Touristen auf die Insel. Die Wälder im Inselinneren werden jedoch weniger häufig besucht, u. a. deshalb, weil die Steigungen, die bei einer Durchquerung der Insel überwunden werden müssen, recht strapaziös sind. Eine Entschädigung für die körperliche Anstrengung bieten aber die faszinierende Vegetation im Inselinneren, kleine Wasserfälle mit Becken, die zum Bad einladen, und die vielfältige Tierwelt. Am häufigsten trifft man im Inselinneren leider

Tioman lockt den Besucher mit Sandstränden und dschungelbedeckten Höhenzügen.

auf Mücken. Sie tauchen zu Hunderten auf, scheinbar warten sie schon seit Jahren auf Menschen, denen sie Blut abzapfen können. Also: Mückenschutzmittel nicht vergessen.
Neben diesen Outdoor-Erlebnissen bietet die Insel aber auch die Möglichkeit, tropische Nutzpflanzen, wie z. B. Kokospalme (s. S. 54), Kautschukbaum und zahlreiche Obstbäume, näher kennenzulernen.
Die vorgelagerten Korallenriffe können schnorchelnd oder gerätetauchend erkundet werden. Bereits nahe der Küste tut sich ein natürliches Aquarium auf. Sogar Seeschildkröten, Delphine, Weißspitzenriff- und Hammerhaie sind häufige Besucher der Küstengewässer.

Pflanzen und Tiere

Im Küstenbereich bzw. im Bereich der Dörfer werden zahlreiche Nutzpflanzen angebaut. Unübersehbar ragt überall die Kokospalme bis 20 m hoch auf.
ACHTUNG! Möglichst am Strand nicht direkt unter Palmen lagern. Eine häufige Unfallursache in den Tropen sind herunterfallende Kokosnüsse oder Palmwedel.
Bananenstauden (S. 25) und Mangobäume stehen zwischen und neben den Palmen. Im Osten der Insel, nahe Kampung Juara, gibt es größere Pflanzungen des Kautschukbaumes.
Im Regenwald der Insel kann man hervorragende Einblicke in diese Vegetationsform gewinnen. Sehr häufig ist der epiphytische Vogelnestfarn (S. 73). Auf Felsen und in Astgabeln sitzen die Pflanzen einzeln oder zu Dutzenden dicht gedrängt. Brettwurzelwerke (S. 44) riesigen Ausmaßes bilden die Zweiflügelfruchtbäume, um

Weißhand-Gibbons sind im Wald häufiger zu hören als zu sehen.

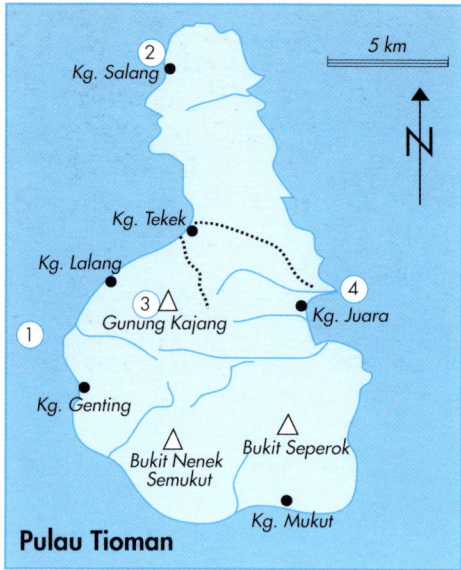

Pulau Tioman

ihrem Stamm die nötige Standfestigkeit zu geben. Gelangt ausreichend Licht an die Baumstämme, versuchen Kletterpflanzen, häufig Feigengewächse der Art *Ficus villosa*, an ihnen hinaufzuwachsen.

In der Buschvegetation sind zwei Farnarten häufig, die in der malaiischen Sprache »Resam« genannt werden. Es handelt sich um die Arten *Dicranopteris curranii* und *Gleichenia truncata*. Beide bilden weitverzweigte Pflanzenteppiche, die bis zu 2 m hoch werden.

Die bereits erwähnten Mücken gehören zu den unangenehmen Vertretern der reichhaltigen Tierwelt. Javaneraffen tummeln sich auch auf Tioman im Bereich der Dörfer. In der Dämmerung hört man häufig die Rufe der Gibbons, im Bereich des Gunung Kajang kann man sie auch tagsüber zu Gesicht bekommen. Entlang der Pfade im Wald sind Low's-Hörnchen und Plantagenhörnchen anzutreffen. Oft werden sie mit einem sehr ähnlich aussehenden Tier, dem Tupaia (S. 107) oder Spitzhörnchen, verwechselt. Spitzhörnchen gehören trotz ihrer hörnchenartigen Gestalt nicht zu dieser Familie, sondern zu den Halbaffen. Ein deutliches Unterscheidungsmerkmal ist ihre lange, spitze Nasenpartie.

Reptilien kommen ebenfalls häufig vor. Neben den Bindenwaranen, die oft nahe der Wasserfälle und Flüsse anzutreffen sind, ist die Borneo-Schönechse weit verbreitet. Der Name dieser Agame täuscht einen eingeschränkten Verbreitungsraum vor. Tatsächlich lebt sie aber neben Borneo auch in Thailand und Malaysia. Dieses hübsche grün bis braun gefärbte Tier wird häufig mit dem Chamäleon verwechselt, da es sehr rasch seine Körperfarbe wechseln kann.

Der hier ebenfalls heimische Bengalenwaran (S. 42) zeichnet sich durch seine gute Kletterfähigkeit aus.

An Bäumen ist fast überall auf der Insel der in ganz Malaysia weitverbreitete Oliv-Baumskink zu beobachten. Das Tier ist allerdings hervorragend an die Baumfarbe angepaßt und oft schwer auszumachen. Eine Schlangenart, die häufiger auf der Insel vorkommt, ist die Grüne Baumnatter, eine harmlose, leuchtend grün gefärbte Schlange. Es gibt allerdings auch Giftschlangen, z. B. die grüne, mit gelben Bändern gezeichnete Waglers Lanzenotter, eine Baumschlange, die nur etwa 1 m Länge erreicht, deren Biß aber zumindest langandauernde Schwellungen verursacht und je nach Gesundheitszustand bis zum Tode führen kann. Auch die Kobra (S. 70) oder Brillenschlange ist bereits auf der Insel gesehen worden.

ACHTUNG! Im tiefüberhängenden Geäst immer einige Meter voraus, sowie rechts und links nach Lanzenottern suchen. Kobras leben normalerweise im Verborgenen. Sie sind tag- und nachtaktive Tiere, die leider oft in der Nähe der Siedlungen leben, da hier auch die Ratte, eines ihrer Beutetiere, häufig anzutreffen ist. Vorsichtsmaßnahmen können getroffen werden, indem man nie in Höhlungen hineingreift, im hohen Gras lange Hosen und knöchelhohe Schuhe trägt, nachts nicht barfuß und vor allem nicht ohne Lampe in den Ortschaften und an Gewässern unterwegs ist.

Interessant ist auch die Vogelwelt der Insel mit Indischem Hirtenstar (S. 17), Malaien- und Grünkopfliest, Malaienblau- und Rotbrust-Grundschnäpper.

Unter Wasser tut sich eine völlig andere Welt auf: Buntschillernde Fische in den Korallen, besonders attraktiv sind die Anemonen- oder auch Clownfische (S. 174). Im flachen Wasser gibt es etliche langstachelige Seeigel.

Vorsicht ist im Wasser auch bei Höhlen und Spalten geboten, da im Südchinesischen Meer Muränen vorkommen. Haie, die ebenfalls gelegentlich vor Tioman gesehen werden, sind in der Regel ungefährlich.

Resam-Farne wachsen zu undurchdringlichen grünen Teppichen zusammen.

Im Gebiet unterwegs

Renngis ①: Westlich vor Tioman liegt die kleine Insel. Hierher werden Tauch- und Schnorcheltouren angeboten, da die Korallen weitgehend unzerstört sind. Vor der Insel sind oft Seeschildkröten anzutreffen.

Telok Salang ②: Dieser Ort befindet sich nahe der Nordspitze Tiomans. Flache Stellen im Wasser eignen sich besonders zum Schnorcheln. Es ist sinnvoll, von Tekek aus ein Boot zu nehmen, da der Weg entlang der Küste beschwerlich ist (hier verirrt man sich leicht im Rotang- (S. 100) und Salakpalmen-Dickicht) und bei Flut oft unter Wasser steht.

Gunung Kajang ③: Auf einem steil ansteigenden Pfad, der in Paja beginnt, gelangt man in etwa 2 Stunden nahe an den Gipfel des Kajang. Zunächst führt der Weg durch Bananen- (S. 25) und Kokospalmenpflanzungen (s. S. 54). Danach geht es weiter durch den Regenwald. Hier gibt es sehr viele Tiere, leider auch viele Mücken. Bis zum Gipfel führt kein Weg hinauf. Man ist gezwungen, im Zickzackkurs zwischen den Bäumen und Baumwurzeln hinaufzusteigen. Dies ist allerdings sehr strapaziös, da es steil bergan geht und dornige Ranken oft den Weg versperren.

Kampong Juara ④: Weniger beschwerlich als zum Kajang, aber auch sehr interessant, ist der Marsch zum Kampong Juara auf der Ostseite der Insel. Man erreicht den Ort auf einem gut gangbaren Weg in etwa 3 Stunden von Tekek aus. Zunächst geht es vorbei an Chilli-Pflanzen und durch eine kleine Kautschukplantage (s. S. 34), bis man den unberührten Wald erreicht. An vielen Stellen kann man im Wald die riesigen Brettwurzeln der Bäume bewundern. Unterwegs gibt es einen kleinen Wasserfall

Unbedingte Vorsicht ist vor den langen Stacheln des Diadem-Seeigels geboten.

Ein seltener Anblick: eine ungiftige Rattennatter beim Verzehr ihrer Jagdbeute. Häufig wird diese bis 4 m lange Schlange mit der hochgiftigen Königskobra verwechselt.

mit natürlichem Swimming Pool. Hier ist der Bindenwaran häufig anzutreffen. Schönhörnchen und der Gibbon leben hier ebenfalls. Ein Plage können auch hier die Javaneraffen werden. Mit etwas Glück kann das Riesenhörnchen (S. 157) beobachtet werden. Nach Überqueren des Inselkammes gelangt man in übermannshohes Farndickicht, bis der Weg schließlich zu den Kautschuk- und Kokospalmenplantagen des Kampong Juara führt.

Praktische Tips

Anreise
Von Mersing aus gibt es einen regelmäßigen Fährverkehr zur Insel. Es besteht die Möglichkeit, zwischen der Fahrt mit dem Fischerboot (Dauer etwa 4 Stunden) und dem Tragflügelboot (etwa 1 Stunde) zu wählen. Wegen der Gezeiten besteht die Fährverbindung meist um die Mittagszeit. Dies macht oft eine Übernachtung in Mersing notwendig.

Ziegenfußwinden sind typische Rankgewächse an den Sandstränden. Ihren Namen erhielten sie wegen der Form ihrer Blätter, die an einen Ziegenfußabdruck erinnert.

Die Borneo-Schönechse kann ihre Färbung geringfügig ändern.

Der kleine Wasserfall auf Tioman lädt auf dem Weg zum Kampung Juara zur Erfrischung ein.

Noch schneller geht es mit dem Flugzeug ab Singapur, Mersing oder Kuala Lumpur.

Klima/Reisezeit
In der Zeit des Monsun (Oktober bis Januar) ist der Aufenthalt auf Tioman nicht zu empfehlen, da dann schon die Anreise abenteuerlich bis unmöglich wird. Tauchen und Schnorcheln ist in dieser Zeit nur eingeschränkt möglich.
Im Juli/August sowie an öffentlichen Feiertagen ist die Insel häufig stark überlaufen.

An Bäumen ist der Oliv-Baumskink, ein flinker Kletterer, mit etwas Geduld zu sehen.

Unterkunft
Neben dem Tioman Island Resort gibt es im Bereich der Westküste Tiomans sowie in Juara zahlreiche preiswerte Bungalowanlagen.

Adressen
- ↪ TDC, No. 1, 4th Floor, Kompleks Tun Razak, Jl. Wong Ah Fook, 80000 Johor Bahru, Tel. 07/223590;
- ↪ Tioman Island Resort, Pulau Tioman, Tel. 03/2305266.

Der Grüne Baumfrosch ist ein häufiger Gast am Wasserfall von Tioman.

9 Endau-Rompin-Nationalpark

Großes zusammenhängendes Tief-
landregenwaldgebiet; zahlreiche kristallklare Flüsse mit Wasserfällen;
Vorkommen von Elefant, Sumatra-
Nashorn und Tiger; zahllose Vogel-
und Insektenarten; Permit erforderlich.

Erst 1985/86 wurde das knapp 900 km²
große Gebiet, das sich auf beiden Seiten
der Grenze zwischen den Staaten Pahang
und Johor nahe der Ostküste Malaysias erstreckt, im Zuge einer wissenschaftlichen
Expedition erforscht. In den 12 Monaten
kamen erstaunliche Erkenntnisse zu Tage,
allerdings auch die Einsicht, daß ein Viel-
faches an Zeit benötigt wird, um eine auch
nur annähernd vollständige Bestandsaufnahme der Flora und Fauna durchzuführen. Das Gebiet wurde 1989 zum
Endau-Rompin-Nationalpark erklärt.

Eine Infrastruktur, wie sie aus anderen Nationalparks des Landes bekannt ist, gibt es
zur Zeit noch nicht. Besucher sind auf die
Teilnahme an organisierten Touren angewiesen.

Die Entstehungsgeschichte des Gebietes
reicht bis ins Perm zurück, als Vukanaus-
brüche dicke Lavamassen über das Gebiet
fließen ließen. Auswaschungen im Jura
führten zur markanten, hügeligen Ober-
flächenstruktur. Später kam es dann zu
weitflächigen Sandsteinablagerungen, von
denen heute nur noch die Hügelkuppen
und Berge bedeckt sind.

Der tropische Tieflandregenwald ist die
vorherrschende Vegetationsform. Nur an
einigen Stellen, z. B. dem 1036 m hohen
Gunung Besar, findet man Bergregenwald.
Entlang der Flußläufe zeigt sich ein schier
undurchdringliches Pflanzendickicht, das
sich allerdings bereits nach einigen Metern
lichtet und Baumriesen Platz macht. Hier
herrscht ein ständiges Halbdunkel, das
zahllose Tierarten beherbergt und verbirgt.
Auffällig sind lediglich die Insekten und
das Geschrei von Affen.

Auf den etwa 700 m hohen Plateaus
wechselt die Vegetation zu einer Busch-
und Graslandschaft, in der lokalen Sprache »Padang« genannt. Der Boden läßt
hier das Wasser rasch abfließen, relative
Trockenheit ist die Folge. Der Regenwald,
der an hohe Luftfeuchtigkeiten gebunden
ist, weicht zurück.

Die erforschten und freigegebenen Gebiete erstrecken sich entlang der Flußläufe.
Hier gibt es auch zahlreiche Wasserfälle,
an denen die Auswaschungen im Gestein
bis zur Größe von Badewannen heranreichen, eindrucksvolle Zeugen von immer-
während der Erosion.

Bei Begegnungen mit der Kobra ist äußerste Vorsicht
geboten.

Im Gebiet des Parks leben Orang Asli, genauer Orang Jakun. Auch heute noch sind sie teilweise nomadisierende Sammler und Jäger, deren einfache Palmblatthütten im Wald schnell errichtet werden können. Im Kampung Peta, an der östlichen Parkgrenze, leben seßhafte Orang Asli. Hier findet man gute Führer, Voraussetzung ist allerdings das Beherrschen der Sprache.

Pflanzen und Tiere

Der Tieflandregenwald im Endau-Rompin-Gebiet besteht vornehmlich aus Zweiflügelfruchtgewächsen. Besonders häufig ist die Gattung *Shorea*, die das als Meranti bekannte Edelholz liefern. Würgfeigen (S. 101; s. S. 98) und Aufsitzerpflanzen, wie Orchideen und Vogelnestfarn, sind ebenso häufig wie die Strahlenpalmen (S. 48) im Unterwuchs des Waldes. Ingwergewächse und Taro-Pflanzen finden sich an feuchten Waldlichtungen bzw. Flußufern. Besonders hübsch ist die Lumbah genannte Bodenorchidee der Gattung *Curculigo*. Diese Pflanze dient den Orang Asli, ebenso wie die Wurzeln von *Forrestia griffithii*, zur Behandlung von Fieber, Schlangen- und Hundertfüßerbissen sowie Nierensteinen. Am Waldboden wachsen *Selaginella*-Moosfarne (S. 33) und auf abgestorbenen Pflanzenteilen Pilze. Kannenpflanzen der Gattung *Nepenthes* (S. 94) und Farne der Gattung *Dicranopteris* (Resam) bevorzugen die offeneren Standorte, an denen die Lichtausbeute größer ist. Besonders auffällig sind die gelben oder weißen Blüten des Rosenapfels. Diese Baumart bevorzugt Flußniederungen und Sandböden nahe von Flußbetten. Die bis 20 cm großen Blüten blühen allerdings nur einen Tag lang. Die Brennpalme oder Fischschwanzpalme dient den Orang Asli mit ihrem Stamm als Baumaterial. Ihr Mark

läßt sich zum Sago, einem Grundnahrungsmittel dieser Menschen verarbeiten. An den Flußufern wächst Bambus, zu den Küsten hin findet man Schraubenbäume (S. 57) und Nipapalmen (S. 56).

Das Gebiet wird als größtes Rückzugsgebiet des Sumatra-Nashorns angesehen. Trotzdem ist die Chance, einem dieser seltenen Tiere zu begegnen, eher gering. Dies gilt auch für Tiger (S. 73) und Leopard, zumal beide Arten auch im Schutzgebiet illegal gejagt werden. Affen wie Weißhand-Gibbon (S. 65) und Haubenlangur (S. 28), nahe der Siedlungen auch Schweins- und Javaneraffe, sowie Schönhörnchen, Tupaia, Kantschil, Bartschwein und der Schabrackentapir sind häufig zu beobachten. Die »fliegenden« Schmuckbaumnattern leben hier ebenso wie Mabuyen (S. 81) und Flugdrachen. Am Boden zwischen herabgefallenen Blättern krabbeln Hundert- und Tausendfüßer (S. 122), Roßameisen (S. 87) und an feuchten Stellen auch Blutegel.

Von den Hornvogelarten ist der Furchenjahrvogel häufig anzutreffen. Hübsche Farbtupfer bringen Elfenblauvogel und zeitweise auch Schwarznacken- und Rotbrustpirol. Auch der Argusfasan oder Arguspfau kommt hier vor. Jambufruchttauben, Indischer Hirtenstar und Eisvögel, wie Grünkopfliest (S. 113) und Gurial (S. 41), sind weit verbreitete Vogelarten.

Von den Bülbüls leben vor allem Augenstreifen-, Weißaugen-, Rotaugen- und Malaienbülbül in diesem Gebiet.

Geweihfarne leben epiphytisch auf Bäumen, um in gut belichtete Regionen zu gelangen.

An den Flüssen im Endau-Rompin-Park können in der Dämmerung meist Tiere beobachtet werden.

Die Wurzeln der *Forrestia griffithii* eignen sich zur Fiebersenkung und gegen Bisse von Gifttieren.

Im Gebiet unterwegs

<u>Sungai Endau</u> ①: Der Endau-Fluß entspringt im Hochland des Gunung Besar. Sein Bett durchzieht den Nationalpark in West-Ost-Richtung, vereinigt sich mit dem Sungai Kinchin und mündet schließlich bei Endau ins Südchinesische Meer. Entweder direkt von der Küste aus oder spätestens ab Kampung Peta bildet der Fluß das Transportsystem im Park. An seinen Ufern drang die Expedition 1985/86 ins Landesinnere vor. Zahlreiche Stromschnellen lassen das Befahren des Flusses zum Abenteuer werden. Entlang der Ufer kann man die Vögel des Gebietes gut beobachten. Nahe des Base Camps wurde ein 30 m hoher Turm ② an einem Zweiflügelfruchtbaum der Art *Dipterocarpus costulatus* errichtet. Von den 10 Plattformen aus hat man einen freien Blick über die Baumkronenregion. Besonders abends ist der Turm zur Beobachtung dämmerungs- und nachtaktiver Tiere geeignet.

Bandfüßer, die zu den Tausendfüßern gehören, sind sehr häufig.

Fruchtstände der Fischschwanz- oder Brennpalme.   Vogelnestfarne leben epiphytisch.

Buaya-Sangkut-Wasserfall ③: 40 m tief stürzen die Wassermassen des Sungai Jasin die Felsen herab.Um dieses Schauspiel zu sehen, muß man einen etwa 8-stündigen Marsch vom Base Camp aus in Kauf nehmen. Unterwegs findet man den Rosenapfelbaum, riesige Zweiflügelfruchtbäume und zahlreiche Farnarten, darunter auch den Resam-Farn. Blutegel (!), Mücken, Tausendfüßer und Termiten (bzw. deren Bauten; S. 161) gehören zu den häufigen Tieren entlang des Weges. Auf den feuchten Steinen am Flußbett leben kleinere Froscharten. Ein überall zu findendes Reptil ist die Borneo-Schönechse (S. 69). Bei der Begegnung mit einem oder mehreren Bartschweinen (S. 155) ist immer Vorsicht geboten, dies gilt auch ganz besonders für Wasserbüffel (S. 48).

Weitere Touren: Je nach Jahreszeit, persönlicher Kondition und leider auch abhängig vom Geldbeutel können weitere Touren im Gebiet erfolgen. Einschränkungen durch gerade laufende wissenschaftliche Untersuchungen werden bei der Anmeldung oder spätestens im Base Camp mitgeteilt. Flußtouren können noch auf dem Sungai Kinchin ④ bis in die Region des Gunung Ulu Tiong unternommen werden. Interessante Vegetation findet sich auf dem Jasin-Plateau ⑤, oberhalb der Buaya-Sangkut-Wasserfälle,

Der Sumatra-Tiger ist sehr selten, da er auch in Schutzgebieten illegal gejagt wird.

Endau-Rompin-Nationalpark

auf dem **Padang-Temambong-Plateau** ⑥ und dem **Janing-Barat-Plateau**. Hier weicht der Regenwald einer eher trockenen Vegetation, da der Boden das Regenwasser nur geringfügig speichern kann und sofort in die Flüsse ableitet. Auf dem Plateau findet man zahlreiche Kannenpflanzenarten und kleinblättrige Sträucher der zu den Myrtengewächsen gehörenden *Leptospermum*-Gattung.

Praktische Tips

Anreise

Wer mit dem PKW anreist (ein Allradfahrzeug ist unbedingt zu empfehlen), fährt über die Straße Keluang – Mersing bis Kahang (etwa 37 km östlich von Keluang). Etwa 5 km hinter Kahang zweigt eine schmale Straße vor einer Brücke links ab. Hier befindet sich auch der Wegweiser

Das Sumatra-Nashorn

Im asiatischen Raum leben 3 der 5 Nashornarten. Es handelt sich um das **Indische Panzernashorn**, das **Java-** und das **Sumatra-Nashorn**. Nur die beiden letztgenannten Arten kommen in Südostasien vor. Beide gehören zu den Waldnashörnern, die, wie der Name schon andeutet, vornehmlich im Wald oder entsprechend dichter Vegetation leben. Das **Sumatra-Nashorn** kommt in West- und Ost-Malaysia vor. Die Gesamtpopulation wird auf nur noch 300 Tiere geschätzt. Nur durch die Landbrücken während der Eiszeiten war eine Besiedelung der Großen Sunda-Inseln möglich. Die ältesten Knochenfunde des Sumatra-Nashorns stammen aus Niah (Sarawak; s. S. 97). Sie sind etwa 30000 Jahre alt. Die Größe der Knochen zeigt, daß Nashörner ursprünglich erheblich größer gewesen sind.

Die geringe Bestandsdichte dieser Tiere ist im wesentlichen auf die starke Bejagung zurückzuführen. Das Horn der Tiere wird mit anderen Körperteilen zu allerlei Wundermedizinen verarbeitet und bringt so große Gewinne für Wilderer. Die fortschreitende Lebensraumzerstörung tut ein übriges. Mit dem Wald verschwindet die Nahrungsgrundlage für die Tiere, die dann in Plantagen vordringen und beträchtliche Schäden anrichten. Abschüsse sind die Folge. Gelingt es, ein Nashorn einzufangen, werden die Tiere in Nationalparks (z. B. Sepilok; s. S. 136) gebracht, um später wieder ausgewildert zu werden. Erfolg wird diesen Projekten aber sicherlich erst dann beschieden sein, wenn es gelingt, endlich der Zerstörung des Tropischen Regenwaldes Einhalt zu gebieten.

An Waldrändern und gerodeten Bereichen lebt der Gold-brustbülbül.

»Felda Kahang«. Die Straße führt zunächst zum Felda Camp. Von hier sind es noch weitere 48 km auf Holzfällerstraßen bis Kampung Peta. Von Kampung Peta aus geht es dann nur noch mit gemieteten Booten zum 18 km entfernten Base Camp. Organisierte Touren beginnen meist in Endau. Mit dem Boot gelangt man dann auf dem Sungai Endau direkt zum Base Camp.
ACHTUNG: Zum Besuch ist ein Permit aus Johor Bahru unbedingt erforderlich (s. Adressen)!

Klima/Reisezeit
Empfehlenswert ist es, die trockeneren Monate zwischen Juni und Oktober für einen Besuch im Park auszunutzen. Mit heftigen Regenschauern muß allerdings auch zu dieser Jahreszeit gerechnet werden.

Unterkunft/Camping
Feste Unterkünfte sind im gesamten Gebiet noch nicht vorhanden.
Bei organisierten Touren wird eine Campingausrüstung zur Verfügung gestellt. Wer privat reist, muß eine eigene Ausrüstung mitbringen oder, wie die Führer, auf dem Boden bzw. unter Palmblatthütten übernachten.

Verpflegung
Tourunternehmen führen den gesamten Proviant mit. Verpflegung muß sonst aus den größeren Städten mitgebracht werden. Die letzte Versorgungsmöglichkeit ist Keluang oder Mersing, will man nicht auf das eingeschränktere Warenangebot der kleinen Läden in Dörfern wie Kampung Gajah angewiesen sein.

Adressen
↪ Johor State Security Council, 1st Floor, Bangunan Sultan Ibrahim, Jl. Bukit Timbalan, Johor Bahru, Tel. 231033 (hier erhält man das Permit!);
↪ TDC, Ground Floor, Orchid Plaza, Jl. Wong Ah Fook No.2, Johor Bahru, Tel. 223590;
↪ Wilderness Experience Sdn Bhd, Jl. SS 21/39 No.6B, Damansara Utama, Petaling Jaya, Tel. 7178221 (organisiert Touren).
Lokale Unternehmen, die Touren anbieten, findet man in Mersing und Endau.

Mit seinem leuchtend blauen Gefieder hebt sich der Elfenblauvogel vom Grün des Waldes ab.

10 Singapur und Umgebung

Stadtstaat und Metropole im Herzen Asiens; tropische Vegetation auf Schritt und Tritt; Singapore Botanic Gardens; Jurong Bird Park; Singapore Zoological Gardens; Fort Canning Hill; Chinesischer und Japanischer Garten.

Die Republik Singapur ist ein Inselstaat, der aus einer Hauptinsel und über 50 kleineren Inseln besteht. Das gesamte Staats-

gebiet umfaßt nur 618 km². Singapur liegt am südlichen Zipfel der malaiischen Halbinsel. Seit 1923 ist der Inselstaat über eine Brücke mit dem malaiischen Festland verbunden.

Etwa 3 Mio. Einwohner zählt der Stadtstaat. Über 70 % der Bevölkerung sind Chinesen. Hinzu kommen 15 % Malaien und 7 % Inder sowie Europäer.

Laut Werbebroschüren ist Singapur in erster Linie für den im Konsumrausch weilenden Europäer interessant, weil auf den Handelswaren keine Zölle liegen. Infolgedessen strömen jährlich Massen von Touri-

Gepflegte Anlagen, hier mit dem Baum der Reisenden, und moderne Gebäudekomplexe kennzeichnen das Stadtbild Singapurs.

Singapur und Umgebung

Malaysia

Malaysia

Causeway

Woodsland

Upper Bukit Timah Road

⑥ ④

Bukit Timah Expressway

Bukit Timah Road

⑤

Holland Road

② Orchard Road

③ Upper Serangoon Road

① Changi

Sentosa ⑦

N

0   10 km

sten ins Land. Dieser Ruf einer zollfreien Stadt hat Singapur zum Handels- und Finanzzentrum Südostasiens werden lassen. Riesige Wolkenkratzer und Stadtautobahnen, Verkehrsgewühl und flanierende Menschenmassen bestimmen das Stadtbild.

Aber auch für den naturkundlich Interessierten kann der Staat vieles bieten. Die Vielfalt der tropischen Vegetation wird in Singapur besonders deutlich, da überall Grünzonen und Parkanlagen eingerichtet wurden und werden. Wo noch etwas Platz zwischen den Gebäuden blieb, werden Bäume angepflanzt. Die Parkanlagen stehen unter ständiger Obhut der Stadtgärtner, jeder Unrat, der trotz streng überwachter Verbote doch einmal dort hingelangt, wird sofort entfernt. Sowohl im Zentrum der Stadt gibt es zahlreiche Anlagen, wie den Fort-Canning-Park und die Singapore Botanic Gardens, als auch in der weiteren Umgebung, z. B. Bukit Timah Nature Reserve (s. S. 82), Mandai Orchid Gardens und Jurong Bird Park.

Pflanzen und Tiere

»Die Insel Singapur besteht aus einer Menge kleiner Hügel von dreihundert bis vierhundert Fuß Höhe, deren Gipfel teilweise noch mit Urwald bedeckt sind. Das Missionshaus zu Bukit-tima war umgeben von mehreren dieser waldgekrönten Hügel, welche viel von Holzschlägern und Sägern besucht wurden, und sie boten mir vortreffliche Gelegenheit zum Sammeln von Insekten. Hier und da waren auch Tigerfallen aufgestellt, sorgfältig überdeckt mit Stöcken und Blättern und so gut versteckt, daß ich mehrere Male kaum dem Hineinfallen entging.«

Natürlich hat sich die Szenerie, die Alfred Russel Wallace (s. S. 12) in seinem 1869 erschienenen Buch »Der Malayische Archipel« beschreibt, längst gewandelt. Die Holzfäller sind seit dieser Zeit unablässig bei der Arbeit gewesen, der letzte Tiger wurde schon lange verjagt. Trotzdem bietet auch das moderne Singapur eine vielfältige Flora und Fauna.

Der Tokee gab der Familie wegen seiner Lautäußerungen den Namen »Gecko«.

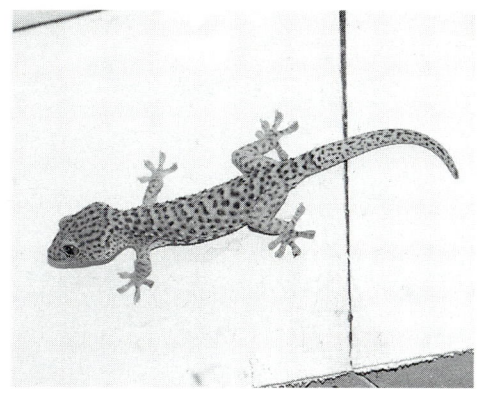

Bereits bei einem ersten Stadtrundgang strömt die ganze Fülle tropischer Pflanzen auf den gerade angekommenen Europäer ein. In den Parks der City fallen besonders die vielen Ziergewächse ins Auge. Wunderstrauch (Croton; S. 21) und Bananenstauden wechseln sich mit Drillingsblumen und Kokospalmen ab. Wie künstlich beschnitten mutet der Baum der Reisenden, ein Bananengewächs, an. Die fächerförmig vom Stamm ausgehenden Blätter sammeln in einem Trichter am Blattgrund Wasser, das so manchen Reisenden vor dem Tod durch Verdursten bewahrt haben soll. Sehr treffend ist auch der Name Kanonenkugelbaum (S. 83) für das Topffruchtgewächs, dessen Früchte mit der runden Gestalt und etwa 20 cm Durchmesser an historische Kanonenkugeln erinnern. Sehr exotisch muten auch die pinselartigen Blüten des Puderquastenstrauches an. In vielen Astgabeln wachsen die epiphytischen Vogelnestfarne in großer Zahl. Ein Aronstabgewächs, das viele freie Stellen zwischen Gebäuden besiedelt, ist das Fensterblatt (S. 108). Es umschlingt einen anderen Baum, ersatzweise auch Ruinen, und klettert an dieser Stütze mit langen Sprossen nach oben.

Tiere sind aufgrund ihrer Menschenscheu in der Stadt entsprechend seltener. Indische Hirtenstare (S. 17) zählen zu den sehr häufigen Vögeln in der Stadt. In den Parks, besonders in der Nähe von Gewässern, ist der Eisvogel oft anzutreffen. Durch laute Pfeiftöne macht der Beo oder Hügelatzel auf sich aufmerksam. Die schwarzen, amselgroßen Vögel besitzen sehr auffällig gelb gefärbte Hautlappen am Hinterkopf. Hinzu kommen Feldsperlinge und Malaiensegler (s. S. 22), die unter Arkaden nisten. In den Außenbezirken kommen noch Weißschwanz- und Haubensegler, Heckenkuckuck und Falkenkauz hinzu. Geckos sind die häufigsten Reptilien Sin-

gapurs. Im Bereich des Merlion-Parks kann man abends häufig den Tokee, den größten Gecko Asiens, antreffen.

Affen und Hörnchen fehlen im City-Bereich. Im Bukit-Timah-Reservat sind sie allerdings recht häufig.

Im Gebiet unterwegs

<u>Merlion-Park</u> ①: Nahe des ehemaligen Hafens der Stadt, im Mündungsbereich des Singapore Rivers liegt diese kleine Parkanlage. Unter Palmen führen Wege entlang des Wassers. Hier wachsen Kanonenkugelbäume und der Feuer- oder Flammenbaum (S. 56).

<u>Singapore Botanic Gardens</u> ②: Direkt an die quirlige Orchard Road grenzt der botanische Garten der Stadt. Auf etwa 30 ha Fläche werden hier tropische und subtropische Bäume, Sträucher und Blumen gezeigt. Hier sind auch viele Tiere heimisch, z. B. Termiten, die ihre Wohngänge an Baumstämmen anbringen.

Ein Teil der Anlage zeigt Arten des Tropischen Regenwaldes. In einem anderen Bereich wird Orchideenzucht betrieben. Die Ergebnisse können in einem kleinen Pavillon begutachtet werden.

<u>Fort Canning Hill</u> ③: Fort Canning Hill ist der ehemalige Sitz der Regierung des Staa-

Die Frangipani gehört mit ihren intensiv duftenden roten oder weiß-gelben Blüten zu den beliebten Ziergewächsen.

Die Geschnäbelte Heliconie, die zu den Bananengewächsen gehört, stammt ursprünglich aus dem tropischen Amerika.

Häufiges Ziergehölz: der Afrikanische Tulpenbaum.

Auffallend sind die Blüten der Puderquasten-Sträucher.

Auch in Städten sind Vielstreifen-Mabuyen häufig an sonnigen Plätzen anzutreffen.

tes. Der steile Hügel ist mit zahlreichen Bäumen bestanden. Auch hier trifft man auf Termiten und Ameisen. Schönechsen und die Schmuckbaumnattern (S. 135) sind hier keine Seltenheit.

Singapore Zoological Gardens ④: Der Zoo gehört mit 90 ha Fläche zu einem der größten der Welt. Das Klima der Region erlaubt es, die Tiere quasi in Freiheit zu halten, d. h. aufwendige Tropenhäuser gibt es nicht. Die Gehegeabgrenzungen bestehen fast ausschließlich aus Wassergräben und Steinwällen, so daß eine noch größere Attraktivität gegeben wird. Über 1600 Tiere können betrachtet werden, wobei das Hauptaugenmerk auf den selteneren Tieren Asiens liegt. Sumatra-Tiger und Schabrackentapir, Malaienbär und Orang Utan gehören zu den Attraktionen des Zoos.

Jurong Bird Park ⑤: Im Stadtteil Jurong befindet sich der 20 ha große Vogelpark. Die gesamte Vogelwelt Asiens scheint hier versammelt. 3500 Vögel der unterschiedlichsten Arten, darunter Nashornvögel, Papageien, Eisvögel und Paradiesvögel werden in Volieren gehalten. In einem kleinen Tal hat man ein riesiges Freifluggelände errichtet, indem man das Tal mit einem Netz überspannte. Besucher können sich auf Wegen im Tal frei bewegen und dabei unterschiedlichste Vogelarten beobachten.

Mandai Orchid Gardens ⑥: Wer im botanischen Garten noch nicht auf seine Kosten gekommen ist, kann zusätzlich den Orchideengarten besuchen. Hier gibt es Zucht- und Wildformen in Hülle und Fülle.

Sentosa ⑦: Auf der Singapur vorgelagerten Insel, die eigentlich ein riesiger Vergnügungspark ist, befindet sich eine sehr interessante Schmetterlingsfarm und seit 1991 auch ein neues Aquarium. Das sogenannte Underwater World zeigt in einem begehbaren, etwa 90 m langen Tunnel ein breites Spektrum tropischer Meerestiere. Es gehört zu den besonderen Erlebnissen in Asien, einmal durch diesen Tunnel hindurchgegangen oder gefahren zu sein.

Praktische Tips

Anreise
Aus Übersee mit dem Flugzeug. Mit Malaysia ist der Staat durch eine Straßen- und Eisenbahnbrücke verbunden.

Klima/Reisezeit
Das ganzjährig konstante Klima bedingt, daß Singapur ständig besucht werden kann und wird. Besonders in den Sommermonaten sind sehr viele Europäer in der Stadt. In den Monaten Oktober bis Dezember/Januar gibt es häufiger heftige Regenfälle.

Unterkunft
Entsprechend dem Charakter einer Weltstadt gibt es ein unüberschaubares Zimmerangebot in allen Preisklassen.

Adressen
⇨ Singapore Tourist Promotion Board, Raffles City Tower 36–04, 250 North Bridge Road, Singapore 0617, Tel. 339 66 22.

11 Bukit Timah Nature Reserve

Letztes Primärregenwaldgebiet Singapurs; hügeliges Gelände; Vorkommen von Zweiflügelfruchtbäumen, Palmen, Farnen und Lianen; breites Spektrum der Tierwelt, zu der Javaneraffen, Netzpythons, Kobras und Schönhörnchen gehören; ausgeschilderte Pfade mit markierten Bäumen.

Die Einrichtung des Reservates reicht in das letzte Jahrhundert zurück. Bereits 1882 wurden zahlreiche Gebiete Singapurs von Wissenschaftlern der Singapore Botanical Gardens erforscht, um für die Regierung des damaligen Straits Settlement Informationen zu sammeln, in welchen Gegenden wirtschaftliche Nutzungsmöglichkeiten bestanden. Dies zielte auf die Holzgewinnung ebenso ab wie auf die Abbaumöglichkeit von Bodenschätzen oder die Anlage von Plantagen.
1883 wurde ein 81 ha großes Gebiet im Bereich der höchsten Erhebung der Insel,

dem **Bukit Timah** (162 m), unter Schutz gestellt. Seit 1937 mußten immer mehr Reservate dem Bevölkerungsdruck der aufstrebenden Metropole weichen, nur 3 konnten erhalten werden. 1951 wurden dann schließlich weitgehende Schutzbestimmungen erlassen, die auch das Bukit Timah Nature Reserve schützen sollen. Möglichst unberührte Erhaltung der einzigartigen Tier- und Pflanzenwelt – zumindest auf kleiner Fläche – wird nun großgeschrieben. Gleichzeitig soll der teilweise viel zu sorglose Umgang mit ihrer Natur durch Aufklärungsarbeit über ökologische Zusammenhänge der einheimischen Bevölkerung bewußt gemacht werden, um alle Singaporeaner zu verantwortungsvollem Handeln anzuleiten.
Das Gelände des Parks erstreckt sich in hügeliger Landschaft, dessen Granituntergrund zwischen 90 m und 162 m hoch aufragt. Die unterschiedlichen Höhen führen zu einem stetigen Auf und Ab der Pfade. Infolgedessen sind Wanderungen im Gebiet, bei gleichzeitig feucht-heißem Klima, recht strapaziös. Die gut ausgeschilderten Pfade mit zahlreichen gekennzeich-

Das Bukit-Timah-Reservat ist ein echtes Dschungelgebiet mitten in Singapur.

Auffallend sind Blüten und Früchte des als Ziergewächs angepflanzten Kanonenkugelbaumes.
Betrachtet man die über 6 kg schweren Früchte,
wird die Herkunft des Namens rasch deutlich.
Bei dieser Art tritt Stammblütigkeit, Kauliflorie,
auf, d.h. die Blüten entspringen der Rinde von
Stamm und Zweigen. Die Bestäubung der Blüten
des Kanonenkugelbaumes geschieht durch Fledermäuse.

Ein typisches Nachtinsekt ist die bis zu 25 cm große
Atlasmotte.

Der »Blue Glassey Tiger« gehört zu den verbreiteten
Tagfaltern.

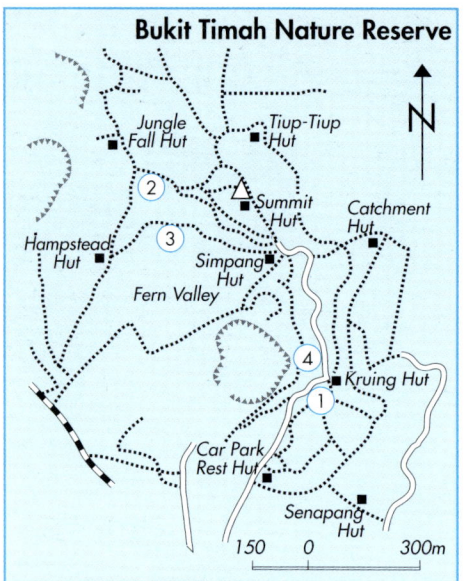

Bukit Timah Nature Reserve

Jungle
Fall Hut

Tiup-Tiup
Hut

②

Summit
Hut

Catchment
Hut

③

Hampstead
Hut

Simpang
Hut

Fern Valley

④

Kruing Hut

①

Car Park
Rest Hut

Senapang
Hut

150   0   300m

neten Baumarten machen den Besuch des Gebietes aber besonders interessant.

Pflanzen und Tiere

Große Teile des Areals wurden nie genutzt, so daß Primärregenwald erhalten geblieben ist. Hier dominieren Zweiflügelfruchtbäume (s. S. 136) mit ihren mächtigen etwa 50 m hohen Stämmen. Brettwurzeln (S. 44) verankern die Baumriesen am Boden. Das dichte Blätterdach läßt nur wenig Licht an den Waldboden gelangen. Unterwuchs ist entsprechend spärlich ausgebildet. Vornehmlich handelt es sich um Fischschwanz- (S. 73) und Strahlenpalmen (S. 48) sowie Ingwergewächse. Direkt am Boden leben feuchtigkeitsliebende *Selaginella*-Moosfarne (S. 33). Haben abgestorbene Bäume oder die menschliche Nutzung Lücken im Dach des Waldes entstehen lassen, bilden die sonnenliebenden Resam-Farne (S. 67) dichte grüne Teppiche. Klimmpflanzen, Rotangpalmen und Lianen nutzen das Licht zum Wachstum. In Astgabeln fallen auch hier die riesigen Vogelnest-

(S. 73) und Geweihfarne (S. 71) ins Auge. Tiere, zumindest die Großtiere, sind sehr scheu, da die Stadt und die vielen Besucher die Ruhe im Reservat oft empfindlich stören. Viele Großtiere kommen hier nicht mehr vor, da das Gebiet insgesamt zu klein und nach allen Seiten von Nutzflächen und Wohngebieten umschlossen ist. Wie überall, sind selbstverständlich die Javaneraffen als Kulturfolger in oft großen Gruppen anzutreffen. Seltener sind Plantagen- und »Ear-spot«-Schönhörnchen. Gelegentlich kommen Spitzhörnchen (S. 107) und Kantschil (S. 49) vor.

Die vielen Vogelarten sind leider ebenfalls sehr scheu. Gut zu beobachten sind Elfenblauvogel (S. 76) und Flaggendrongo, Weißbrust-Kielralle, Frühlingstaube, Dickschnabeltaube und Orangebauch-Mistelfresser. Durch ihr »tschonk-tschonk«-Geschrei fällt die Gelbbrusttimalie auf. Graukopf-Grüntaube, Glanzkäfertaube, Sonnerat-, Koromandel- und Diardkuckuck sind eher selten. In den Randbereichen des Gebietes leben Bengalenkuckuck und Horsfieldnachtschwalbe.

Waldgeckos der Gattung *Cnemaspis* und Schönechsen der Gattung *Calotes* (S. 69) können mit etwas Glück häufig gesehen werden. Mabuyen fehlen auch hier nicht. An kleinen Teichen lebt der Weißbart-Ruderfrosch (S. 16). Sehr schwer zu entdecken sind der Rotohr- und der Zipfelfrosch (S. 45), der durch seine bräunliche Färbung perfekt mit dem Laub des Bodens verschmilzt. Immer wieder gesehen wird der Netzpython, eine Schlange, die sich auch schon mal in den Kanälen auf die Jagd nach Ratten macht. Eine baumlebende Peitschenschlange, der Baumschnüffler, lebt ebenfalls im Gebiet.

Zikaden (S. 122) sorgen für einen ständigen Geräuschpegel im Wald, Roßameisen (S. 87) hasten über die Pfade und zahlreiche Spinnen warten in ihren Netzen auf Beute. Termitenbauten ragen aus dem Grün des Waldes; zahlreiche Termitenpfade (S. 45) führen an Bäumen hoch.

Im Gebiet unterwegs

Die Pfade führen alle vom Hauptparkplatz zum **Bukit Timah**. Der schönste Weg ① führt direkt am Parkplatz vorbei in den Wald. Der Lower Path schlängelt sich zunächst durch lichtere Vegetation. Nach etwa 10 Minuten gelangt man zur Kruing-Schutzhütte. Hier mündet der Rock Path, ein steiniger Weg, der in etwa 30 Minuten zur Tiup-Tiup-Hütte unterhalb des Gipfels führt. Unterwegs besteht die Gelegenheit, zur Catchment Hütte abzubiegen.
Ein weiterer Weg ② ist erst vom Gipfel an interessant. Von hier gelangt man über das **Fern Valley** ③ mit zahlreichen Farnarten zur Simpang-Hütte an der Straße. Auch die Straße ④, die nur von offiziellen Fahrzeugen befahren werden darf, bietet allerlei Interssantes. Die Vegetation ist hier besser überschaubar, und zahlreiche Reptilien nutzen die Wärme des Asphaltes, um sich aufzuwärmen.

Praktische Tips

Anreise
Von der City mit U-Bahn und Bus zur Upper Bukit Timah Road. Von der Hauptstraße aus sind es dann etwa 25 Minuten zu Fuß zum Park. Taxis fahren direkt zum Hauptparkplatz. Probleme gibt es dann bei der Rückkehr zur City, da es praktisch unmöglich ist, ein leeres Taxi in Richtung Innenstadt zu bekommen.

Klima/Reisezeit
Ganzjährig feucht-heiße klimatische Bedingungen erschweren den Aufenthalt im Gebiet. Zwischen Oktober und Februar kann es zu heftigen Regenfällen kommen. An Wochenenden kommen viele Singaporeaner zum Picknick in das Naturreservat.

Unterkunft
Die Hotels Singapurs bieten ein unglaublich großes Angebot, von der Billigunterkunft bis zum Luxushotel.

Waldgeckos gehören zu den häufigen Reptilien des Bukit-Timah-Reservates.

Adressen
➭ Singapore Tourist Promotion Board, 252 North Bridge Rd., Raffles City Tower 01–19, Tel. 3300431/2;
➭ Singapore Tourist Promotion Board, 6 Scotts Rd., Scotts Shopping Centre 02–02/03, Tel. 7383778/9;
➭ National Parks Board, Singapore Botanic Gardens, Cluny Rd., Tel. 4709900.

Javaneraffen haben sich in Reservaten an Fütterungen durch Menschen gewöhnt und können dort sehr lästig werden.

12 Semengoh Forest Reserve

Letztes Primärregenwaldgebiet bei Kuching; Vorkommen von Zweiflügelfruchtbäumen, Rotangpalmen und Fruchtbäumen; Ausbürgerungsprojekt für Orang-Utans; Bülbüls, Eisvögel und Nektarvögel; Volieren mit zahlreichen Hornvögeln; Permit erforderlich.

Etwa 30 km von Kuching, der Hauptstadt Sarawaks entfernt, liegt das Semengoh Forest Reserve. In diesem Gebiet werden wissenschaftliche Untersuchungen zur Flora und Fauna des Regenwaldes durchgeführt. Einen Teil des Gebietes bildet das Semengoh Wildlife Rehabilitation Centre. Auf einem Gebiet von etwa 700 ha versucht man, ähnlich wie in Sepilok/Sabah (s. S. 136), Orang-Utans an ein Leben im Wald zu gewöhnen.

Pflanzen und Tiere

Die wichtigsten Pflanzenarten des Primärregenwaldes beschränken sich hier auf die Zweiflügelfruchtbäume Meranti und Engkabang. Nahe des Rehabilitation Centre und am Botanical Research Centre wachsen Rotangpalmen (S. 100) zu dichten Dickichten zusammen, die durch ihre Dornen undurchdringlich werden. Im ganzen Gebiet findet man einzeln stehende Fruchtbäume. Während der Durianbaum nur schwer zu identifizieren ist, weil seine Früchte hoch oben hängen, bereitet dies beim Jackfruchtbaum (S. 25) keine Schwierigkeiten. Seine bis zu 1 m langen olivgrünen Früchte können bis 50 kg schwer werden, sind also unübersehbar. Sie wachsen direkt aus dem Stamm oder alten Ästen, was als Stammblütigkeit oder Kauliflorie bezeichnet wird.

Da das Gebiet nur von 8.00–16.15 Uhr für Besucher zugänglich ist, sieht man im allgemeinen nur wenige Arten. Mit Sicherheit kann man Jungtiere des Orang-Utans (s. S. 141) beobachten. Wer sich genügend Zeit nimmt, wird erkennen, wie perfekt diese großen Menschenaffen an das Leben

Blick auf die vielfältigen Vegetationsformen am Rand des Waldes.

in Bäumen angepaßt sind. Ihre überlangen Arme eignen sich hervorragend zum Klettern und Schwingen.

Zu den Fütterungszeiten kommen recht häufig Javaneraffen aus dem Wald, die versuchen, den Orang-Utans möglichst viel Futter abzunehmen.

In den Käfigen befinden sich ständig einige Graue bzw. Borneo- Gibbons (S. 108). Daneben zeigt die Vogelausstellung Borneo-Jahrvögel, Rhinozerosvögel (S. 125) und Schildschnäbel.

Der Wald außerhalb des Rehabilitation Centre eignet sich besonders von 7.00–8.00 Uhr und ab 16.00 Uhr zur Vogelbeobachtung. Grünkopfliest (S. 113) und Gurial (S. 41) sind hier ebenso wie der farbenprächtige Elfenblauvogel (S. 76), der Rotkopfpitta, der Rotbartspint und der Graudrongo anzutreffen.

Bei genauem Hinsehen gibt es auch hier zahlreiche Arten Wirbelloser. Auffällige Insekten sind die Weberameisen (S. 97), deren Larven einen Seidenfaden produzieren, mit dem die erwachsenen Tiere Blätter zusammenweben, um darin die Brut großzuziehen. Die Roßameise macht ihrem wissenschaftlichen Namen *Camponotus gigas* alle Ehre, wenn das etwa 2 cm lange Tier über den Waldboden läuft. Termiten treten fast nie in Erscheinung, wohl sieht man aber ihre Bauten bzw. die Laufgänge (S. 45) an Felsen und Bäumen. Die erdbraunen Strukturen auf der Baumrinde bilden einen festen Gang für die Tiere, in dem sie geschützt leben. Oft findet man zwischen Ästen die Netze der handtellergroßen Radnetzspinnen, die regungslos auf Beute warten.

Zu den häufigen Reptilien zählen Vielstreifen-Mabuyen (S. 81) und Borneo-Schönechsen (S. 69).

Die Peitschennatter, eine leicht giftige Baumschlange, ist perfekt getarnt.

Eine der bis 2,5 cm großen Roßameisen beim »Melken« von Zikaden.

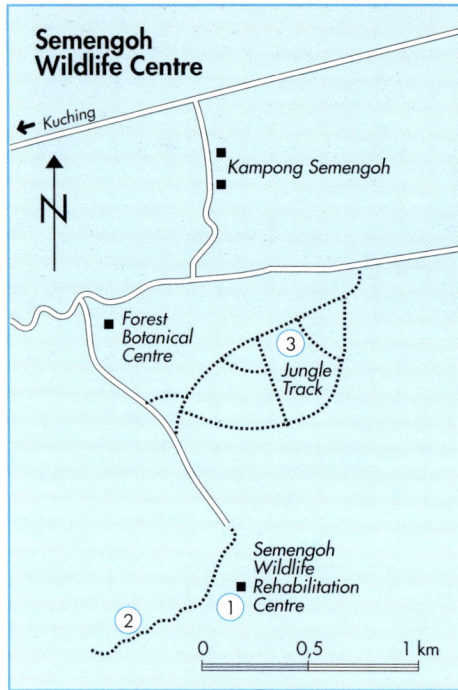

**Semengoh
Wildlife Centre**

← Kuching

N

■ Kampong Semengoh
■

■ Forest
Botanical
Centre

③ Jungle
Track

Semengoh
Wildlife
■ Rehabilitation
② ① Centre

0   0,5   1 km

Im Gebiet unterwegs

Wer bereits Sepilok besucht hat, wird
möglicherweise von Semengoh enttäuscht
sein, da das ganze Areal kleiner und weniger urwüchsig ist. Zudem besteht nahezu
keine Gelegenheit, den Tieren sehr nahe
zu kommen. Eine Ausnahme bilden die
Tiere in Käfigen, hier erinnert die Atmo-
sphäre jedoch wieder stark an einen Zoo.
Diese strikte Trennung vom Besucher hat
jedoch auch einen Sinn. Die Orang-Utans
sollen außer zu ihrem jeweiligen Betreuer
und Trainer keinen Kontakt zu Menschen
haben, um sich rasch an ein selbständiges
Leben in Freiheit zu gewöhnen.
Lohnenswert ist aber ein Besuch des Gebietes aus mehreren Gründen. Auch wenn
man nicht sehr nahe an die Orang-Utans
(S. 138) herankommt, ist es ein eindrucksvolles Erlebnis, diese so menschenähnlich

aussehenden Tiere durch die Bäume hangeln zu sehen. Die verschiedenen Hornvogelarten, die im Rehabilitation Centre
in Käfigen ② gehalten werden, zeigen
eindrucksvoll die Schönheit und Vielfalt
dieser ehemals überall anzutreffenden
Vögel.
Interessant ist aber auch der freigegebene
Bereich des Semengoh Forest Reserves.
Hier wurden markierte Wege angelegt, die
durch den erhaltenen Primärregenwald
führen. Da Regenwaldschutz in erster Linie mit der Aufklärung und der Vermittlung
von Wissen über dieses Ökosystem beginnt, hat die Naturschutzbehörde ein System entwickelt, dem Besucher Einblicke
zu vermitteln. An verschiedenen Bäumen
findet man Tafeln, die die Nummer des
Baumes, seine Familie, seinen wissenschaftlichen Namen, den lokalen Namen
und einen Farbcode enthalten. Der Farbcode gibt dann weitere Einzelheiten des
Baumes preis: Stammt der Baum aus dem
Primärregenwald (blau) oder findet man
ihn normalerweise im Sekundärwald
(weiß), handelt es sich um einen Frucht-
baum (gelb) oder um eine Giftpflanze (rot),
wird der Baum zu medizinischen
Zwecken (schwarz), kommerziell (grün)
genutzt oder ist die Nutzung nicht näher
spezifizierbar (orange).
Wildlife Rehabilitation Centre ①: Täglich
gegen 8.15 Uhr und 15.00 Uhr finden hier
die Fütterungen der Orang-Utans statt. Die
Tiere erhalten auf Plattformen in den Bäumen, manchmal auch am Boden eine speziell zusammengestellte Diät, die sich an
der Nahrungsmittelsituation frei lebender
Tiere orientiert. Die Plattformen dienen
dazu, die Tiere an ein Leben in Bäumen
über die Futteraufnahme zu gewöhnen.
Regelmäßig erscheinen 3–5 Tiere zu den
Fütterungen; je nach Jahreszeit kommen
jedoch auch noch bereits ausgewilderte
ältere Tiere zur Fütterung, wenn die
Fruchtbäume zu wenig Nahrung bieten
(hauptsächlich zwischen März und September).

ACHTUNG: Versuchen Sie bitte nicht, Orang-Utans anzufassen, oder die Wildhüter darum zu bitten, besonders nahe an die Tiere herangehen zu dürfen. Die Wildhüter werden die Bitte freundlich aber bestimmt abschlagen, kommen jedoch täglich wieder mit uneinsichtigen Touristen in Berührung. Die Tiere benötigen ein intensives Training, um den Auswilderungserfolg zu gewährleisten.

<u>Naturlehrpfade</u> ③: Im zugänglichen Teil des Semengoh Forest Reserve wurden 5 Naturlehrpfade angelegt, an denen man Bäume mit Hilfe des erwähnten Schlüssels beschriftet hat. Auf diesen Pfaden ist auch die Möglichkeit der Vogelbeobachtung (besonders von Roststirnschnäpper und Borneo-Mistelfresser) gegeben. Die Verweildauer auf den Pfaden hängt vom jeweiligen Interesse und den Sichtungen ab; wer normal geht, benötigt nicht mehr als 75 Minuten.

Der **Jalan Selatan** (40 Minuten) gehört zu den interessantesten Pfaden. Hier kann man sehr viele Vögel sehen, zeitweise auch Schönhörnchen. Verschiedene Seitenwege (Jalan Tengah, 20 Minuten, Jalan Menara, 5 Minuten, und Jalan Utara, 10 Minuten) führen zum zentralen Plankenweg, auf dem man das Gebiet in etwa 50 Minuten durchquert. Hier sind häufig Schulklassen und Ausflügler unterwegs, so daß Tierbeobachtungen nahezu unmöglich sind. Jalan Bawah zweigt vom Plankenweg zur Verbindungsstraße zwischen dem Rehabilitation Centre und dem Botanical Research Centre ab (10 Minuten).

Praktische Tips

Anreise
Von Kuching aus besteht die Möglichkeit, mit Bussen (ab 8.15 Uhr) oder Taxis zum Forest Reserve zu gelangen.

Klima/Reisezeit
Das Forest Reserve und das Rehabilitation Center sind ganzjährig geöffnet. Eine be-

Faltengeckos besitzen Hautfalten beiderseits des Rumpfes.

sonders gut geeignete Reisezeit läßt sich nicht angeben. Zu beachten ist allerdings, daß das Gebiet zumindest am Wochenende und an Feiertagen gerne auch von der ortsansässigen Bevölkerung besucht wird.

Unterkunft
Das Gebiet eignet sich nur für Tagesausflüge von Kuching aus, da keine Übernachtungsmöglichkeiten bestehen. In Kuching besteht ein breites Hotelangebot.

Adressen
Das zum Besuch notwendige Permit und Informationen erhält man beim
➪ Sarawak Tourist Information Centre, Jl. Main Bazaar, Kuching, Tel. 248088.
Weitergehende Informationen gibt das
➪ National Parks and Wildlife Office, Wisma Sumber Alam, Petra Jaya, Kuching, Tel. 442180.

Blick in die Umgebung

In der Nähe von Kuching gibt es einige weitere interessante Gebiete. Neben dem **Bako-Nationalpark** (Hauptreiseziel 13) liegen hier zwei kleinere Parks, der **Gunung-Gading-Park** (Nebenreiseziel 9, S. 169) und **Kubah** (Nebenreiseziel 10).

In Kuching lohnt ein Besuch des **Sarawak-Museums**, das von dem berühmten Forscher A.R. Wallace (s. S. 12) miterrichtet wurde. Die Sammlung gibt einen Überblick zur Tierwelt Borneos mit dem Schwerpunkt Sarawak.

13 Bako-Nationalpark

Sandige Buchten und steile Klippen;
fünf Vegetationszonen: Strandvegetation, Mangrovenwald, Sumpfwald
Tropischer Regenwald und Buschvegetation; häufiges Vorkommen von
Seeadlern und Eisvögeln; Winkerkrabben im Mangrovenwald; zahlreiche Reptilien, darunter der Bindenwaran; verschiedene Primatenarten,
u. a. der Nasenaffe; gut angelegte
Dschungelpfade; Badestrände.

men (S. 56), die ebenfalls noch an die
Brackwassergebiete (Gewässer mit unter-
schiedlichem Salzgehalt) angepaßt sind.
Der Pflanzenkörper wächst ohne Stamm
aus dem im Boden liegenden Erdsproß
(Rhizom) und bildet oberirdisch nur meter-
lange Blätter aus. Im Bereich des Tropischen Regenwaldes dominieren *Dipterocarpus*-Arten (s. S. 136).
Besonders interessant sind die Pflanzen
des Plateaus, bei denen man häufig unter-
schiedliche Arten der **Kannenpflanzen** an-
trifft. Diese »fleischfressenden«, besser in-

Der Bako-Nationalpark liegt nahe der
Hauptstadt Kuching auf einer Halbinsel.
Seine mit 27 km² geringe Fläche erleichtert es dem Besucher, rasch intensive Einblicke in die Natur Sarawaks zu bekommen. Vorteilhaft ist dabei der fließende
Übergang der fünf Vegetationszonen auf
engstem Raum.
Das Gebiet wird von einem etwa 100 m
über dem Meer gelegenen Sandsteinpla-
teau beherrscht. Erosion und unterschied-
liche Wasserstände beeinflußten die einzigartige Landschaft. Entlang der Küsten
wechseln sich felsige Abschnitte mit kleinen Sandbuchten ab, die von bizarr aus-
gewaschenen Klippen eingerahmt sind.
Einige dieser Klippen sind durch Eisenein-
schlüsse besonders farbenfroh, u. a. am
südlichen Ende von Telok Assam.

Pflanzen und Tiere

An den Küsten, häufig im Bereich von
Flußmündungen, trifft man auf den Mangrovenwald, dessen bis zu 15 m hohe
Bäume der Art *Rhizophora mangle* eine
dichte Vegetation bilden. Im Anschluß an
die Mangroven findet man häufig Nipapal-

sektenfressenden Pflanzen haben im Laufe der Evolution einzelne Blätter zu kannenartigen Gefäßen umgebildet, die mit einer magensaftähnlichen Verdauungsflüssigkeit gefüllt sind. Durch ihre Farbenpracht werden Insekten angelockt, fallen in die Gefäße hinein und werden dort verdaut. Die Pflanzen haben sich damit die Möglichkeit geschaffen, auch auf nährstoffarmen Böden wachsen zu können, weil tierische Nährstoffe dem Pflanzenorganismus zugeführt werden.

Die Tierwelt des Parks ist ebenso vielfältig wie die Flora. In den Mangrovengebieten stößt man sehr häufig auf die **Schlammspringer** (S. 112), Fische, die an einem Punkt der Evolution stehen, der den Übergang vom Wasser- zum Landleben kennzeichnet. In Anpassung an ihren periodisch trockenen Lebensraum haben sie ihre Brustflossen zu fast beinartigen Extremitäten umgebildet, die ihnen eine kriechende bis springende Fortbewegungsweise ermöglichen. Wie andere Fische atmen auch sie noch mit Kiemen, benötigen aber nicht mehr den ständigen Wasserstrom, sondern tragen ständig Wasser in blasenartigen Hohlräumen im Kiemenbereich mit sich. Probleme mit dem schwankenden Salzgehalt ihres Lebensraumes werden von den Schlammspringern mit Hilfe einer Hornschicht und flüssigkeitsgefüllten Polsterzellen gelöst.

An den Felsen leben zahlreiche See-

Bizarre Felsformationen kennzeichnen die Küsten des Bako-Parkes, hier die Bucht Telok Paku.

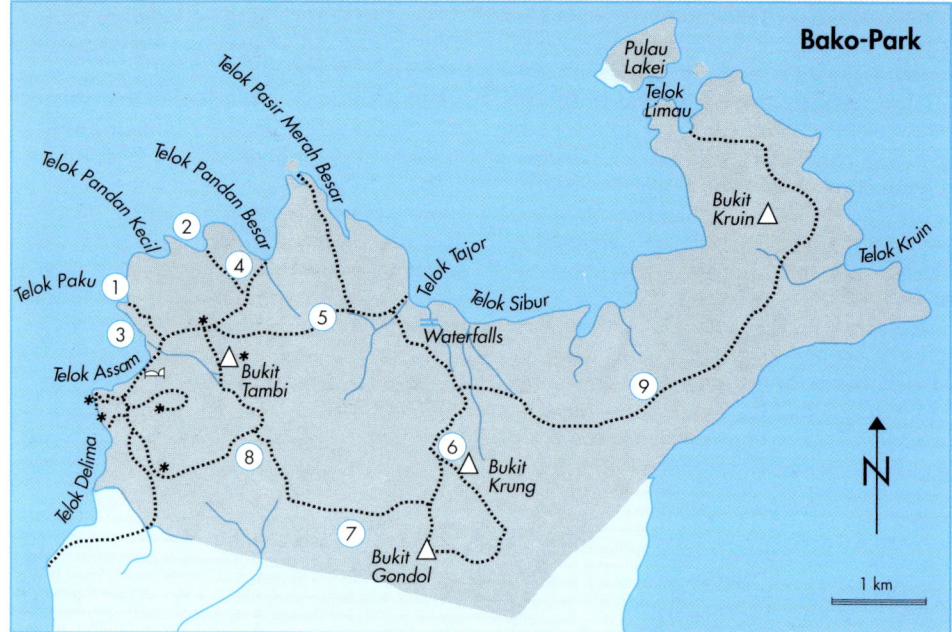

Bako-Park

pocken. Hier findet man auch die Porzellanschnecke (S. 145) und Exemplare der Gattung *Nerita*.

Ein weiterer Bewohner des Gebietes ist der Nasenaffe, der zumindest in der Morgen- und Abenddämmerung häufig zur Futtersuche in die Mangrovenwälder kommt. Regelrecht lästig werden die kulturfolgenden Javaneraffen, die im Bereich von Telok Assam leben und darauf warten, herumliegende Gegenstände zu untersuchen, Nahrungsmittel zu stibitzen oder Mülltonnen zu durchwühlen.

Von den auftretenden Reptilien ist der Bindenwaran häufig zu sehen. Die meist um 1,40 m langen Tiere sind an ihrer Zeichnung, helle Punkte auf dunklerem Grund, gut erkennbar. Als ausgezeichnete Schwimmer halten sie sich häufig im Bereich von Gewässern auf. Mangroven sind auch der Lebensraum der Mangroven-Nachtbaumnatter, eine gifitige Trugnatter, die in den Bäumen hauptsächlich nach Vögeln sucht.

Im Park kommen Rostwangen-Schneidervogel, Mangrovenblauschnäpper, Furchenjahrvogel und Malaienhornvogel ebenso vor wie Brahminenweih (S. 61) und der Malaienreiher (S. 59) in den Mangroven.

Im Gebiet unterwegs

Die Buchten von **Telok Paku** ①, **Telok Pandan Kecil** ② und **Telok Assam** ③ bieten bei Flut gute Bademöglichkeiten. Wem »nur Sonnenbaden« zu wenig ist, hat direkt an den Stränden Gelegenheit, die vielfältige Uferfauna mit Seesternen, Diogenes- und Kleinen Einsiedlererkrebsen zu beobachten. Die direkt an die Strände anschließenden Waldgebiete eignen sich ebenfalls gut für Tierbeobachtungen, da hier häufig Affen anzutreffen sind.

ACHTUNG: Unbeaufsichtigt herumliegende Gegenstände (Badetücher, Kleidungsstücke, aber auch Kameraausrüstun-

gen) ziehen das Interesse der sehr neugie-
rigen Javaneraffen (S. 85) auf sich.

Die Bucht von **Telok Assam** bietet bei Ebbe
die Möglichkeit, Einblicke in den Mangro-
ven- und Sumpfwald zu erhalten.

Bereits im Camp gibt es ein Visitor Center,
in dem man sich über die unterschiedlichen Dschungelpfade informieren kann.
Besucher können je nach persönlichen
Ansprüchen oder den körperlichen Voraussetzungen Wanderungen zwischen
30 Minuten und 6–8 Stunden durchführen. Die gut ausgeschilderten Wege
führen jeweils zu Beobachtungspunkten,
besonderen Vegetationsformen oder geo-
logisch interessanten Formationen.

Jalan Telok Pandan ④: Dieser Weg führt in
nordöstlicher Richtung vom Camp Telok
Assam zu den Buchten Telok Pandan Kecil
und Telok Pandan Besar. Unterwegs gibt es
die Möglichkeit, zum Telok Paku abzubiegen (dieser Weg dauert etwa 30 Minuten).
Diese Bucht bietet bei Flut gute Bademöglichkeiten, die bizarren Felsformationen
bilden eine eindrucksvolle Kulisse. Ähnliche Gegenbenheiten findet man in den beiden anderen Buchten, die man nach etwa
$1^1/_2$–2 Stunden erreicht. Unterwegs geht es
zunächst durch Mangrovenwald, später
dann durch Tropischen Regenwald. An den
Stränden trifft man häufig auf Javaneraffen.

Jalan Tajor ⑤: Der Weg führt zur Bucht
Telok Tajor, einer großen Bucht östlich von
Telok Assam. Nach etwa $2^1/_2$ Stunden er-

Der Nasenaffe

Nasenaffen *(Nasalis larvatus)* haben
ihren Namen von dem unübersehbaren
Riechorgan in ihrem Gesicht. Die Einheimischen nennen diese Affen »Orang
Belanda«, was übersetzt »Holländer«
bedeutet. Der Begriff stammt aus der
Kolonialzeit, als Europäer mit ihrer für
die Einwohner Borneos exotischen Phy-
siognomie und Kleidung (mit Halskrau-
sen) die Küsten erreichten und Handelsposten errichteten. Sofort wurden die
langen Nasen der Europäer (im Vergleich zu Asiaten) und deren Halskrau-
sen mit den langnasigen Affen mit den
hell abgesetzten Nackenfellpartien ver-
glichen – ein neuer Name war geboren.
Dies ist aber nicht die einzige Beson-
derheit der Nasenaffen, die systema-
tisch gesehen zu den Schlankaffen (Co-
lobinae) gehören. Sie sind auf Borneo
endemisch und leben nur in den Man-
grovenwäldern der Küstengebiete, da
sie spezialisierte Pflanzenfresser (meist
Blätter) sind. Da in diesem Lebensraum
häufig bei Flut Strecken im Wasser
zurückgelegt werden müssen, sind die
Nasenaffen ausgezeichnete Schwimmer.

In der Regel leben die Tiere in Verbän-
den, zu denen mehr als ein geschlechts-
reifes Männchen gehören. Die Grup-
pengröße schwankt zwischen 11 und
über 30 Individuen. Allerdings gibt es
auch Informationen darüber, daß Nasenaffen in ausschließlichen Einmann-
gruppen gesehen wurden.

Daß diese Angaben so weit auseinan-
dergehen, zeigt nur zu deutlich, wie un-
genau die Kenntnisse über diese Art bis
heute sind. Dies liegt unter anderem an
der schwierigen Zugänglichkeit ihres
Lebensraumes.

Die Abholzungen der Mangrovenwälder zum Brennholzgewinn werden
wahrscheinlich dazu führen, daß Teil-
populationen sehr weit voneinander
isoliert werden, dadurch genetischer
Austausch eingeschränkt oder unmöglich wird, und die Art deshalb akut vom
Aussterben bedroht ist.

Das nährstoffarme Hochplateau mit seiner Busch-Vegetation wird um die Mittagszeit zum Brutofen.

Auf dem Plateau wachsen zahlreiche Kannenpflanzenarten, hier *Nepenthes rafflesiana*.

reicht man einen Wasserfall, in dessen Umgebung zahlreiche Reptilien heimisch sind. Vom Wasserfall aus führt ein Weg in südöstlicher Richtung zum Aussichtspunkt

Typischer Bewohner der Mangrovensümpfe ist die Winkerkrabbe mit ihrer übergroßen Schere.

Bukit Kerung ⑥. Von diesem Punkt aus hat man einen guten Überblick über das Plateau. Folgt man dem Weg weiter, so gelangt man zur **Jalan Ulu Serait** ⑦. Dieser Rundweg führt durch Regenwald und Buschvegetation. Unterwegs hat man Gelegenheit, sich vom **Bukit Gondol** erneut einen Überblick über das Gelände zu verschaffen. In der Buschvegetation findet man häufig Kannenpflanzen, die zum Teil auch bodenständige Kannen ausbilden. **Jalan Lintang** ⑧: Dieser Rundweg befindet sich in unmittelbarer Nähe von Telok Assam, beansprucht jedoch auch etwa 3 Stunden. Vom Weg aus zweigen die Jalan Ulu Serait, Jalan Tajor und Jalan Telok Pandan ab. Der Weg ist besonders geeignet, einen Überblick über die komplette Vegetation des Parks zu erhalten. Nach dem Mangrovenwald erreicht man Tropischen Regenwald und später das Plateau mit seiner Buschvegetation. Hier findet

Bizarr muten die Knollen von *Dischidia*, einer Ameisenpflanze an.

In den knolligen Verdickungen der epiphytischen Ameisenpflanzen haben Ameisen ihren Wohnraum.

man sehr häufig die Kannenpflanzen, von bodenständigen kleinen Arten bis zu 20 cm großen, in Sträuchern hängenden. Vom Weg aus lohnt es sich, einen Abstecher zum **Telok Delima** zu machen, denn in dessen Umgebung werden häufig Nasenaffen beobachtet.

<u>Jalan Telok Limau</u> ⑨: Der etwa 8-stündige Weg beginnt in Telok Assam, führt zum Wasserfall am Jalan Tajor, dann weiter nach Osten in den Regenwald hinein und schließlich zur nördlichen Halbinsel von Telok Limau. Die abwechselnden Vegetationszonen bilden ein facettenreiches Spektrum an Eindrücken der Pflanzen- und Tierwelt. Im Bereich des **Bukit Kruin** gibt es noch eine größere Population der Malabarhornvögel.

ACHTUNG: Da der Weg sehr beschwerlich ist, muß man für den Rückweg ein Boot bei den Aufsehern bestellen.

Nasenaffen, die Bewohner der Mangrovensümpfe Borneos, erhielten ihren Namen aufgrund der extrem verlängerten Nase.

Bei Ebbe werden zahllose Wurzeln im Schlick des Mangrovensumpfes sichtbar.

Praktische Tips

Anreise
Von Kuching aus mit Bus oder Taxi zum Kampong Bako. Von hier fahren Motorboote zum Park. In Kuching können auch organisierte Touren zum Park gebucht werden.

Klima/Reisezeit
In der Regenzeit, zwischen Oktober und März, kommt es zeitweise vor, daß es

durch Stürme unmöglich ist, den Park zu erreichen. Auskunft gibt dann die Forst- und Naturschutzbehörde.

Unterkunft/Camping
Im Park steht ein breites Angebot von unterschiedlichen festen Unterkünften für den Besucher zur Verfügung. Alle bieten die Möglichkeit der eigenen Versorgung. Einkaufsmöglichkeiten bestehen im angegliederten Laden. Besondere Lebensmittel sollten jedoch bereits vorher eingekauft werden.
Im Camp besteht die Möglichkeit, einfache Zelte zu mieten. Am südlichen Ende von Telok Assam befindet sich ein zum Zelten ausgewiesenes Gelände.

Adressen
> National Parks and Wildlife Office, Jalan Gartek, Kuching, Tel. 082/24474;
> Sarawak Tourist Information Center, Jalan Main Bazaar, Kuching, Tel. 248088.

Seepocken, seßhafte Krebstiere, leben an Felsen im Gezeitenbereich.

14 Niah-Nationalpark

Höhlensystem im Kalksteinmassiv des Gunung Subis; leicht begehbarer Tropischer Regenwald; Felsmalereien; Millionen von Fledermäusen und Seglervögeln (Salanganen); Sammelort für eßbare Vogelnester sowie Fledermaus- und Seglerguano.

Der Niah-Nationalpark befindet sich im Gebiet des etwa 400 m hohen Gunung Subis, auf halber Strecke zwischen den beiden Städten Bintulu und Miri. Im Kalksteinmassiv liegt ein Höhlensystem, das 1958 wegen seiner großen kulturhistorischen Bedeutung zum Nationaldenkmal erklärt wurde. Zwanzig Jahre später wurden die Höhlen und ein etwa 3000 ha großes Gebiet um sie herum zum Nationalpark erklärt.

In dem 20 Mio. Jahre alten Kalksteinmassiv sind durch Verwitterungen Höhlen entstanden, die nach Schätzungen von Archäologen bereits seit 100 000 Jahren bewohnt worden sind. Mit Hilfe der Radiocarbonmethode konnten die Funde, Schädel, Knochen und Werkzeuge, unterschiedlichen Altersstufen zugeordnet werden. Wahrscheinlich wurden die Höhlen dann um 1400 verlassen.

Die Höhlen dienten einst unterschiedlichen Zwecken: als Wohn- und Begräbnishöhle oder zum Brennen von Tonurnen. Sie sind heute allesamt begehbar. Besonderen Reiz besitzt die Kain Hitam, die Bemalte Höhle. Hier gibt es auf den Felswänden Malereien, die sich über 60 m erstrecken. Sie zeigen Tiere und Menschen in den verschiedenen Situationen des Lebens. In dieser Höhle wurden auch menschliche Knochen, Werkzeuge und Totenschiffe (Särge mit dem Aussehen von Schiffen) gefunden.

Auch die Umgebung der Höhlen ist interessant. Der Pfad führt über einen Plankenweg durch Tropischen Regenwald, der neben dem reichen Pflanzenwuchs auch die Möglichkeit zu Tierbeobachtungen bietet.

Weberameisen heften mit den Seidenfäden ihrer Larven Blätter zu Nestern zusammen.

Kakao ist eine typische Kulturpflanze Ost- und West-Malaysias.

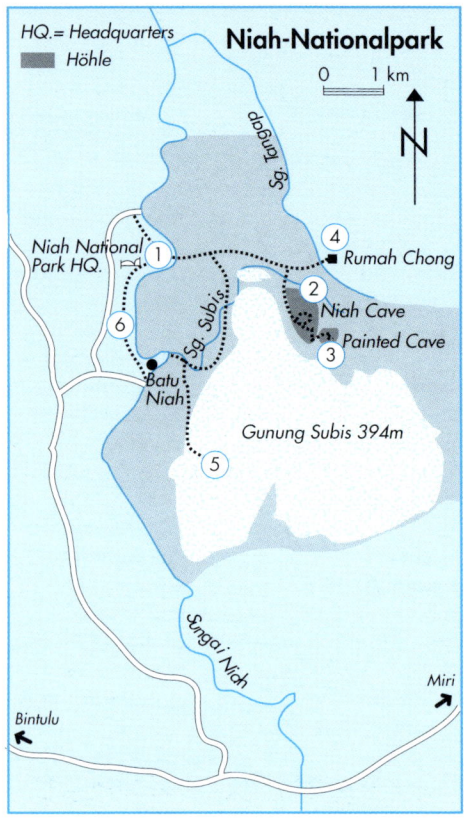

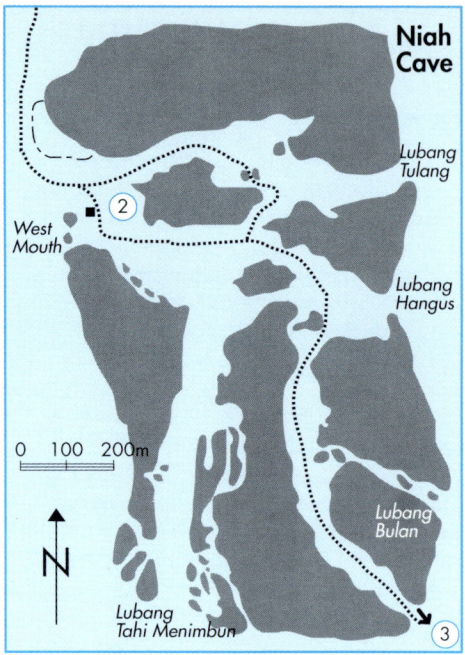

Pflanzen und Tiere

Entlang des oft 1 m hohen Plankenweges verdeutlicht die Vielzahl der Bäume sehr anschaulich den immensen Artenreichtum tropischer Regenwälder. Vielfach ist es auch Botanikern unmöglich, jeden einzelnen Baum einer Art zuzuordnen. Eindrucksvoll sind die Brettwurzeln (S. 44) vieler großer Bäume, die ihnen die Möglichkeit geben, auch dort eine große Standfestigkeit zu erhalten, wo ein tiefes Verwurzeln im Boden unmöglich ist. Die Brettwurzeln können den Baum bis in 8 m Höhe abstützen; erst dann beginnt der bis zur Krone astlose Stamm.

Die **Würgfeige** kommt im Niah-Nationalpark häufig vor. Sie gehört zu den Baum-

würgern, die sich aus kleinen Samen in Astgabeln entwickeln. Die jungen Pflänzchen bilden ein ausgeprägtes Wurzelwerk aus, das zum Boden hinunterwächst und miteinander vernetzt. Das Dickenwachstum des Wirtsbaumes und dessen Nährstoffstrom werden durch die Wurzeln der Würgfeige behindert. Gleichzeitig tritt deren Blattwerk mit dem des Wirtes in Konkurrenz ums Licht. Der ursprüngliche Baum kann dieser Konkurrenz auf Dauer nicht standhalten, er stirbt ab. Übrig bleibt das Wurzelsystem der Würgfeige.

An vielen Stellen fallen Pflanzen auf, die an Baumstämmen oder in Astgabeln sitzen. Diese Aufsitzerpflanzen oder Epiphyten nutzen andere Bäume, um möglichst weit nach oben, d.h. in gut belichtete Bereiche zu gelangen. Zu den Epiphyten gehört der **Vogelnestfarn** (S. 73), dessen große Blätter dazu dienen, möglichst viel Licht aufzufangen. Am Grund der Pflanze sammelt sich viel altes Blattmaterial, das verrottet und ein gut wasseraufnehmendes

Eßbare Vogelnester

In den Höhlen des Niah-Nationalparks nisten etwa 4 Mio. Weißnest-Salanganen. Sie gehören zu den Seglervögeln, sind also mit unseren Mauerseglern verwandt. Zur Brutzeit, dreimal im Jahr, sondern die Vögel einen zähflüssigen Speichel ab, aus dem sie ihre Nester herstellen, die an den Wänden oder der Decke der Höhle kleben.

Bekannt wurden die Salanganen durch die chinesische Spezialität »Vogelnestersuppe«. Sammler klettern an Stangen bis zur Höhlendecke und kratzen mit Messern die Nester ab. Am Boden werden sie eingesammelt, abtransportiert und verkauft. Da es sich bei der Suppe um eine Delikatesse mit angeblich aphrodisierender Wirkung handelt, ist sie entsprechend begehrt und teuer. Um die Zahl der Vögel durch die Zerstörung der Nester nicht zu stark zu dezimieren, werden mittlerweile Konzessionen vergeben und Kontrollen durchgeführt, die »wildes Sammeln« unterbinden sollen.

Zur Zubereitung einer Suppe benötigt man 4–5 möglichst frische Nester. Die Nester werden in eine Kräuterbrühe gegeben, quellen auf und werden dann rasch serviert.

Eine weitere wirtschaftliche Bedeutung kommt den Höhlen durch den Guano zu. Der Kot der Vögel und Fledermäuse wird großflächig abgebaut und als Düngemittel verwendet.

Die Nutzung der Höhlen zeigt seit einiger Zeit allerdings nachteilige Auswirkungen. Konnte man vor einigen Jahren noch allabendlich das Ausschwärmen der Fledermäuse beobachten, so muß neuerdings auf diese Attraktion weitgehend verzichtet werden. Ständige Störungen der Kolonien haben zu starker Dezimierung der Tiere geführt.

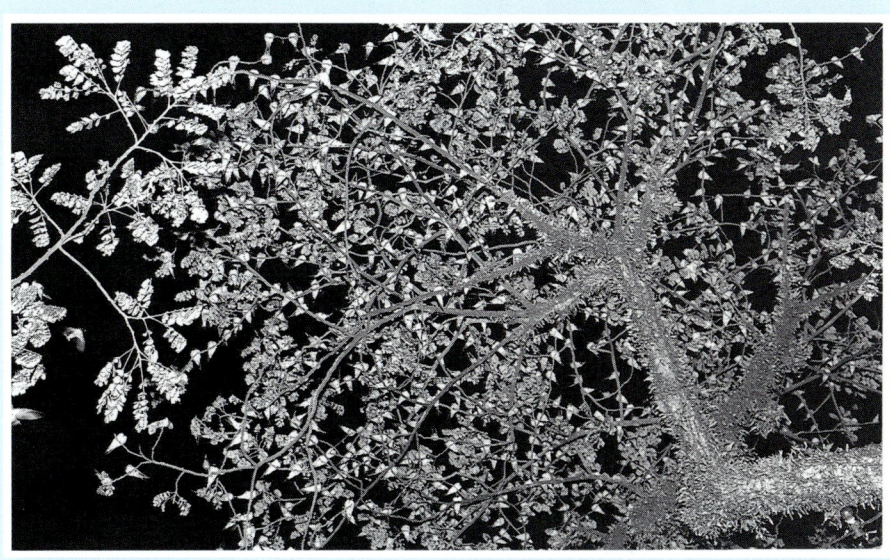

Von diesem Ausgang der Niah-Höhlen gelangt man zur Painted Cave.

und -speicherndes Substrat bildet. Solche Pflanzen stellen praktisch ihren eigenen Blumentopf her.

Am Ufer des Niah-Flusses und an den Wasserläufen entlang des Plankenweges wachsen **Taro-Pflanzen** (S. 42). Sie gehören zu den Aronstabgewächsen. Ihre großen, in unterschiedlichen Grüntönen schimmernden Blätter, wachsen aus bis zu 1 m langen Blattstielen hervor. Die Knollen sind eßbar, müssen allerdings gekocht werden, da sie große Mengen an Oxalatkristallen enthalten, die Hautreizungen und Verdauungsbeschwerden hervorrufen können.

Die Tierwelt ist im Gebiet der Höhlen und in ihnen selbst reichhaltig. Die auffälligsten Bewohner sind sicherlich die Salanganen, die im Inneren der Höhle leben. Innerhalb der Höhlen begegnet man ihnen sozusagen auf Schritt und Tritt, da der ganze Höhlenboden mit ihrem Kot übersät ist. (Achtung: Festes Schuhwerk mit rutschfesten Sohlen ist ratsam!) Zum Kot der Salanganen kommen noch

Die spitzen Dornen der Rotangpalme verhindern oft das Abweichen vom Weg.

Würgfeigen umschlingen mit ihrem Wurzelgeflecht den Wirtsbaum, so daß dieser schließlich abstirbt.

die Ausscheidungsprodukte der **Fledermäuse**. Millionen von ihnen leben in den Höhlen. Sehr häufig sind Tiere aus der Familie Hufeisennasen. Ihre Nase ist besonders auffällig durch den hufeisenförmigen Aufsatz auf der Oberlippe. Ein zweites auffälliges Merkmal sind ihre großen beweglichen Ohren. Durch die Nasenöffnungen werden die Ortungslaute der Tiere ausgestoßen, die es ihnen ermöglichen, auch in völliger Dunkelheit fliegende Insekten zu jagen. Neben den Hufeisennasen kommen hier Vertreter der Familie der Rundblattnasen vor. Das auffälligste Unterscheidungsmerkmal der beiden Familien ist die kleinere Ohrform der Rundblattnasen. Ihre Nahrung, die sie ebenfalls mit Hilfe der Echolotung finden, besteht aus Insekten und kleineren Wirbeltieren, Mäusen und Fröschen.

Entlang des Plankenweges ist die Vielstreifen-Mabuye (S. 81), ein Skink, häufig zu beobachten. Träge liegt das bronzefarbene Tier mit den orangenen Flecken und grünlich-gelber Unterseite an sonnigen Plätzen, verschwindet aber sofort im Gebüsch, wenn es den Beobachter wahrnimmt. Seine Hauptnahrung bilden Spinnen und Insekten.

Entlang der Pfade sind oft Vögel zu hören, seltener zu sehen, da die Vegetation recht dicht ist. Häufig kommen Malaienfächerschwanz, Schwarzflügel-Raupenschmätzer und der Bindenraupenfänger vor, meist nahe Pangkalan Lobang. Breitrachen und Nektarvögel sind hier gut zu beobachten. Unscheinbar und doch nahezu allgegenwärtig sind die Insekten. Im Niah-Park fallen besonders die Ameisen auf. Am Beginn des Plankenweges kreuzen oft viele Ameisenstraßen den Weg. Emsig laufen die oft

Hufeisennasen-Fledermäuse leben zu Tausenden in den Niah-Höhlen, ihr Kot wird als Guano gesammelt.

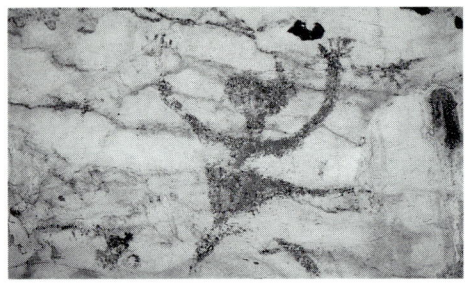

Prähistorische Felsmalereien zeugen von der Vergangenheit der Höhlen.

2 cm großen Roßameisen (S. 87) hin und her. Die großen Pflanzenfresser fallen besonders durch ihre Körperfärbung auf: dunkler Kopf- und Brustabschnitt, rötlicher Hinterleib. Noch auffälliger ist der seltene »Rajah Brooke«-Schmetterling (S. 29) mit seiner Farbenpracht.

Im Gebiet unterwegs

In **Pangkalan Lobang** ① unterhält die Nationalparkbehörde neben den Bungalows auch eine Informationsstelle. Auf Schautafeln werden interessante Details zu den Höhlen und Ausgrabungen sowie zur Tier- und Pflanzenwelt vermittelt. Auf der anderen Flußseite beginnt der etwa 4 km lange Plankenweg zu den Höhlen. Nach 45 Minuten erreicht man die **Great Cave** ②. Hier befindet sich eine ehemalige Ausgrabungsstelle. Im Bereich der Great Cave sind ständig Vogelnestsammler anzutreffen. Um weiter ins Innere der Höhlen vorzudringen, benötigt man eine Taschenlampe. Ausgeschilderte Wege führen dann zu den anderen Höhlen, z. B. der **Painted Cave** ③ mit den Felszeichnungen.
Es besteht die Möglichkeit, im Niah-Park ein Langhaus der Iban zu besuchen. **Rumah Chang** ④ liegt etwa 15 Minuten vom Hauptweg entfernt. Hier leben Vogelnestsammler. Wer ausgedehnte Beobachtungen im Park plant, sollte sich mit ihnen in Verbindung setzen.

In etwa 45 Minuten kann der **Bukit Kasut** ⑤ erreicht werden. Von hier hat man einen guten Überblick über den Regenwald. Orchideen, Schraubenbäume und zahlreiche Farne stehen am Rand des Pfades. Interessant ist der Pfad zwischen dem Ort **Batu Niah** und **Pangkalan Lobang** ⑥. Der Weg dauert etwa 1 Stunde. Unterwegs trifft man auf zahlreiche Tiere und sieht in der Nähe von Häusern viele tropische Nutzpflanzen, wie z. B. Kaffee oder Kakao.

Praktische Tips

Anreise

Von Miri und Bintulu aus fahren Busse regelmäßig nach Batu Niah. Überlandtaxis sind etwas teurer als Busse, bieten aber den Vorteil ständiger Abfahrtmöglichkeiten. Von Batu Niah aus erreicht man den Park entweder zu Fuß oder mit dem gemieteten Langboot.
Wer mit dem Mietwagen unterwegs ist, folgt der Sim Kheng Hong Road bis zum Ende. Von hier sind es dann noch einmal 15 Minuten zu Fuß zum Park.

Klima/Reisezeit

Nach heftigen Regenfällen ist der Plankenweg oft sehr rutschig. In diesem Fall ist äußerste Vorsicht angebracht. Auch der Höhlenboden weicht dann stark auf, so daß auf dem sehr unebenen Boden erhöhte Rutschgefahr besteht.

Unterkunft

Im Park bietet die Naturschutzbehörde Bungalows und ein Hostel mit Schlafsaal an. Kochgelegenheiten sind vorhanden; Grundnahrungsmittel verkauft ein kleiner Laden auf der im Park gelegenen Flußseite. In Batu Niah stehen mehrere saubere kleine Hotels zur Verfügung. Von hier fahren Busse nach Miri und Bintulu.

Adressen

➪ Officer in Charge, National Parks and Wildlife Section, Forest Office, Miri.

15 Gunung-Mulu-Nationalpark

Größter Nationalpark Sarawaks; bizarre Felsformationen im Tropischen Regenwald; riesige Höhlensysteme; Vorkommen von über 1500 Blütenpflanzenarten; 67 Säuger- und 260 Vogelarten; Bergbesteigung des Gunung Mulu; Permit erforderlich.

Im Jahr 1985 wurde der 544 km² große Gunung-Mulu-Nationalpark für Besucher geöffnet. Zahlreiche botanische, zoologische und geologische Expeditionen hatten zuvor jahrelang an einer Bestandsaufnahme des Parks gearbeitet. Nach wie vor gibt es in diesem Gebiet noch unbekannte Arten, obwohl bisher 3500 Pflanzenarten, u. a. 170 Orchideen- und 10 Kannenpflanzenarten, 67 Säuger-, 262 Vogel-, 74 Frosch-, 47 Fisch-, 281 Schmetterlings- und 458 (!) Ameisenarten nachgewiesen wurden. Inmitten des dichten Tropischen Regenwaldes und Bergregenwaldes liegen der 2376 m hohe Gunung Mulu und der 1750 m hohe Gunung Api.

Die Geschichte dieser Berge begann vor 30 Mio. Jahren. Zu dieser Zeit war das Gebiet weitgehend überschwemmt. Vor etwa 5 Mio. Jahren falteten sich die beiden Berge aus Sandstein und Kalkstein auf. Riesige Höhlensysteme befinden sich in ihrem Inneren. Sie sind auf 150 km Länge begehbar, obwohl man davon ausgeht, erst etwa 35 % der Höhlen erforscht zu haben. Nicht alle Höhlen sind ständig der Öffentlichkeit zugänglich, da zeitweise Forschungsarbeiten stattfinden oder die Höhlen aus Sicherheitsgründen geschlossen werden müssen. Ein Besuch des Parks ist sicherlich ein besonderes Erlebnis in Sarawak, führt er doch weit aus der Zivilisation heraus. Er erfordert allerdings auch gute körperliche

Die Pinnacles, 45 m hohe Kalksteinnadeln, recken sich am Gunung Api gen Himmel.

Die *Spathoglottis*-Bodenorchidee wird wegen ihrer Farbenpracht häufig als Ziergewächs angepflanzt.

Kondition für das teilweise schwierige Gelände, das schon 1858 die Expedition von Spenser St. John zum Aufgeben gezwungen hat. Wenn mehrtägige Exkursionen geplant werden, ist gut tragbares, wasserdichtes Gepäck nötig, weil Regenfälle an der Tagesordnung sind.

Pflanzen und Tiere

Bei dem immensen Artenreichtum des Gebietes fällt es nicht schwer, auf Schritt und Tritt Neues zu entdecken. Mit der Bestimmung ist es dann schon erheblich schwieriger. Obwohl im Park über 170 Orchideenarten wachsen, wird es schwer sein, mehrere in Blüte zu sehen. Meist wachsen diese Aufsitzerpflanzen recht unscheinbar an anderen Pflanzen auf einem kleinen Moospolster.

Im Uferbereich der Flüsse wächst vielerorts die Nipapalme (S. 56). Im Bergregenwald des Gunung Mulu sind die Kannenpflanzen (S. 94) häufig. Die leuchtend bunt gefärbten Kannen, es handelt sich um umgebidelte Blätter, locken Insekten an. Landen diese am Rand der Kanne, gleiten sie auf der glatten Oberfläche aus und rutschen in die Verdauungsflüssigkeit, mit der die Kanne gefüllt ist.

In der Gipfelregion des Gunung Mulu gibt es zahlreiche Rhododendronarten. Die in Europa als Alpenrose bekannten Pflanzen finden in der alpinen Region über 2000 m gute klimatische Bedingungen vor. Ihre Hauptblütezeit liegt zwischen Oktober und Februar.

In verschiedenen Höhlen leben im Bereich der Eingänge die Einblattpflanzen der Gattung *Monophyllaea*.

◀ Kristallklares Wasser entspringt bei der Clearwater Cave dem unterirdischen Höhlensystem.

Die Laternenträger (»Lantern Fly«) gehören zu den urtümlichsten Zikaden.

Einblattpflanzen der Gattung *Monophyllaea* am Eingang der Clearwater Cave.

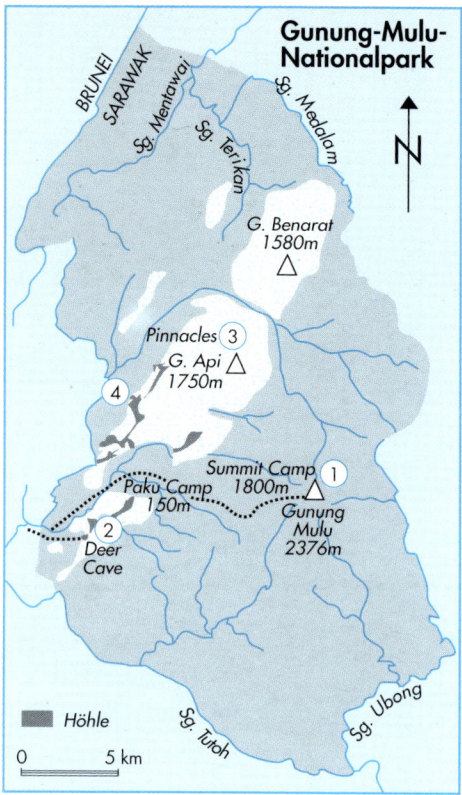

Gunung-Mulu-Nationalpark

BRUNEI
SARAWAK

Sg. Mentawai
Sg. Terikan
Sg. Medalam

N

G. Benarat
1580m

Pinnacles ③
G. Api
1750m

④

Summit Camp
1800m
Paku Camp
150m ②
Gunung
Mulu
2376m
Deer
Cave

①

Höhle

0   5 km

Sg. Tutoh   Sg. Ubong

---

häufig vor, ist allerdings nicht sehr leicht zu sehen, da er in hohen Bäumen lebt. Dennoch fällt er häufig auf durch seine lauten, melodiösen Rufe. Besonders in den Morgenstunden klingen seine auf- und abschwellenden Heulgesänge, die manchmal an menschliches Lachen erinnern, weit durch den Wald. Der Gesang dient dem Zusammenhalt der Gruppe, da im dichten Blattwerk nicht immer Sichtkontakt herrscht. Der Gibbon ist perfekt an das Leben in Bäumen angepaßt. Seine überlangen Arme ermöglichen ein Schwingen und Hangeln, mit dem sich rasch große Entfernungen überbrücken lassen.

Noch immer kommen einige Nashornvogelarten im Park vor. Zu ihnen gehören der Malabarhornvogel, der Furchenjahrvogel und der Langschopf-Hornvogel. Rhinozerosvögel sind dagegen selten. Diese großen, eindrucksvollen Vögel fallen am ehesten im Flug auf, denn die Lücken zwischen den Deckfedern von Ober- und Unterflügeln erzeugen ein lautes Rauschen. Im offeneren Gelände sucht die Fahlbauchfruchttaube nach Nahrung, während der Besrasperber in bewaldeten Gebieten seine Beute jagt.

Rotkopfpitta und Borneo-Mistelfresser sind oft vom Boot aus zu beobachten. Der Rotbrustpirol taucht häufig auf dem Weg zum Gunung Mulu auf. Im Gebirge lebt der Borneobartvogel.

Ein häufiges Reptil ist die Borneo-Winkelkopfagame, die braun gefärbt und mit einem hohen, schmalschuppigen Kamm versehen ist.

Rotbraune Tausendfüßer kriechen auf Nahrungssuche am Waldboden umher. Werden sie gestört, rollen sie sich zu einer kleinen Kugel zusammen. Weberameisen (S. 97) nutzen lebendes Blattmaterial und die Seidenfasern der Larven, um Nester an Blättern zu bauen. An Baumstämmen ziehen sich oft erdbraune Gebilde hoch. Es handelt sich um Nester und Gänge von Termiten (S. 45).

Ist die Tierwelt auch noch so reichhaltig vertreten, ist es doch recht schwierig, in der dichten Vegetation Tierbeobachtungen durchzuführen. Im Wald leben beispielsweise Bartschwein (S. 155) und Muntjak, Bart- und Ruß-Gleithörnchen. Alle 4 Arten sind aber nur mit viel Glück zu sehen. Neben den bekannten Javaneraffen ist der Schweinsaffe (S. 138) recht häufig. Dieser zu den Makaken gehörende Affe läßt sich vom Javaneraffen durch seine kräftigere Körpergestalt und seinen sehr kurzen Schwanz gut unterscheiden. Mit bis zu 70 cm Körperlänge ist er auch erheblich größer.

Ein weiterer hier vorkommender Affe ist der Gibbon. Im Gunung-Mulu-Park kommt der **Graue** oder **Borneo-Gibbon**

Im Gebiet unterwegs

<u>Besteigung des Gunung Mulu</u> ①: Erst 1932 gelang es Europäern, während einer von Edward Shackelton geleiteten Expedition der Oxford Universität diesen Berg zu besteigen. Danach folgten bis heute zahlreiche neue Expeditionen, da das Gebiet einen immensen Artenreichtum präsentiert und damit große Anziehungskraft auf Biologen ausübt.

Für den Touristen ist die Besteigung eine 3- bis 5-Tagestour, die gute Kondition erfordert, da 2326 Höhenmeter überwunden werden müssen. Der Aufstieg beginnt im Hauptquartier. Nach 3 Stunden erreicht man das Paku Camp. Von hier sind es weitere 6 Stunden bis zum Summit Camp in 1800 m Höhe. Unterwegs besteht ausreichend Gelegenheit, Kannenpflanzen, Zweiflügelfruchtbäume oder Würgfeigen zu sehen. Zahlreiche Insekten und Vögel runden das Bild ab. Am nächsten Morgen geht es in 2–3 Stunden zum 2376 m hohen Gipfel. Rhododendren und Moose bestimmen das Bild. Noch am selben Tag gelangt man zurück zum Summit Camp. Am Tag darauf zurück zum Hauptquartier. Wer sich mit der Natur intensiver beschäftigen möchte, kann die Tour um zwei weitere Tage ausdehnen.

<u>Deer Cave</u> ②: Vom Hauptquartier gelangt man in etwa 1–2 Stunden auf Holzstegen zur Höhle. Tausende von Hirsch-Hufspuren im Boden der Höhle machen sehr deutlich klar, woher der Name stammt. Im Inneren der Höhle leben zahllose Fledermäuse.

<u>Pinnacles</u> ③: 45 m hoch recken sich nahe des **Gunung Api** Kalksteinnadeln in den Himmel. Seit 5 Mio. Jahren waschen Wind und Regen an diesen bizarren Felsformationen. Ein Besuch ist mit zwei Übernachtungen in Camp 5 verbunden. Am ersten Tag erreicht man das Camp nach 1,5 Stunden Bootsfahrt und 3-stündigem Marsch. Der nächste Tag gehört dem etwa 6-stündigen Auf- und Abstieg. Nach einer weiteren

Spitzhörnchen werden von einigen bereits zu den Halbaffen, von anderen noch zu den Insektenfressern gezählt.

Übernachtung geht es zurück zum Hauptquartier.

Um den Rückweg interessanter zu gestalten, lohnt sich ein Abstecher zur **Clearwater Cave** ④ (S. 180/181), die mit über 50 km Länge zu den längsten Südostasiens gehört. Hier wird das brackige Flußwasser plötzlich kristallklar. Fische tummeln sich, Schmetterlinge, oft sogar der »Rajah Brooke« (S. 29), fliegen umher. Am Eingang der Höhle wachsen unzählige Einblattpflanzen.

Praktische Tips

Anreise

Der Park ist von Miri aus mit Expreßbooten über Marudi, Kuala Apoh und Long Terawan erreichbar. Dies dauert ungefähr 2 Tage. Schneller geht es, wenn man von Miri nach Marudi fliegt und erst dort auf Expreßboote umsteigt.

Klima/Reisezeit

Außer in den Monaten August und September, die zu den trockeneren gehören, muß ständig mit Regenfällen gerechnet werden, die im Jahr 6000–7000 mm ausmachen. Im Park herrschen Temperaturen um 28 °C. Im Gipfelbereich des Gunung Mulu können sie allerdings auf unter 14 °C fallen.

Ein typisches Aronstabgewächs ist das Fensterblatt, das an Bäumen rankend zum Licht wächst; links die Blütenstände.

Unterkunft/Verpflegung

Im Park gibt es neben festen Unterkünften auch Campingausrüstungen sowie auf der dem Park gegenüberliegenden Flußseite private Übernachtungsmöglichkeiten. Ein kleines Restaurant und ein kleiner Laden ermöglichen es, einige Dinge im Park zu beziehen. Ausgefallenere Lebensmittel, Batterien usw. sollte man jedoch bereits in Miri kaufen.

Führer

Bei Wanderungen im Park ist es obligatorisch, einen Führer zu engagieren, der etwa 20 M$/Tag bekommt.

Adressen

▷ National Parks & Wildlife Office, Miri, Tel. 085/36637.

Der Borneo- oder Graue Gibbon ist nur schwer in den Baumwipfeln zu beobachten.

16 Tunku-Abdul-Rahman-Nationalpark

Exotische Inseln mit weißem Sandstrand; Korallenriffe in kristallklarem Wasser; Mangroven und Küstenvegetation; markierte Dschungeltrails; Vorkommen von Nashornvögeln, Eisvögeln, Seeadlern, Makaken und Waranen.

Zwischen 3 km und 8 km liegen die Inseln des Tunku-Abdul-Rahman-Parks von Kota Kinabalu entfernt. Der Park erstreckt sich über ein 4900 ha großes Meeresgebiet, zu dem die Inseln Pulau Gaya, Pulau Manukan, Pulau Sapi, Pulau Sulug und Pulau Mamutik gehören. Bereits 1974 wurden der größte Teil von Pulau Gaya und Pulau Sapi zum Nationalpark erklärt. 1979 erweiterte die Regierung den Park um die übrigen 3 Inseln.

Vor etwa 1 Mio. Jahren traten Verschiebungen im Meeresboden auf, deren Ergebnis eine Abtrennung von Teilen des Festlandes von Sabah war. Zu diesen Gebieten gehören auch die Inseln des Tunku-Abdul-Rahman-Parks, die ursprünglich mit dem Crocker-Range-Gebirge verbunden waren. Die Sandsteinformationen der Inseln sind zwischen 40 und 60 Mio. Jahre alt.

Die besondere Faszination dieses Gebietes ergibt sich aus seiner leichten Überschaubarkeit infolge der geringen Größe. Gleichzeitig bieten die Inseln neben kristallklarem Wasser, weißen Sandstränden und Korallenriffen die Möglichkeit, Primär- und Sekundärregenwald sowie Mangrovenwälder zu erkunden. Pulau Gaya, die größte Insel des Parks, hält für den Besucher das reichhaltigste Angebot an Sehenswürdigkeiten bereit. Die 4 kleineren Inseln sind im wesentlichen für den Wassersportler interessant, d.h. hier stehen Tauchen und Schnorcheln im Vordergrund. Walderkundungen sind nur eingeschränkt möglich, regelrechte Naturpfade existieren zur Zeit nur noch auf Pulau Sapi.

Pulau Sapi lädt mit weißem Sandstrand zum Bad ein; im Hintergrund der Dschungel von Pulau Gaya.

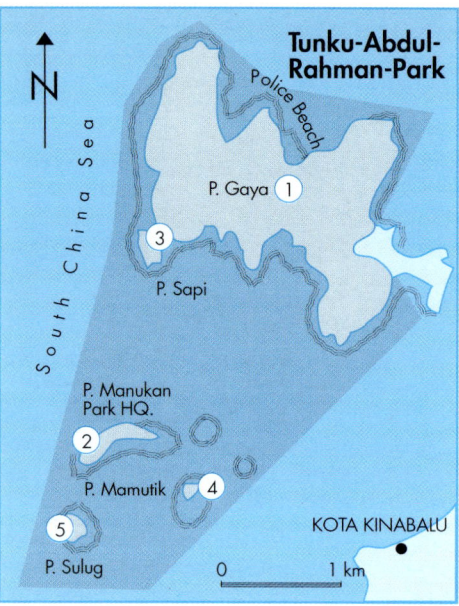

Tunku-Abdul-Rahman-Park

South China Sea

Police Beach

P. Gaya ①

③

P. Sapi

P. Manukan
Park HQ.
②

P. Mamutik ④

⑤
P. Sulug

KOTA KINABALU

0   1 km

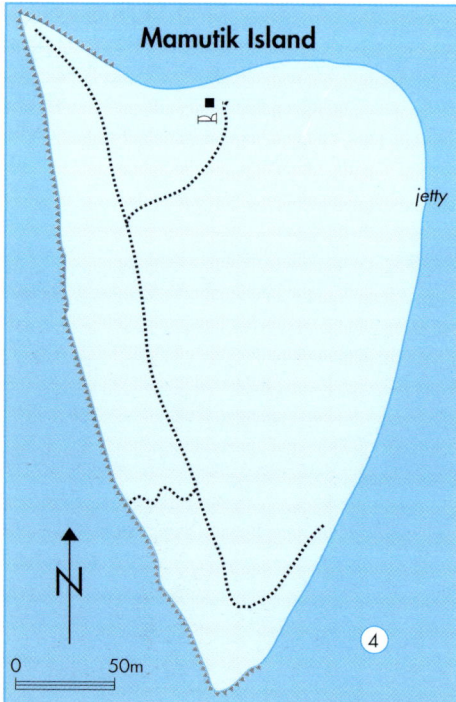

Mamutik Island

jetty

④

0   50m

Pflanzen und Tiere

Die geringe Größe der Inseln und die relativ große Entfernung zur Küste haben sicherlich dazu beigetragen, daß zumindest auf Pulau Gaya Primärregenwald erhalten geblieben ist. Dieser Waldtyp ist durch ein reiches Vorkommen von Zweiflügelfruchtbäumen charakterisiert. Aufsitzerpflanzen wie der Vogelnestfarn (S. 73) und Orchideen gehören hier ebenso zum Bild wie Würgfeigen und Palmen. Häufig ist die Strahlen- oder *Licuala*-Palme (S. 48), der man sich nur vorsichtig nähern sollte, da ihre Blattstiele mit Hakendornen ausgerüstet sind. Diese Dornen dienen der Pflanze zum Festklammern und Emporwachsen an anderen Bäumen.

Auf Pulau Gaya ist neben dem Regenwald auch noch der Mangrovenwald (S. 96) besonders interessant. Im Süden der Insel, nahe der Bootsanlegestelle, kann diese Vegetationsform leicht über einen Plankenweg erkundet werden. Das stark ausgeprägte Stelzwurzelwerk ermöglicht diesen Pflanzen das Überleben in der von den Gezeiten abhängigen Vegetationszone.

Der auf allen Inseln häufigste Vegetationstyp ist die Strandvegetation. Am auffälligsten ist zunächst die Kasuarine, ein Baum, der auf den ersten Blick an einen Nadelbaum erinnert. Blickt man genauer hin, fallen schachtelhalmähnliche Sprosse auf. Die rötlichen Früchte der Schraubenbäume (S. 57) schimmern an vielen Stellen zwischen den länglichen, mit spitzen Dornen versehenen grünen Blättern hervor. An einzelnen Stellen der Inseln, besonders auf Manukan, wurde der Tempelstrauch (S. 80) als Zierpflanze angepflanzt. Kokospalmen und Mangobäume gehören im Bereich der Strände zum Bild dieser so typischen Tropeninseln. Aber Achtung: Es sei nochmals an die Gefahr erinnert, von herabfallenden Kokosnüssen oder Palmwedeln verletzt zu werden.

Die Tierwelt an und auf den Inseln ist reichhaltig, wenn auch nicht immer sehr

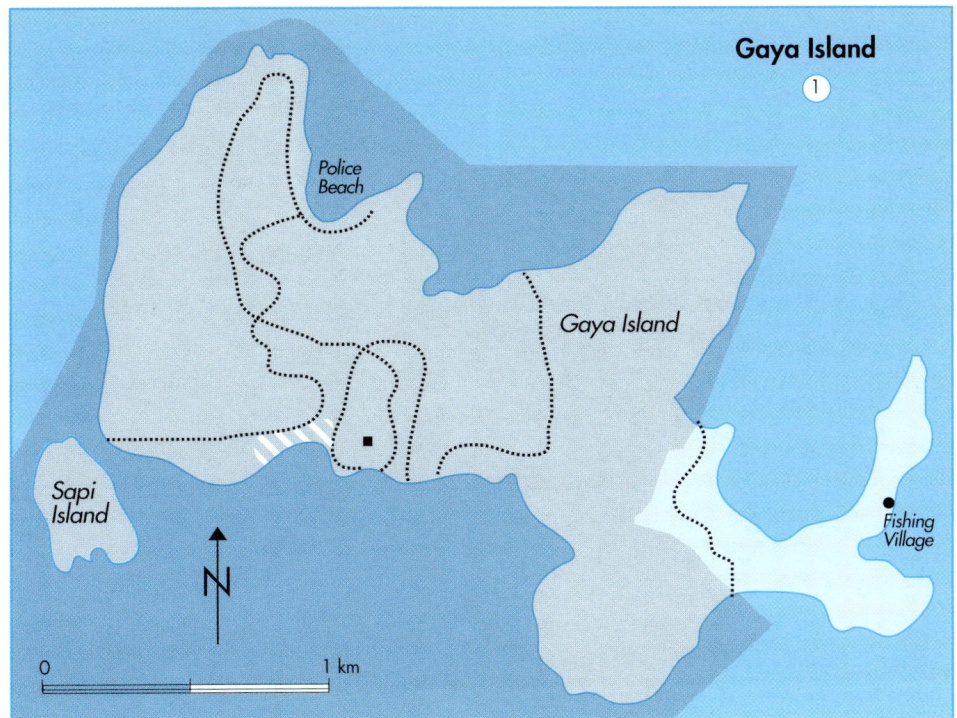

Police Beach

Gaya Island

Sapi Island

N

Fishing Village

0   1 km

leicht zu sehen. Am ehesten gelingt es, die teilweise sehr bunten Fische zu beobachten. Häufig sind diese Beobachtungen sogar möglich, ohne naß zu werden, da die Fische sehr nahe an den Strand kommen und das Wasser wirklich kristallklar ist (Ausnahme: Monsunzeit).

Unter den Vogelarten der Inseln sind am auffälligsten der Grünkopfliest und der Gurial. Schönhörnchen und Javaneraffen kann man zumindest auf Pulau Gaya häufig sehen. An den Abfallbehältern in Strandnähe trifft man regelmäßig auf die harmlosen Bindenwarane. An sonnigen Plätzen im Wald leben viele Mabuyen (S. 81), die zu den Schlankskinkverwandten gehören. Von ihnen bemerkt man zunächst meist nur ein Geraschel am Boden. Bleibt man stehen und blickt in Richtung des Geräusches, sind die Chancen sehr groß, das Tier zu sehen. Ein Auseinander-

schieben von Blättern oder Geäst ist in jedem Fall zu vermeiden, da auf den Inseln auch Giftschlangen leben.

Im Gebiet unterwegs

Außer den Wassersportaktivitäten, die auf allen Inseln möglich sind, bieten die Inseln zusätzlich mehr oder weniger gute Möglichkeiten zur Erkundung der Vegetation und ihrer Tierwelt.

Pulau Gaya ①: Auf Gaya gibt es insgesamt etwa 20 km angelegte Naturpfade. Diese Pfade führen durch Primärregenwald, Sekundärregenwald und Mangrovenvegetation. Besonders die Plankenwege in den Mangroven sind sehr empfehlenswert, da sie es ermöglichen, diesen einzigartigen Lebensraum, der von den Gezeiten geprägt ist, sowohl bei Ebbe als auch bei Flut

Mangroven haben mit ihren Stelzwurzeln bei jedem Wasserstand festen Halt; Jungpflanzen (kleines Foto) keimen noch an der Mutterpflanze aus.

Schlammspringer sind Fische, die sich auch an Land fortbewegen können.

Der Alexandrina-Lorbeer ist eine typische Strandpflanze des Tunku-Abdul-Rahman-Parks.

Im Schatten der Strandkasuarine läßt sich ein Strandtag genießen.

Weißbauchseeadler ziehen vor der Küste gemächlich ihre Kreise.

Grünkopflieste jagen an den Stränden und Mangrovenküsten.

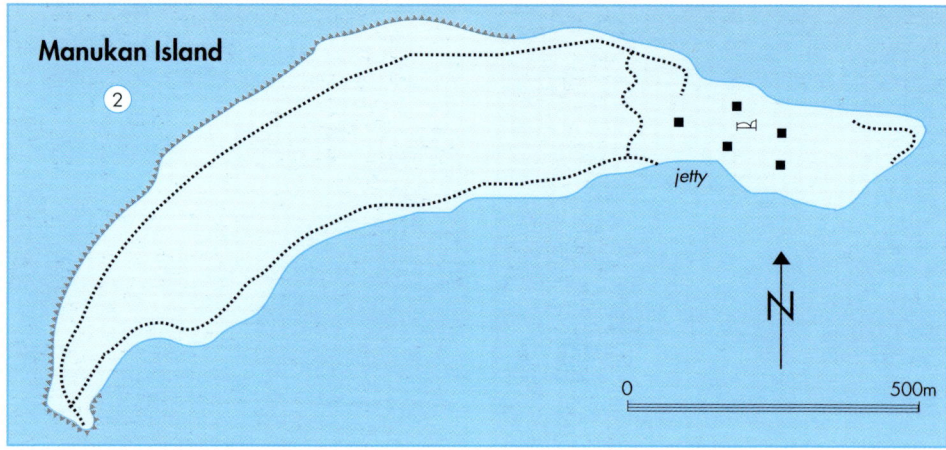

Manukan Island

2

jetty

N

0   500m

zu erleben. Bei Ebbe ragen überall die Atemwurzeln der Mangroven aus dem Schlick. Winkerkrabbenmännchen (S. 94) mit bunten Scheren versuchen, das Interesse von Weibchen auf sich zu lenken. Schlammspringer überqueren hüpfendspringend den Morast oder liegen scheinbar regungslos auf Baumwurzeln. Hier bestehen auch gute Chancen, Mangrovenreiher (S. 61) und Mangrovenpitta zu beobachten.

Im Regenwald trifft man häufig auf den Gurial (S. 41) und den Malaienliest. Wer sich länger auf der Insel aufhält, erhält mit großer Wahrscheinlichkeit die Gelegenheit, einen Malabarhornvogel fliegen zu sehen oder zumindest rufen zu hören. Auch auf Gaya sind die Javaneraffen (S. 85) zu einer Plage geworden, zumindest dann, wenn sie sich in größerer Gruppe auf den Plankenwegen niedergelassen haben und mit Fletschen der Zähne deutlich machen, wem das Wegerecht zusteht.

Pulau Manukan ②: Die zweitgrößte Insel des Gebietes bietet dem Besucher ebenfalls einen Naturpfad, der jedoch stets in Sichtweite der Küste verläuft und in der Hauptsache Sekundärregenwald und Strandvegetation zeigt. An den alten Gräbern, nahe des alten Rangerpostens, stehen einige Exemplare des herrlich duften-

den Tempelstrauches. Entlang der Küste sieht man den Weißbauchseeadler und die Brahminenweihe (S. 61).

Im Wald der Insel sind häufig Schönhörnchen und leider auch Ratten (hauptsächlich abends) zu sehen, die sich von den Abfällen aus den Unterkünften ernähren.

Pulau Sapi ③: Obwohl die Insel nur etwa 500 m lang und 200 m breit ist, besitzt sie doch etwa 5 km Naturpfade. Auf den

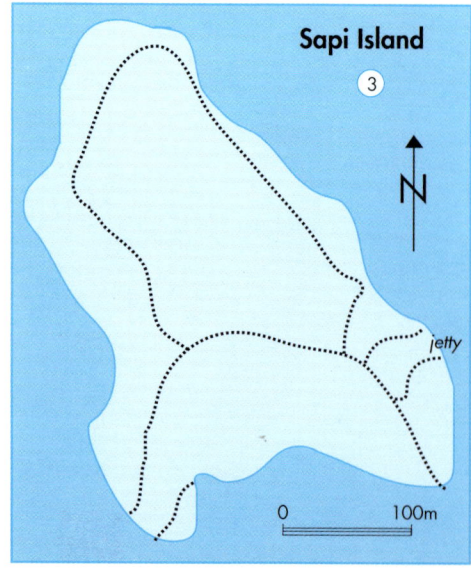

Sapi Island

3

N

jetty

0   100m

Pfaden, die vom Anleger quer über die Insel oder entlang der Küste führen, sind vor allem Hörnchen und Ameisen, darunter auch die Roßameise, zu beobachten. Zahlreiche bronzefarbene Mabuyen huschen über den Pfad, und auch hier kann der Weißbauchseeadler beobachtet werden.

<u>Pulau Mamutik</u> ④: Der angelegte Pfad lohnt eigentlich nicht der Mühe, zumal sich diese Insel auch besonderer Beliebtheit bei den Einwohnern Kota Kinabalus erfreut, da sie der Küste am nächsten liegt. Wer nur schwimmen und schnorcheln möchte, ist allerdings am weißen Sandstrand der Insel mit dem Schatten der Kasuarina-Bäume gut aufgehoben.

<u>Pulau Sulug</u> ⑤: Bisher gibt es auf Sulug außer einem Bootsanlegeplatz nichts. Nur wenige Besucher kommen hierher, obwohl der Strand und die Korallen fast unberührt sind. Der Wald ist praktisch unzugänglich, Naturpfade fehlen.

Palmfarne, hier der männliche Blütenstand von *Cycas rumphii,* kommen an felsigen Stellen der Inseln vor.

Praktische Tips

Anreise
Die Anreise erfolgt zu allen Inseln von Kota Kinabalu oder dem Vorort Tanjung Aru aus. Private Boote und verschiedene Veranstalter bieten Tagestouren zu den Inseln an.

Klima/Reisezeit
Die Inseln können nahezu ganzjährig besucht werden. Zwischen Oktober und Dezember kann der Fährverkehr wegen zu starkem Seegang vorübergehend eingestellt werden.
Die beste Reisezeit liegt zwischen Januar und Mai.

Adressen
➡ The Director, Sabah Parks, Lot 3, Block K, Sinsuran Complex, P.O. Box 10626, 88806 Kota Kinabalu, Tel. 211881, 211652.

Unterkunft/Camping
Auf Pulau Mamutik und Pulau Manukan gibt es feste Unterkünfte, die allerdings sehr teuer sind. Buchungen müssen über das Sabah Parks Office in Kota Kinabalu erfolgen.
Nach Anfrage beim Sabah Parks Office erhält man dort eine schriftliche Genehmigung zum Zelten auf einer der Inseln. Tagsüber gibt es die Möglichkeit, bei Einheimischen Getränke zu kaufen. Andere Lebensmittel müssen mitgebracht werden.

Blick in die Umgebung

In Kota Kinabalu befindet sich das **Sabah State Museum**, das neben der Kultur dieses malaiisschen Teilstaates auch einige naturkundliche Aspekte in den Vordergrund rückt. Besonders interessant ist dabei der begehbare Nachbau einer Höhle, in der, im Modell, das Sammeln der Nester für die Vogelnestersuppe (s. S. 99) dargestellt wird.

17 Crocker-Range-Nationalpark

Zweitgrößter Nationalpark Malaysias; Gebirgszug bis 1700 m Höhe; wilde Gebirgsflüsse; unberührter Primärregenwald; Nebelwald; Orchideen- und Rhododendrenblüte in der kühlen Gebirgsluft; Blüte der Rafflesia zwischen August und Oktober; reichhaltige Vogelwelt; zeitweises Vorkommen des Orang-Utan.

Parallel zur Westküste Sabahs durchzieht das Crocker-Range-Gebirge das Land vom Kinabalu über den Sungai Padas bis in die Sümpfe an der Grenze zu Sarawak. 1984 wurde ein 1399 km² großes Gebiet innerhalb des Gebirgszuges zum Nationalpark erklärt. Der Park liegt 15 – 20 km von der Westküste entfernt zwischen dem Sungai Padas im Südwesten und dem Gunung Alab im Nordosten. Die beiden Hauptverkehrsstraßen, die die Westküste mit den Orten im Inneren Sabahs verbinden, teilen den Park in drei Abschnitte. Im Park entspringen der Sungai Papar, der bei Papar ins Meer mündet, der Sungai Kimanis, der bei der Ortschaft Kimanis die Küste erreicht, und die Flüsse Sungai Apin-Apin und Sungei Melalap, die beide im Osten des Parks in den Sungai Pegalan münden, der den Sungai Papar speist. Das gesamte Gebiet ist im Gegensatz zu anderen Parks Malaysias unerschlossen, d.h. Touren im Gebiet müssen selbst organisiert werden, wobei entweder öffentliche Transportmittel oder besser ein Mietwagen benutzt werden. Die Straßen sind allerdings teilweise in schlechtem Zustand.

Die Entstehung des Crocker-Range-Gebirges liegt einige Millionen Jahre zurück, als Verschiebungen unter der Erde zur Auffaltung dieser Strukturen führten. Ursprünglich höhere Sandsteingebirge wurden im Laufe der Jahrhunderte durch Verwitterungen bis auf die heutige maximale Höhe von knapp 2000 m (Gunung Alab, 1965 m) abgetragen. Nur an einzelnen Stellen im Westen liegen die Parkgrenzen unter 300 m. Bis zu dieser Höhe wird intensive Landwirtschaft betrieben. Das Tambunan-Tal ist ein Reisanbaugebiet ①, im Südosten nahe Tenom gibt es Kakao- und Kautschukplantagen (s. S. 34) ②.

Pflanzen und Tiere

Die vorherrschende Vegetationsform sind Zweiflügelfruchtbaum-Wälder und Bergregenwälder. Etliche Baumarten der Familie Zweiflügelfruchtgewächse bringen Samen (S. 133) hervor, die 3 und mehr Flügel besitzen. Dieser Familie gehören auch die Arten an, die das begehrte harte Tropenholz

◀ Die Tibouchine ist als Zierpflanze über die gesamten Tropen verbreitet.

Die bewaldeten Höhen des Crocker-Range-Massivs ziehen sich längs durch Sabah; im Hintergrund der Mt. Kinabalu. ▶

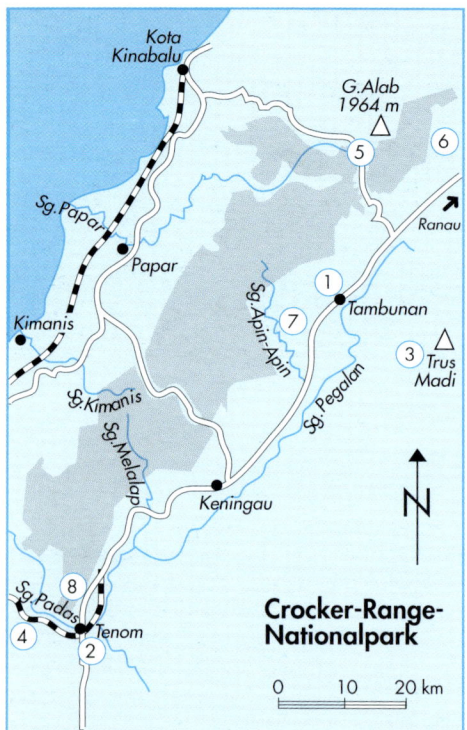

Bei Tambunan befindet sich eine Stelle, an der die **Rafflesia** wächst. Diese parasitierende Pflanze wächst in den Wurzeln einer Liane zur Knospe heran, die dann das Erdreich durchbricht. In den Monaten August bis Oktober blühen diese Knospen dann auf. Die roten Blütenblätter mit weißlichem Muster geben der Blüte eine maximale Größe von 1 m. Die in diesem Nationalpark vorkommende Art erreicht allerdings nur etwa 40 cm.

Durch die Höhe und das kühlere Klima der Region und der ehemals starken Bejagung, die auch jetzt noch außerhalb des Parks stattfindet, sind Großsäuger in der Region selten. Verschiedene Hörnchenarten und die Spitzhörnchen (S. 107, s. S. 66) oder Tupaias können sehr gut beobachtet werden. Häufig vorkommde Vögel gehören zur Familie der Bartvögel, wie z. B. der Borneo- und Streifenbartvogel. Oft sind im Gebiet Nektarvogelarten wie der Braunkehl- und Rotkehl-Nektarvogel anzutreffen.

Aus einer anderen Welt erscheint der große schwarze Tausendfüßer, der Schnurfüßer, zu stammen. In perfekter Koordination der vielen Beine entsteht bei seiner Fortbewegung eine scheinbar fließende Bewegung. Tausendfüßer besitzen pro Körperring zwei Beinpaare, Hundertfüßer nur eines. ACHTUNG: Im Gegensatz zu den Tausendfüßern verfügen Hundertfüßer über Giftklauen an den Mundwerkzeugen. Trotzdem sollten auch Tausendfüßer nur vorsichtig berührt werden, da sie in der Lage sind, haut- und schleimhautreizende Stoffe auszuscheiden.

Im Wald, vornehmlich an Flußufern und Wasserfällen, leben zahlreiche Schmetterlingsarten. Unter ihnen ist der »Malay Baron«, der gern in der Nähe von Bambus lebt, einer der häufigsten. Im Gebiet des Crocker-Range-Parks kommt aber auch der »Rajah Brooke«-Schmetterling (S. 29) vor, der mit bis zu 18 cm Flügelspannweite und seiner schwarzen Farbe mit leuchtend grünem Muster zu den eindrucksvollsten Schmetterlingen Malaysias gehört.

liefern, dessen Vermarktung ein Grund für die Vernichtung des Tropischen Regenwaldes ist. Einer der bekanntesten Vertreter der Familie ist die Gattung *Shorea*, zu der die Meranti-Bäume gehören.

Zahlreiche Aufsitzerpflanzen bevölkern die Wälder. Neben den bekannten Vogelnestfarnen (S. 73) zählen etliche Orchideenarten zu ihnen, deren Hauptwachstumsgebiet der Nebelwald ist. Diese Vegetationsform wird durch relativ kühles Klima mit hoher Luftfeuchtigkeit bedingt und beginnt in etwa 1100 m Höhe. Vom Wind verwehte Nebelschwaden geben der Region einen sonderbaren Anblick, der durch moosüberwachsene Bäume, herabhängende Flechten und bizarr geformte Rhododendren (S. 122) noch eindrucksvoller wird. Ähnlich wie im Kinabalu-Nationalpark finden sich auch hier Kannenpflanzen (s. S. 90).

Im Gebiet unterwegs

Am südwestlichen Rand des Crocker-Range-Parks schlängelt sich der **Padas River** zur Küste. Direkt an seinem Ufer befindet sich die Trasse der Eisenbahn von Beaufort nach Tenom ④. Die etwa 2-stündige Fahrt führt auf einer fast vollständig zugewachsenen Strecke mal am wild schäumenden, mal am geruhsam dahinfließenden Padas River entlang. Die Pflanzen am Rand der Strecke scheinen zum Greifen nahe, zumal die Bahn langsam genug fährt. Entlang der Trasse liegen kleinere Ortschaften, die oft nur aus einem Haus bestehen. In ihrer Nähe werden fast alle Kulturpflanzen der Region, von Ananas über Kakao bis zur Banane angebaut.

In **Tenom** kommen abends mit großer Regelmäßigkeit Hunderte von Weißbürzelseglern (S. 99) zusammen, die sich auf den Telegrafenleitungen niederlassen.

Im gebirgigen Gebiet des Parks befinden sich zahlreiche Wasserfälle. Etwa 17 km vor Tambunan, an der Verbindungsstraße nach Kota Kinabalu, kann man den **Sunsuron-Wasserfall** ⑤ am gleichnamigen Fluß nach ungefähr 3 Stunden Fußmarsch erreichen. Der Marsch führt mitten durch den Regenwald, durch Senken und über Hügelrücken. Nach der Anstrengung entschädigt der Anblick des Wasserfalls. Außer zahlreichen Insekten, u. a. auch Schmetterlingen, ist die Tierwelt recht rar, da es meist nicht gelingt, den Wasserfall schon in der Morgendämmerung zu erreichen, bzw. bis zum Abend zu bleiben.

Ein zweiter Wasserfall befindet sich in der Gegend von Kampong Patau an der Straße von Tambunan nach Ranau. Der **Mowah-Wasserfall** ⑥ ist von Kampung Patau aus in etwa 2 Stunden zu Fuß zu erreichen. Unterwegs durchquert man nahezu unberührten Dschungel mit vielen Kannenpflanzen. Hier leben zahlreiche Affen und Hörnchen. Dies und der fast 15 m hohe Wasserfall belohnen für den anstrengenden Fußmarsch.

Der Fleckenfalter »Malay Baron« ist ein Bewohner von Bambusgehölzen.

Leichter sind die beiden Wasserfälle südlich von Tambunan erreichbar. Zum **Ulu-Kiwal-Wasserfall** ⑦ ist es nur 1 km von der Hauptstraße. Der **Ulu-Kalang-Wassserfall** ⑧ befindet sich etwa 5 km vor Tenom, an der Straße von Keningau. Man folgt der Seitenstraße durch Kakaoplantagen, von deren Ende aus ein Fußweg durch Kautschukplantagen beginnt. Nach etwa 15 Minuten erreicht man den Wasserfall.

Es ist ratsam, sich für die Wege zu den Wasserfällen an einen einheimischen Führer zu wenden.

Im Bereich des **Trus Madi** ③ errichtet die Naturschutzbehörde Sabahs seit 1991 ein **Rafflesia Center**. In dem Dschungelgebiet kann man nur mit einem lokalen Führer unterwegs sein, da sonst die Chance, eine dieser seltenen Pflanzen zu sehen, zu gering ist. Obwohl Rafflesia-Pflanzen ganzjährig blühen können, ist die günstigste Zeit zwischen August und Oktober.

Praktische Tips

Anreise

Der Park verfügt über kein Besucherzentrum. Bereits in Kota Kinabalu muß die Entscheidung fallen, ob man mit einem gemieteten Wagen, mit Bussen oder mit der Eisenbahn Richtung Tenom, Tambunan oder Keningau fahren möchte. Wer nicht

Mit maximal 1m Durchmesser besitzt die Rafflesia die größte Einzelblüte unter den Pflanzen. Geöffnete Blüten locken Fliegen mit ihrem Geruch nach verwesendem Fleisch an. Die Knospen wachsen parasitisch auf den Wurzeln einer Liane.

Diese Knospe einer Rafflesia mißt etwa 30 cm.

aus Kota Kinabalu kommt, kann auch von Ranau aus nach Tambunan fahren (dies ist nur mit Bussen möglich, da sich Mietwagenfirmen nur in Kota Kinabalu befinden).

Klima/Reisezeit

In den Tälern und nördlich der Parkgrenzen herrscht ein warm-feuchtes Klima. In den Höhenlagen des Gebirges sinken die Temperaturen auf nur noch 18–20 °C ab. Die trockenste Zeit liegt zwischen Ende Juli und Mitte Oktober, wenngleich auch in dieser Zeit mit täglichen Regenfällen gerechnet werden muß. Da auch die Hauptblütezeit der Rafflesia in diesen Zeitraum fällt, sollte man das Crocker-Range-Gebiet in dieser Jahreszeit aufsuchen.

Das Tambunan-Tal wird infolge des günstigen Klimas als landwirtschaftliche Anbaufläche genutzt.

Medinillen findet man häufig als Ziersträucher; einige Arten dienen als Heilpflanzen.

Prunkwinden breiten sich rasch über Lichtungen und an Waldrändern aus.

Die fingerdicken, schwarzen Schnurfüßer zeigen perfekte Koordination im Bewegungsablauf.

Tropische Zikaden können enorme Größen erreichen und sind trotzdem schwer zu entdecken.

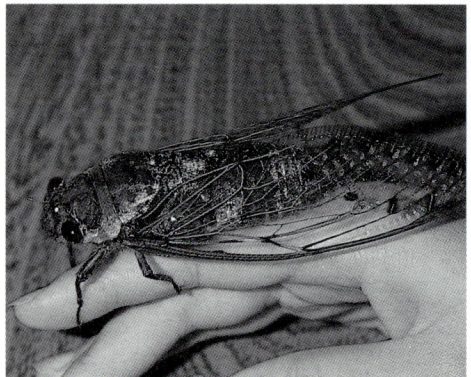

Unterkunft
In den Orten Tenom, Keningau, Tambunan und Ranau gibt es zahlreiche Hotels.

Adressen
▷ The Director, Sabah Parks, LOT 3, Block K, Sinsuran Complex, Kota Kinabalu, Tel. 211881;
▷ TDC Malaysia, Sabah Regional Office, No. 1 Ground Floor, Wing On Building, Jl. Sagunting, Kota Kinabalu, Tel. 211732.

Blick in die Umgebung

Wer abenteuerlustig ist, die Landessprache zumindest in ihren Grundlagen beherrscht und über genügend Zeit verfügt (das Visum sollte nicht in den nächsten 7 Tagen auslaufen), kann von Keningau über Nabawan bis nach **Sapulut** weiterfahren. Hier ist zur Zeit noch das Ende der Zivilisation erreicht, zumindest das Ende der Straßen. Von Sapulut kommt man nur noch mit Allradfahrzeugen oder Booten weiter ins Landesinnere. Abenteuerliche Fahrten durch Dschungellandschaften, Übernachtungen in den Langhäusern der Einwohner und die 170 m hohen Kalksteinfelsen von **Batu Punggul** mit vielen Höhlen sind die Höhepunkte dieser anstrengenden Tour.

Leuchtend gelbe Blüten besitzt der Rhododendron *R. retivenium.*

18 Kinabalu-Nationalpark

Höchster Berg Südostasiens; Möglichkeit der Bergbesteigung; Bergregenwald und Nebelwald; über 2000 Blütenpflanzenarten, darunter etwa 1100 Orchideenarten und 16 Kannenpflanzenarten; etwa 300 Vogelarten; Permit für Übernachtung und Bergbesteigung erforderlich.

Der Kinabalu-Nationalpark erstreckt sich auf etwa 753 km² im Gebiet des Mount Kinabalu. Der 4101 m hohe Berg ist der höchste zwischen Burma und Neuguinea. Vor knapp 1 Mio. Jahren begann seine Geschichte. Granit- und Sandsteinmassen überlagerten das Crocker-Range-Massiv. Starke Winde und Regenfälle wuschen das weichere Sedimentgestein aus, die beginnende Eiszeit schnitt dann die zahlreichen Täler in das Gipfelplateau, das sich heute stark zerklüftet präsentiert. Auch heute arbeiten die klimatischen Verhältnisse am jüngsten Berg nichtvulkanischen Ursprungs, der im Jahr etwa 5 mm wächst.

Nur etwa 100 km von der Hauptstadt Kota Kinabalu entfernt ist der Kinabalu bereits von der Küste aus gut sichtbar. Seine gewaltige Erscheinung veranlaßte die Regierung sogar dazu, Ende der 60er Jahre die Hauptstadt nach ihm zu benennen, zumal er als nationales Monument gilt.

1851 bestieg Sir Hugh Low als erster Weißer den Kinabalu. Zu seinen Ehren wurde der höchste Gipfel Lows Peak genannt. Zahlreiche weitere Abenteurer und Forscher folgten ihm. Der bedeutendste Wissenschaftler war wohl John Withehead, der 1888 mehrere Monate am und auf dem Berg verbrachte und die Tierwelt der Region erforschte.

Seit 1964 ist das Gebiet als Nationalpark ausgewiesen und der Öffentlichkeit zugänglich. Jahr für Jahr kommen die Menschen hierher, um das erfrischende Klima der Bergregion zu genießen oder den Gipfel auf einem 8,5 km langen Weg zu erklimmen. 1524 m hoch liegt bereits das Hauptquartier des Parks, der Ausgangspunkt für die Bergbesteigung und zahlreiche Wandermöglichkeiten im milden Klima.

Pflanzen und Tiere

Die unterschiedlichen Vegetationszonen des Parks, vom Bergregenwald (bis etwa 1800 m Höhe) über den Nebelwald (bis in etwa 3300 m Höhe) bis hin zur alpinen Zone, die in etwa 3800 m in die vegetationslose Gipfelregion übergeht, besitzen eine einzigartige, reichhaltige Pflanzenwelt.

Typisch ist die Kinabalu-Betelpalme, hier ihr Fruchtstand.

Majestätisch erhebt sich der Mt. Kinabalu, mit 4101 m der höchste Berg Südostasiens.

Häufige Pflanzen sind das Springkraut *Impatiens platyphylla* (»Kinabalu Balsam«), Medinillen (S. 121), Begonien, Drillingsblumen, Prunkwinden der Gattung *Pharbitis* (S. 121), *Eria*- und *Pholidota*-Orchideen sowie Lilien.
Bereits im Hauptquartier fallen die mehrere Meter hohen Baumfarne der Gattung *Cyathea* auf. Entlang der Straßen und Pfade schließen Resam-Farne (S. 67) den Wald dicht nach außen hin ab.
Zweiflügelfruchtbäume und Eichen bilden den wesentlichen Baumbestand im Bergregenwald. Auffällig ist hier die Anwesenheit vieler Aufsitzerpflanzen wie Orchideen und Nestfarne. Eine typische Palmenart des Gebietes ist die Kinabalu-Betelpalme. Bereits in der Übergangsregion zum Nebelwald tauchen Kannenpflanzen und Rhododendren auf. Ihr häufigstes Vorkommen befindet sich dann im Nebelwald. Hier findet man auch die zu den Myrtengewächsen gehörenden *Leptospermum*-Arten.
Die Tierwelt des Parks lebt leider sehr zurückgezogen, da weite Gebiete ständig von Touristen besucht werden. Schönhörnchen, gelegentlich auch Spitzhörn-

chen (S. 107) sind häufig anzutreffende Säuger. Mit Sicherheit kann man an der Sayat-Sayat-Hütte die endemische Kinabalu-Ratte treffen, obwohl eine solche Begegnung nicht unbedingt zu den Highlights der Tierbeobachtung gehört. Häufiger sind Wirbellose, wie Schmetterlinge, Käfer und Tausendfüßer.

Der Rhinozerosvogel ist durch Bejagung und Lebensraumzerstörung recht selten geworden.

Das Springkraut, ein Balsamgewächs, kommt hauptsächlich in Höhe der Power Station vor.

Mit etwa 300 Arten ist die Vogelwelt sehr reichhaltig und auch recht gut beobachtbar. Bereits am Hauptquartier und später beim Aufstieg sieht man Schwarzring-Brillenvogel, Gelbwangenbülbül, Bergbuschsänger, Gelbbauchlaubsänger und Südsee-Laubsänger. Von den Hornvögeln ist der Langschopfhornvogel am Kinabalu heimisch.
Ornithologisch Interessierte sollten die Pfade am Hauptquartier in den Morgenstunden aufsuchen. Dann lassen sich viele Vogelarten beobachten, die sich später (u. a. wegen der Besucher) zurückziehen.

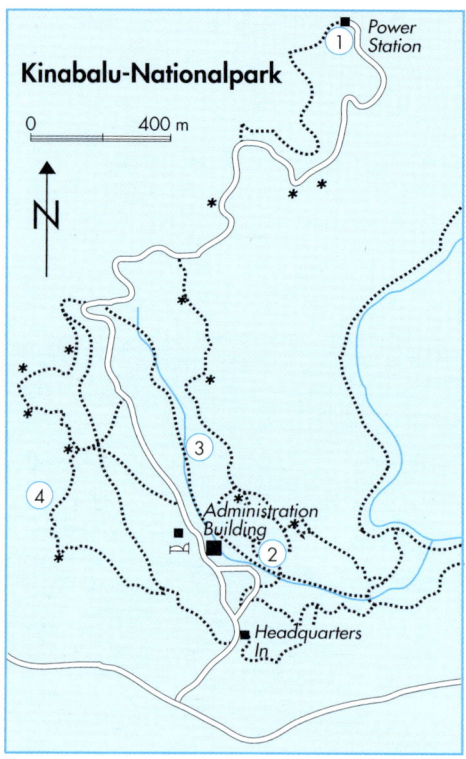

Kinabalu-Nationalpark

0   400 m

N

Im Gebiet unterwegs

<u>Die Gipfelbesteigung</u> ①: Eine Besteigung
des Mt. Kinabalu dauert mindestens
2 Tage. Wer etwas mehr von der Natur sehen möchte, sollte 3–4 Tage veranschla-
gen.
Der Weg beginnt in 1829 m Höhe, etwa
5 km vom Hauptquartier entfernt an der
Power Station. Die Strecke kann entweder
zu Fuß oder mit dem gemieteten Pick-up
zurückgelegt werden. Von der Power Station aus ist der Weg mit kleinen Tafeln
markiert, die alle 5 chains zu finden sind
(50 chains entsprechen 1 km). Der Pfad
führt zunächst zum **Carson's Falls**, einem
kleinen, klaren Wasserfall. Nach diesem
relativ ebenen Gelände geht es nun rasch
bergan. Baumwurzeln bilden ein nahezu

natürliches Stufensystem, das nur noch be-
festigt werden mußte, um der Menge von
Bergwanderern standzuhalten. Ein deutli-
cher Nachteil dieses natürlichen Hilfsmit-
tels ist der ungleiche Abstand zwischen
den einzelnen Stufen, die manchmal nur
10 cm, dann aber auch wieder 30 cm aus-
einanderliegen.
Je höher der Pfad führt, desto mehr ändert
sich die Vegetation. Durchwandert man zu
Beginn des Weges noch Regenwald mit
riesigen Bäumen, so lichtet sich nun der
Wald. An den Bäumen hängen Flechten
und Orchideen. Allmählich tauchen im
kühleren Klima auch Kannenpflanzen und
Rhododendren auf. An verschiedenen Un-
terständen vorbei, die teilweise herrliche
Blicke auf Sabah ermöglichen, gelangt
man in etwa 2700 m Höhe in einen Bereich, in dem die Vegetation erneut wechselt. Wurde der Bewuchs zunächst immer
spärlicher und einseitiger, hauptsächlich
beschränkt auf Rhododendren, deren Blätter in größerer Höhe kleiner sind, so wird
der Boden bald so karg, daß nur noch
speziell angepaßte Pflanzen erträgliche
Wachstumsbedingungen vorfinden. Zu ihnen gehören die *Leptospermum*-Ge-
wächse. Diese zu den Myrten gehörenden
Pflanzen besitzen graugrüne Blätter und
weiße Blüten. Auch einige Rhododendren,
Nadelbäume und Kannenpflanzenarten
leben noch in dieser Region.
Der Pfad steigt weiter bergan. Kurz vor
dem 6. Unterstand zweigt der Weg zur
Paka-Höhle ab, die den ersten Bergbestei-
gern als Quartier für die Nacht diente. Wer
noch genügend Kraft besitzt, kann die
Höhle besuchen, die allerdings nur ein
überhängender Fels ist. In 3353 m Höhe
erreicht man das Quartier für die Nacht,
Laban Rata, einen ehemaligen Opferplatz
der Dusun.
Am nächsten Morgen, die Guides schla-
gen vor, gegen 3.00 Uhr aufzubrechen,
geht es weiter zum Gipfel. Auf felsigem
Untergrund, oft in Bachbetten, erklimmt
man in völliger Dunkelheit den Berg. An

einzelnen Stellen ist es so steil, daß ein Vorwärtskommen nur noch an Seilen möglich ist. In 3810 m Höhe erreicht man **Sayat-Sayat**, eine weitere Schutzhütte, in deren Umgebung ein kleiner *Leptospermum*-Busch wächst. Hier lebt auch die endemische Kinabaluratte. Nun beginnt das eigentliche Gipfelplateau. Kleine aufgeschichtete Gesteinshaufen markieren den Weg zum Lows Peak. Rechts des Weges passiert man Dongkeys Ears und Ugly Sister Peak, links St. Johns Peak. Vorbei am ehemaligen Opferteich am Fuße des Lows Peak geht es die letzten Meter hinauf zum höchsten Punkt Südostasiens. Bitte beachten Sie die Aufforderung, Ihre Namen nicht auf die Felsen, sondern in das Buch zu schreiben, das allerdings leider oft gestohlen wird.

Der Rückweg führt über denselben Pfad zurück, dauert in der Regel aber nur 6 Stunden.

ACHTUNG:

– Zum Besteigen des Berges ist ein Guide zwingend vorgeschrieben.

– Das Sabah Parks Office warnt alle Personen, die nicht völlig gesund sind, vor der Besteigung des Berges. Wer also unter Bluthochdruck, Herzkrankheiten, Arthritis, Magengeschwüren u.ä. leidet, sollte zumindest vor der Besteigung einen Arzt befragen.

– Unterwegs gelangt man in Höhen über 3500 m. Hier nimmt die Sauerstoffkonzentration der Luft ab. Dadurch kann es zur Unterversorgung mit Sauerstoff kommen. Kopfschmerzen, Übelkeit usw. sind typische Symptome einer Höhenkrankheit. In solchen Fällen ist es ratsam, zunächst auszuruhen und bei Verstärkung der Beschwerden in geringere Höhen abzusteigen.

– Bei der Zusammenstellung der Ausrüstung sollte an Regenbekleidung, warme Pullover oder Jacken und möglichst einen kompletten 2. Bekleidungssatz gedacht werden, da heftige Regenfälle einsetzen können.

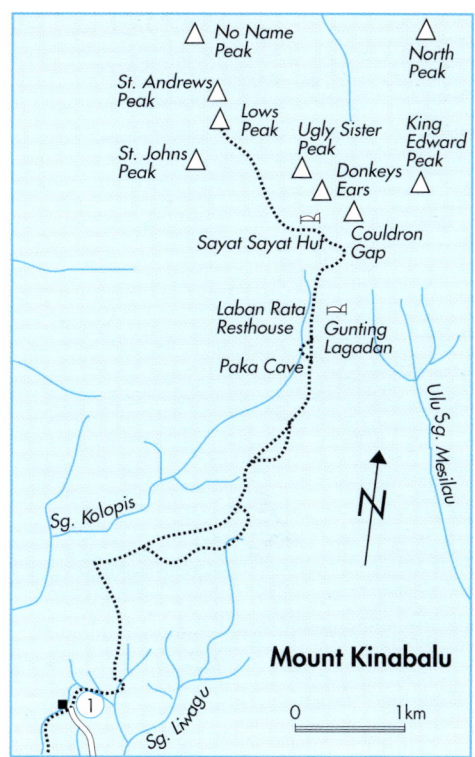

Mount Kinabalu

Mountain Garden ②: Der Berggarten befindet sich direkt am Verwaltungsgebäude im Park. Kleine Pfade führen durch das Areal, in dem zahlreiche hier natürlich vorkommende Pflanzen, wie das Springkraut *Impatiens platyphylla*, die Betelpalme und Baumfarne, sowie etliche angepflanzte Arten aus den verschiedenen Vegetationszonen des Berges wachsen. Eine Orchideenausstellung, z.B. die hübsche *Phalaenopsis esmeralda*, rundet das Bild ab. Die überwiegende Zahl der Pflanzen ist englisch und wissenschaftlich beschriftet.

Silau-Silau Trail ③ und **Kiau View Trail** ④: Beide Wege liegen im Gebiet des Hauptquartiers. Der Silau-Silau Trail führt zunächst an einem Bach entlang und eignet sich gut zur Vogelbeobachtung. In der Dämmerung gibt es hier gelegentlich die Möglichkeit, Kleinsäuger wie Tupaias,

Blick vom Kinabalu auf die Küste Sabahs bei Kota Kinabalu.

Blütenstand des Rhododendron *R. buxifolium* in etwa 3000 m Höhe.

Passionsblumen werden wegen ihrer leuchtend gefärbten Blüten gerne angepflanzt.

Kinabalu- und »Bornean Blackbanded«-Schönhörnchen zu beobachten. Überquert man die Hauptstraße, gelangt man in die dichte Vegetation des Kiau View Trails. Neben den Pflanzen des Bergregenwaldes, wie Baumfarnen, einzelnen Zweiflügelfruchtbäumen und Bambusdickichten (S. 60), findet man hier auch vereinzelte Kannenpflanzen. Entlang des Trails befinden sich Aussichtspunkte, mit Blick zum Kinabalu.

TIP: Es ist besonders empfehlenswert, die Pfade im Bereich des Hauptquartiers mit Parkaufsehern zu begehen. Diese geführten Wanderungen, bei denen die Natur erklärt wird, werden im Verwaltungsgebäude angekündigt.

Zwergwüchsiges *Leptospermum* nahe der Sayat-Sayat-Hütte in 3800 m Höhe.

Praktische Tips

Anreise
Busse fahren täglich von Kota Kinabalu nach Ranau. Sie halten am Park.
Mit dem PKW folgt man der Straße von Kota Kinabalu über Tamparuli Richtung Ranau und Sandakan. Nach etwa 1,5 Stunden Fahrzeit (90 km) gelangt man zum Park.
ACHTUNG: Zum Besuch des Parks mit Übernachtung ist ein Permit aus Kota Kinabalu notwendig (s. Adressen).

Klima/Reisezeit
Die beste Zeit für einen Besuch sind die Monate Februar bis März. In dieser Zeit fallen die geringsten Niederschläge, obwohl auch dann heftige Regenfälle einkalkuliert werden müssen. Die Temperaturen schwanken zwischen 13 °C und 20 °C im Hauptquartier, 2 °C und 10 °C im Bereich von Panar Laban und können am Gipfel die Frostgrenze erreichen.

Unterkunft
Im Hauptquartier stehen von Herbergen bis zu komfortablen Chalets etliche Unterkünfte zur Verfügung (Achtung: Buchung in Kota Kinabalu!). Bei der Bergbesteigung

werden ebenfalls 1–2 Übernachtungen in Herbergen notwendig (Buchung im Hauptquartier).

Verpflegung
Im Hauptquartier gibt es eine Kantine mit einfachen Gerichten. Die Berghütten besitzen nur zum Teil Kantinen. Kochgelegenheiten sind vorhanden. Die gesamte Verpflegung muß jedoch bei der Bergbesteigung mitgebracht werden.
Die Kantine im Hauptquartier hält in einem kleinen Laden zahlreiche Dinge des täglichen Bedarfs bereit.

Veranstaltungen
Im Verwaltungsgebäude werden unregelmäßig Vorträge zum Berg und seiner Flora und Fauna gehalten. Eine ständige Ausstellung gibt weitere Informationen, auch zur Entstehung des Mt. Kinabalu. Vormittags veranstalten die Aufseher Wanderungen (allerdings nicht täglich) im Gebiet des Hauptquartiers, bei denen die Natur erklärt wird.

Adressen
⮕ The Director, Sabah Parks, Lot 3, Block K, Sinsuran Complex, Kota Kinabalu, Tel. 211881, 211652 (hier erhält man das Permit für den Park).
⮕ TDC, Sabah Regional Office, Wing On Building, Ground Floor No.1, Jl. Sagunting, Kota Kinabalu, Tel. 211732.

Cyathea-Baumfarne wachsen im feucht-kühlen Bergklima besonders imposant heran.

Die *Pholidota*-Orchidee ist ein Beispiel für den Artenreichtum der Bergregion.

Nepenthes lowii, eine insektenfressende Kannenpflanze.

Scheinbar ins Unendliche führt der Pfad zum Gipfel; am Rand stehen Myrthengewächse.

19 Poring Hot Springs

Tieflandregenwald; heiße Schwefel-
quellen; Bambusgehölze; Hängebrückensystem in der Baumkronenregion; zahlreiche Säugerarten,
darunter auch der Orang-Utan; etwa
200 Vogelarten; gut beschildertes
Wanderwegenetz; Voranmeldung für
die Übernachtung erforderlich.

Poring Hot Springs befindet sich 43 km
vom Hauptquartier des Kinabalu-Natio-
nalparks entfernt. Im eigentlichen Sinne
gehört es noch zu diesem Park, erscheint
jedoch durch die räumliche Trennung und
die langwierige Anreise als eigenständiges
Areal.

19 km nordöstlich von Ranau endet die
Straße vor dem Tor zum Rangerposten.
Gleich hier wird dem Besucher das Entstehen des Namens Poring, der in der Sprache der Ureinwohner »Bambus« bedeutet,
durch die weitläufigen Bambusgehölze
(S. 60) klar.
Hauptsächlich ist das etwa in 500 m Höhe
gelegene Gebiet durch die heißen Schwe-
felquellen, die seit der Besetzung Sabahs
durch die Japaner im 2. Weltkrieg als Bade-
quellen genutzt werden, bekannt. Es ist
tatsächlich eine Wohltat, nach der Besteigung des Kinabalus oder anstrengenden
Dschungelwanderungen, den Tag mit einem heißen Bad ausklingen zu lassen oder
die heiße Mittagszeit am kühlen Rock Pool
zu verbringen. An Wochenenden und Feiertagen werden die Bademöglichkeiten

Ein sehr urtümliches Insekt ist der »Trilobite beetle«.

Die weißblühende Orchidee *Eria kinabaluensis*.

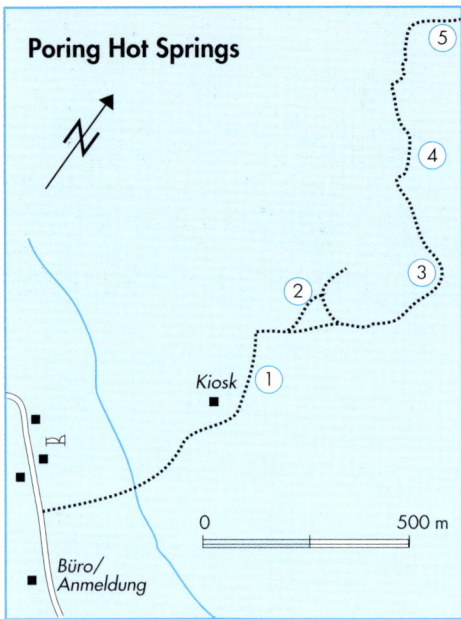

Poring Hot Springs

Kiosk ①

Büro/
Anmeldung

0   500 m

gerne von zahlreichen Kurzurlaubern aus Kota Kinabalu wahrgenommen. Allerdings hat Poring noch vieles andere zu bieten. Neben einigen Wanderwegen, die zu Wasserfällen, Fledermaushöhlen und den Blüten der Rafflesia (s. S. 118, S. 120) führen, gibt es seit Ende 1990 ein ausgedehntes System von Hängebrücken in der Baumkronenregion (Canopy Walkway System).

Pflanzen und Tiere

Die Zweiflügelfruchtbäume sind vorherrschend im Tieflandregenwald Porings. Wie in allen anderen Gebieten sind sie auch hier nur schwer bestimmbar, sofern nicht ein Hinweisschild am Stamm den genauen Artnamen angibt. Meist ist die Anwesenheit dieser Bäume nur anhand der am Boden liegenden Samen (S. 133) erkennbar, die zwei oder mehr Flügel besitzen. Neben verschiedenen Zierpflanzen wie Hibiskus, Frangipani (Tempelstrauch; S. 80), Feuerbaum, Blumenrohr (S. 21), Wunderstrauch und Kaladie findet man

auch wildwachsenden Taro, Bambusgehölze und Baumfarne (S. 130). Als Aufsitzerpflanzen sind Geweih- (S. 71) und Vogelnestfarn (S. 73) typisch. Rotangpalmen bilden ein oft undurchdringliches Unterholz. In gut besonnten Bereichen, z. B. an Waldrändern und Lichtungen wachsen Resam-Farne (S. 67), deren Blätter so sehr miteinander vernetzen, daß eine grüne Mauer entsteht. Hier rankt auch die Feige der Art *F. montana* am Boden entlang. Am fast lichtlosen Waldboden findet man die feuchtigkeitsliebenden Farne der Gattungen *Hymenophyllum* und *Trichomanes*. Die Blätter dieser Farne bestehen nur aus einer Zellschicht. Dies ermöglicht es ihnen, ihren Wasserbedarf aus der Luftfeuchtigkeit zu decken. An einigen Stellen des Parks wächst die Rafflesia, deren Knospen aber zunächst recht unscheinbar sind, so daß sie leicht übersehen werden. Die bis zu 1 m Durchmesser erreichende Blüte mit rötlicher Färbung erscheint meist im September. Die Ranger kennen meist Stellen, an denen man die Rafflesia betrachten kann.

Fruchtbäume wie Durian (s. S. 63), Mango und Jackfrucht (S. 25) sowie zahlreiche Bananenstauden nahe der heißen Quellen begünstigen zusammen mit den höheren Temperaturen (im Vergleich zum Kinabalu-Park) das Vorkommen größerer Tiere. Taguane (große Gleithörnchen), Haubenlangur (S. 28) und Borneo-Gibbon (S. 108) gehören zu den häufigen Arten. Der auch in den Wäldern um Poring beheimatete Orang-Utan (s. S. 141) und der Maronen-Langur sind recht selten. Schmetterlinge gleiten lautlos durch die Luft, um an Blüten (häufig am Hibiskus) zu saugen. Langschopfhornvogel und Rhinozerosvogel (S. 125) sind zunächst vor allem an ihren Rufen erkennbar. Während das »huhu-hu« des Langschopfhornvogels recht melodiös klingt, dröhnt der tiefe »g-ronk«-Ruf des Rhinozerosvogels mit gewichtiger Resonanz eher eintönig. Oft ergibt sich die Gelegenheit, einen Wespenbussard (S. 58) zu sehen, leider meist nur aus größerer Entfernung. Das farbenprächtige Gefieder läßt Rubinwangen- und Braunkehl-Nektarvögel sowie Blauflügel- und Blaubart-Blattvögel zu besonders hübschen Farbtupfern im Wald werden. Berg- und Rotstirnschneidervogel kommen hier recht zahlreich vor. Leider sind die kleinen Vögel im Wald nur schwer auszumachen. In Bambusgehölzen lebt hier der Bambuslaubsänger.

Roß- (S. 87) und Weberameisen (S. 97) kommen auch hier häufig vor. An Wasserläufen sieht man zahlreiche rote und blaue Libellen. Die Borneo-Schönechse (S. 69) ist eine gut beobachtbare Vertreterin der Reptilien. Die ebenfalls hier lebende Schmuckbaumnatter ist eher selten.

Die Samen der Zweiflügelfruchtbäume besitzen Flügel, mit denen sie über weite Strecken gleiten können.

Im Gebiet unterwegs

Hot Springs Area ①: Im Mittelpunkt des touristischen Interesses stehen die heißen Quellen. Schwefelhaltiges Wasser in Badebecken und ein kleiner Swimmingpool bieten ein attraktives Freizeitangebot zwischen tropischer Blütenpracht. Umgeben von Zierpflanzen wie Hibiskus, Flammenbaum (S. 56), Hakenlilie, Mimosen und einzelnen Bananenstauden läßt es sich bequem aushalten. Das Auftreten von zahlreichen Insekten rundet das Bild zusätzlich ab.

Canopy Walkway System ②: Von den heißen Quellen aus gelangt man auf schmalen Dschungelpfaden zur eigentlichen Attraktion für Naturfreunde. In der Kronenregion von 4 Baumriesen wurde ein Hängebrückensystem angelegt, das es dem Besucher ermöglicht, zwischen 10 m und etwa 40 m über dem Erdboden den Regenwald zu erkunden. Die Höhenunterschiede ergeben sich dadurch, daß die Anlage im Bereich eines Hanges errichtet wurde. Unterwegs auf schwankenden Planken, nur gesichert durch ein Netz, wird der Blick in eine Region frei, die normalerweise verborgen bleibt. Hier oben

leben Schmuckbaumnattern, Plumplori, Ameisen und Schmetterlinge. Besonders eindrucksvoll ist ein nächtlicher Besuch, da viele Tierarten des Waldes nachtaktiv sind. Von oben können dann auch leicht der Kantschil (S. 49) und die Zibetkatze (S. 153) beobachtet werden.

ACHTUNG: Wer nicht völlig schwindelfrei ist, sollte auf die Exkursion verzichten. Zur Beobachtung von Tieren ist es unerläßlich, sich ruhig zu verhalten und Taschenlampen und Blitzgeräte nur selten einzusetzen.

Wasserfälle und Fledermaushöhle: Nach etwa 15 Minuten Wanderung gelangt man von den heißen Quellen aus zum Kipungit-Wasserfall ③. Im klaren Bassin unterhalb des Falls kann gebadet werden. Von hier geht es steil bergan. Ein teilweise recht rutschiger Pfad führt zur Bat Cave ④. Am Rand

Die Gleitfähigkeit ist auch im Tierreich entwickelt: hier ein Flugdrache mit ausgebreiteten Gleithäuten.

Etliche Meter über dem Erdboden finden Epiphyten in Astgabeln anderer Bäume ihren Lebensraum.

Das Hängebrückensystem in Poring gewährt Schwindelfreien Einblicke in die Kronenregion des Waldes.

des Weges wachsen zahlreiche Farne, Ma-buyen (S. 81) liegen an sonnigen Plätzen auf dem warmen Untergrund. Die Fleder-maushöhlen sind nur schwer zugänglich, die hier lebenden Hufeisennasen (S. 101) kann nur beobachten, wer wagemutig ge-nug ist, auf glitschigem Fels herabzuklet-tern (Achtung: Taschenlampe und festes Schuhwerk sind Grundvoraussetzung). Nach weiteren 1,5 Stunden erreicht man

die sieben Fälle des **Langanan-Wasserfalls** ⑤. Der oft steil emporführende Weg bean-sprucht einiges an Kondition. Aus diesem Grund sind hier relativ wenige Menschen unterwegs, und um so reichhaltiger ist die Tierwelt. Nektar- und Blattvögel lassen sich leicht beobachten. An den besonnten Stellen nahe der Wasserfälle leben zahlrei-che Schönechsen. Spitzhörnchen sind ent-lang des Weges leicht zu entdecken.

Unter den Ruderfröschen gibt es Arten, die mit Hilfe von Häuten zwischen den Zehen die Gleitflugfähigkeit erreicht haben.

Praktische Tips

Anreise
Es gibt keine öffentlichen Transportmittel nach Poring. Man erreicht das Gebiet entweder mit dem gecharterten Minibus ab Kota Kinabalu oder Ranau. Von Ranau aus folgt man der Straße Richtung Sandakan. Nach etwa 4 km zweigt links die Straße nach Poring ab, die dann zum 15 km entfernten Park führt. Hinweisschilder markieren den Weg.
ACHTUNG: Zum Besuch ist ein Permit aus Kota Kinabalu notwendig.

Klima/Reisezeit
Ein Besuch ist ganzjährig möglich. Die Temperaturen liegen hier höher als im Kinabalu-Park. An Wochenenden wird der Park von vielen Touristen aufgesucht, die allerdings meist nur zum Bad in den heißen Quellen kommen. Die Blütezeit der Rafflesia liegt zwischen Juli und September.

Unterkunft/Camping/Verpflegung
In Poring stehen dem Besucher Mehrbettzimmer zur Verfügung. Wer eine Zeltausrüstung besitzt, kann einen Stellplatz mieten.
Es bestehen nur eingeschränkte Verpflegungsmöglichkeiten in einem kleinen Kiosk. Lebensmittel (besonders Obst) sollten mitgebracht werden.

Die Gleitflugfähigkeit findet sich auch bei den Schmuckbaumnattern.

Adressen
➪ The Director, Sabah Parks, Lot 3, Block K, Sinsuran Complex, Kota Kinabalu, Tel. 211881, 211652;
➪ TDC, Sabah Regional Office, Wing On Building, Ground Floor No.1, Jl. Sagunting, Kota Kinabalu, Tel. 211732.

Schmetterlinge wie dieser »Clipper« finden sich häufig im Bereich der Badebecken ein.

20 Sepilok (Orang-Utan-Auswilderungsstation)

Freilebende Menschenaffen; Möglichkeit zu Dschungelwanderungen; Küstensümpfe mit Mangrovenvegetation; häufiges Vorkommen von Gibbons; mehr als 200 Vogelarten; zeitweise Nebelparder.

Sepilok liegt etwa 24 km von Sandakan, einer Stadt im Osten Sabahs entfernt. In dem 4000 ha großen Gebiet bemüht man sich seit Mitte der 60er Jahre um eine Auswilderung der stark bedrohten Orang-Utans. Das Gebiet weist einen nahezu unberührten Regenwald auf, der im Süden und Osten zum Meer hin in Mangrovenvegetation übergeht.

Die relative Nähe zur Stadt und zur Verbindungsstraße Kota Kinabalu – Sandakan bedingen eine große Besiedlungsdichte im Umland des Parks. Außerhalb der Parkgrenzen gibt es sehr viele Plantagen, Tropischer Regenwald existiert hier praktisch nicht mehr. Das kleine Gebiet ist ein letztes Refugium für Flora und Fauna des Regenwaldes. Die geringe Größe macht es allerdings auch leichter überschaubar. Neben dem Besuch der Orang-Utan-Fütterung bieten sich Exkursionen im Regenwald und zu den Mangroven an.

Pflanzen und Tiere

Bisher wurden im Park 450 Baumarten registriert. Allein 54 gehören zur Familie der **Zweiflügelfruchtgewächse** (Dipterocarpaceae). Zu dieser Familie gehören auch die Bäume der Gattung *Shorea*, die in Europa als Bauholz unter dem Namen »Meranti« auf dem Markt sind. Im Gewirr der Bäume ist es sehr schwer, einzelne Arten zu bestimmen. Die Samen der Zweiflügelfruchtbäume sind am Boden des Waldes dafür aber um so leichter erkennbar, da sie zwei lange Flügel (S. 133) tragen. Fallen sie vom Baum herab, wird ihr Fall durch die Flügel gebremst, und der Wind kann die langsam zu Boden trudelnden Samen weit verstreuen. Botaniker nehmen an, daß dies dazu dient, die Samen möglichst weit vom Ursprungsort zu verstreuen, da die elterliche Pflanze die Standortbedingungen so gut nutzt, daß eine junge Pflanze keine Überlebenschance besäße.

Im Bereich des Empfangsgebäudes und des Informationszentrums gibt es etliche Obstbäume, deren Früchte den Orang-Utans als Nahrung dienen sollen. Die häufigsten sind Rambutan (S. 24), Mango und Durian (s. S. 63). Besonders leicht sind sie an ihren Früchten erkennbar, die man auch auf den Märkten findet. **Rambutan** entwickelt gelbliche oder rote Früchte, die außen von einer dünnen weichstacheligen Schale umgeben sind. Der Same ist unter der Schale von einem weißlich-durchsichtigen Samenmantel ungeben, der einen süßlich-fruchtigen Geschmack besitzt. Er zeichnet sich durch einen hohen Vitamin-C-Gehalt aus. Der Baum bringt zweimal im Jahr Früchte hervor, die Hauptsaison liegt zwischen Juni und September.

Auch der **Mangobaum** ist an seinen grünlichen Früchten leicht erkennbar. Sie haben in der Regel eine ovale Form. Die Außenhaut ist sehr hart. Darunter verbirgt sich das gelbliche, faserige Fruchtfleisch mit leicht säuerlichem Geschmack und ein flacher Steinkern.

Im Sumpfbereich gibt es zahlreiche Mangroven der Gattung *Rhizophora* (S. 112). Im Gebiet um das Informationszentrum leben zahlreiche **Javaneraffen** (S.85). Diese Makaken besitzen gleich zwei englische Namen, die die Tiere sehr treffend beschreiben. Der eine Name, »Long-tailed Macaque«, spielt auf seinen langen Schwanz an, der länger als der Körper wird, der Name »Crab-eating Monkey« deutet auf seine Lebensweise hin. In wasserreichen Gebieten und an Küsten ernähren sich die Tiere gerne von Krebsen und Weichtieren. Die guten Schwimmer und Taucher sind aber auch leicht an ihrer zierlichen Gestalt mit vergleichsweise kurzen Armen und Beinen, ihrer graugrünen bis braungrünen Körperfarbe und dem häufig auftretenden Stirnschopf zu erkennen. Sie leben in großen Gruppen mit bis zu 60 Individuen.

Zu den häufigen Vogelarten gehören der Indische Hirtenstar (S. 17), der Braunbartvogel mit seiner unscheinbaren graubraunen Färbung und der Grünkopftrogon; ebenso gibt es Spechte und Hornvögel (S. 125), die allerdings nur selten beobachtet werden können. In den Mangroven eben der Blauflügel- und der Granatpitta.

Perfekt getarnt ist diese grüne Pflanzengrille, die auf ihren Flügeln die Aderung von Blättern nachahmt.

Blutegel, hier ein gemusterter »Tiger Leech«, fallen ihre Opfer vom Boden oder von Sträuchern aus an.

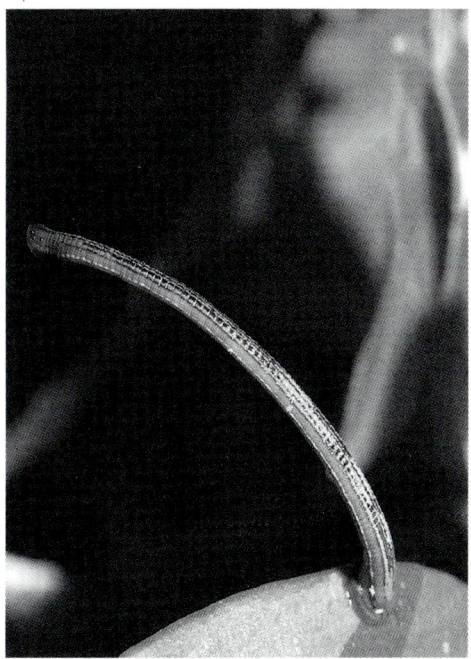

Im Gebiet unterwegs

Die erste Anlaufstelle ist sicherlich zunächst das Informationszentrum ①. Hier stehen Schautafeln, auf denen dem Betrachter die Aufgaben der Station sowie die Vielfalt der Natur vermittelt werden. Ausführliche Informationen gibt es zum Thema Orang-Utan. Dem Informationszentrum ist ein Minizoo angeschlossen, in dem immer einige seltene Tiere gehalten werden. Meist handelt es sich um zufällige Fänge oder beschlagnahmte Tiere, die nun wieder ausgewildert werden sollen. Gegen 10.00 Uhr werden die Orang-Utans täglich an der ungefähr 1 km entfernten Plattform A ② gefüttert. Für den Weg benötigt man etwa 15–20 Minuten. Hierher kommen meist die jüngeren noch sehr zahmen Tiere sowie etliche Schweinsaffen, die versuchen, Futter zu erhaschen. Nach Beobachtung der Fütterung besteht

Schweinsaffen sind an ihrem kurzen Schwanz zu erkennen.

die Möglichkeit, den Tag im Park zu verbringen. Gegen 10.30 Uhr werden die größeren halbwilden Orang-Utans an der etwa 30 Minuten entfernten Plattform B ③ gefüttert. Hier ist zwar die Chance geringer, die Affen zu sehen, da sie nur noch selten zur Fütterung erscheinen, dafür bietet der Weg allerlei interessante Pflanzen.
Etwa 1–2 Stunden benötigt man, um zu den Mangroven ④ zu gelangen. Hier trifft

Purpurhühner leben in den Sümpfen am Rande der Bucht von Sandakan. Hier sind sie durch ihre auffällige Färbung leicht zu beobachten.

Orang Utans sind perfekt an das Leben auf Bäumen angepaßt.

man auf Javaneraffen, Schlammspringer (s. S. 91) und Winkerkrabben (S. 94). Im Bereich der Mangroven sollen auch Leistenkrokodile zu sehen sein. Nahe der Sümpfe, an den Grenzen des Parks, kommt zeitweise der Nebelparder, eine Kleinkatze, vor. Er ist jedoch ein sehr scheuer Jäger, der hauptsächlich am frühen Morgen und späten Nachmittag aktiv ist. Da Besucher die Station um 16.00 Uhr verlassen müssen, sind die Beobachtungschancen (s. S. 47) schlecht.

Blauschwanzpittas sind Waldbewohner, die allerdings auch an offenen Kalksteinklippen vorkommen.

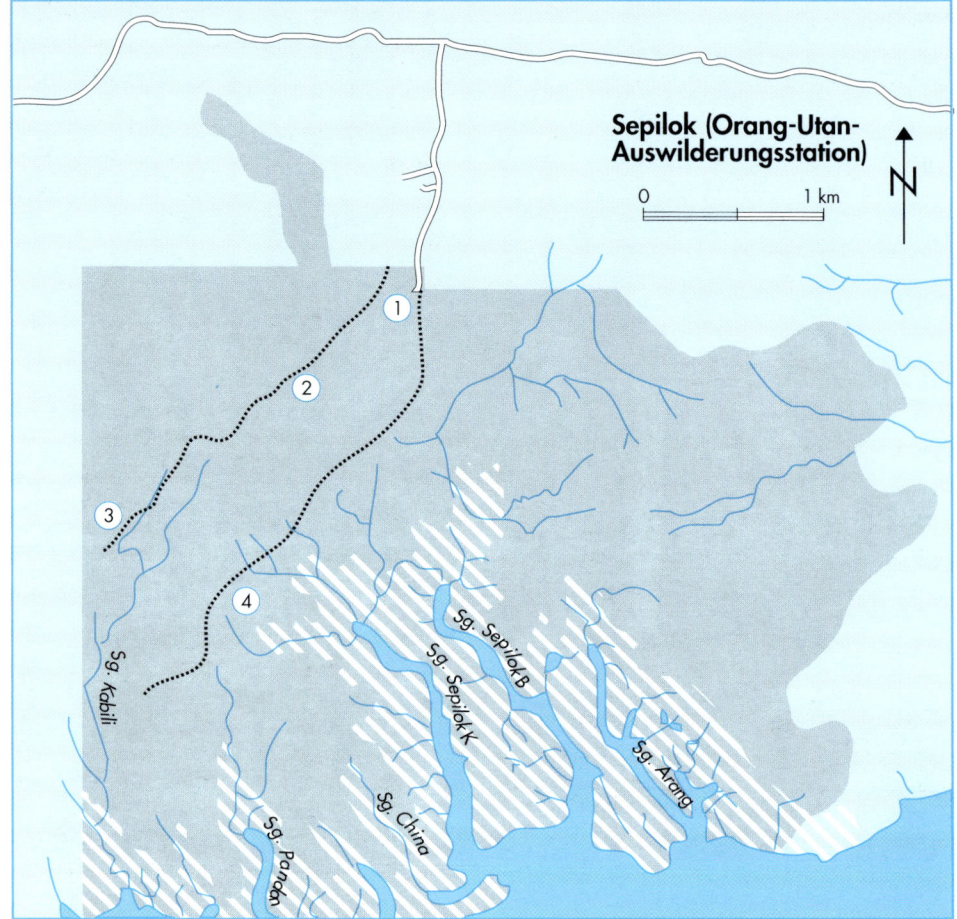

Sepilok (Orang-Utan-Auswilderungsstation)

0   1 km

N

Sg. Kabili

Sg. Pandan

Sg. China

Sg. Sepilok K

Sg. Sepilok B

Sg. Arang

Praktische Tips

Anreise
Von Sandakan aus sind Sepilok und das
Forestry Headquarters mit Linienbussen
erreichbar. Stadttaxis sind etwas teurer,
dafür aber schneller.

Klima/Reisezeit
Der Park kann ganzjährig besucht werden.
In den europäischen Sommermonaten
trifft man oft große Reisegruppen. An Re-
gentagen ist vom Besuch abzuraten, da
dann Wanderungen im Park (sogar schon
zur Fütterungsplattform) zu beschwerli-
chen Rutschpartien werden.

Unterkunft
Im Park selber gibt es keine Unterkünfte.
Sandakan bietet allerdings ein breitge-
fächertes Hotelangebot.

Adressen
➪ Public Relations and Education Unit,
    Forest Department, PO Box 311,
    90007 Sandakan, Sabah,
    Tel. 660811–194.

Blick in die Umgebung

Lohnenswert ist ein Besuch im **Forstmuseum** von Sandakan. Es befindet sich im Forestry Headquarters, 10 km außerhalb der City. (Sie gelangen mit Bussen, z. B. Batu 14, oder dem Taxi hierher.) Die Sammlung umfaßt ein weites Spektrum der Tier- und Pflanzenwelt Sabahs. Daneben gibt es wechselnde Ausstellungen zu aktuellen oder besonderen Themen.

Wer in den Mangroven keine Gelegenheit hatte, Krokodile zu beobachten, kann dies in der 10 km außerhalb des Zentrums liegenden **Krokodilfarm** nachholen. Hunderte dieser Riesenechsen, vor allem Leistenkrokodile, werden hier als Lederlieferanten gezüchtet.

Der Orang-Utan

Übersetzt bedeutet der malaiische Begriff »Orang Utan« Waldmensch. Seine sehr menschenähnlichen Gesichtszüge gaben dem großen Menschenaffen wohl diesen Namen. Mit der Entdeckung des Tieres durch Abenteurer und Naturforscher stieg das Interesse der europäischen Bevölkerung am Orang-Utan. Zoos und Privatsammler kauften viele Tiere, die den langen Transportweg häufig nicht überlebten. 1965 schien die Population des nur auf Sumatra und Borneo lebenden Orang-Utans zusammenzubrechen. Internationale Schutzmaßnahmen liefen an. Neben strengeren Handelsbestimmungen wurden auch Auswilderungsstationen eingerichtet, um beschlagnahmte Tiere wieder an das Leben im Regenwald zu gewöhnen.

Hier müssen sie zunächst in Quarantäne gehalten werden, um die Ausbreitung ansteckender Krankheiten zu vermeiden. Sie lernen den Bau von Schlafnestern und die Nahrungssuche sowie soziale Kontakte mit anderen Orang-Utans. Die Nahrungssuche ist eines der größten Probleme. Aus diesem Grund werden die auszuwildernden Tiere täglich mit einem Mindestfutter versorgt. Obstbäume sind im Regenwald rar. Zahlreiche z. T. angepflanzte Obstbäume im Gebiet der Stationen erleichtern den Orang-Utans die Selbständigkeit.

Die etwa 1 m großen Tiere werden bis 90 kg schwer. Normalerweise leben sie in sehr lockeren Familiengruppen, häufig auch als Einzelgänger. Sie werden im Alter von etwa 8 Jahren geschlechtsreif. 8–9 Monate nach der Paarung wird ein Jungtier geboren. Zwillingsgeburten sind sehr selten. Männchen und Weibchen benötigen zum Auffinden ausreichender Nahrungsmengen bis zu 10 km^2 große Streifgebiete.

Trotz der Auswilderungsprojekte ist die Art nach wie vor vom Aussterben bedroht. Während ihre natürlichen Feinde Tiger, Rothund und Nebelparder lediglich regulierend eingreifen, gefährdet der Mensch das Überleben der Art. Immer noch werden illegal Orang-Utans gehandelt. Die weitaus größere Gefahr besteht jedoch in der Zerstörung des Lebensraumes. Die großflächigen Abholzungen im Tropischen Regenwald führen zur Isolierung kleiner Populationen. Wenn Orang-Utans in Plantagen eindringen, werden sie häufig getötet. Überlandstromleitungen werden ihnen zum Verhängnis, wenn sie an den Masten hinaufklettern und mit dem Strom in Berührung kommen: Verbrennungen sind die harmloseren Folgen, Verstümmelungen kommen nicht selten vor.

21 Turtle-Islands-Park

Musterbeispiele für tropische Inseln; weißer Sandstrand; Kokospalmen; kristallklares Wasser und Korallenriffe; Eiablage der Suppen- und Echten Karettschildkröte; Voranmeldung erforderlich.

Angeblich reicht der Schildkrötenschutz in Sabah bis in die 20er Jahre zurück. Damals war die North Borneo Company aber wohl mehr darauf aus, nicht alle Schildkröten sofort zu töten und zu vermarkten, sondern auf Nachhaltigkeit hin zu arbeiten. Genaue Daten lassen sich heute jedoch nicht mehr finden, da sie in den Wirren des 2. Weltkrieges vernichtet wurden. Der eigentliche echte Schutz der Meeresschildkröten begann dann Mitte der 60er Jahre. Die Regierung Sabahs stellte mehrere Inseln unter Schutz und richtete zunächst mit Hilfe privater Sponsoren Aufzuchtstationen ein.

In den 70er Jahren wurde der noch heute bestehende Turtle-Islands-Park als Meeresschutzpark deklariert. Das Gebiet umfaßt etwa 1700 ha, von denen allerdings nur der kleinste Teil Inseln sind. Es handelt sich um Pulau Bakungan Kecil (8,5 ha), Pulau Selingan (8 ha) und Pulau Gulisan (1,5 ha). Diese Inseln liegen etwa 40 km vor der Küste von Sandakan, nahe der philippinischen Grenze.
Sie bestehen aus Korallenbruchstücken und Sand, die auf den Felsen im flachen Wasser abgelagert wurden.

Pflanzen und Tiere

Der Artenreichtum der Inseln ist sehr beschränkt. Schatten spenden nur einzelne Kokospalmen, die allerdings meist noch recht klein sind, da viele große Palmen nach einem Schädlingsbefall in den letzten Jahren eingingen, und es noch einige Zeit dauern wird, bis die neuangepflanzten Palmen gewachsen sind.

Direkt am Strand fällt die tropische Strandwinde (S. 68) mit ihren rosa bis zartviolett gefärbten Blüten auf. Dieses Windengewächs überzieht weite Bereiche des Sandstrandes und trägt mit seinen Wurzeln und Sprossen zu einem natürlichen Sandrückhaltemechanismus und Küstenschutz bei. Feigenbäume und der Indische Mandelbaum spenden am Strand mit ihren großen Blättern den begehrten, wenn auch dürftigen Schatten.

Mit diesen wenigen Gewächsen ist die Vegetation der Inseln nahezu erschöpfend beschrieben. Ähnlich dürftig sieht es mit der Tierwelt aus. Auffällig bunt sitzen oft Grünkopflieste auf den Elektroleitungen zwischen den Gebäuden auf Pulau Selingan. In den niedrigen Büschen und Bäumen der Inseln ist der Grünrücken-Nektarvogel heimisch, der, wie der Name schon sagt, ein grünes Rückengefieder zeigt. Die Brust des Vogels ist gelb gefärbt. Der auch auf den Inseln vorkommende Augenstreifenbülbül fällt vor allem durch seinen Ruf »didloo-didloo-didloo« auf. Die Bülbüls besitzen am Hinterkopf bzw. am Nacken einige Federn, die wie Haare aussehen. Bei einigen Arten stehen sie kronenartig vom Kopf ab. Diese Federn führten zum

deutschen Namen der Vögel: »Haarvögel«. Zeitweise kommt auf den Inseln die Pickeringfruchttaube vor, die im Gebiet der Sulu-See beheimatet ist.

Gelegentlich sieht man den Bindenwaran, meist sind die Tiere dann auf der Suche nach Schildkrötengelegen oder Jungschildkröten. Ein weiteres, selteneres Reptil ist die Mabuye (S. 81).

Das kristallklare Wasser und die Korallenriffe bieten tagsüber hervoragende Möglichkeiten, die Unterwasserwelt der Sulu-See zu erforschen. Oft findet man am Strand Teile der Riesenmuschel, die aber wie alle anderen Dinge nicht aus dem Park entfernt werden dürfen.

ACHTUNG: In den Gewässern rund um die Inseln gibt es einige Lebewesen, mit denen man möglichst nicht ungeschützt in Kontakt kommen sollte: Schwämme können bei Berührung Kalknadeln ausschleudern, die bei Hautkontakt starke Reizungen hervorrufen. Die Portugiesische Galeere, eine Staatsqualle, die aus zahlreichen Einzeltieren besteht, erreicht bis zu 30 cm Länge. Berührungen mit den mehrere Meter langen Fangarmen führen zu Verbrennungen, Hautreizungen und können sogar Herzbeschwerden hervorrufen. Der Kontakt sollte auch bei gestrandeten Quallen vermieden werden. Kegelschnecken fallen am Strand und im klaren Wasser wegen ihres konusartigen Gehäuses leicht auf. Diese Schnecken verfügen im Inneren ihres Gehäuses jedoch über einen Fangapparat, der mit einem giftführenden Stilett versehen ist. Das Gift verursacht starke Schmerzen, das der Landkarten-Kegelschnecke kann in Einzelfällen tödlich sein. In Höhlen oder Löchern zwischen den Korallen leben Muränen, die mit ihren scharfen Zähnen ernsthafte Verletzungen zufügen können. Der beste Schutz vor diesen Tieren ist, nicht mit der bloßen Hand in uneinsehbare Höhlungen hineinzugreifen.

Pulau Selingan, die Hauptinsel des Turtle-Islands-Parks.

Nach einem anstrengenden Strandtag wird abends der eigentliche Grund, die Inseln zu besuchen, offenkundig: die Möglichkeit, Meeresschildkröten bei der Eiablage zu beobachten. Ganzjährig kommen hier die Suppen- und die Echte Karettschildkröte an den Strand, um Eier im Sand zu vergraben. Laut Aussage der Parkaufseher sind es im Jahresdurchschnitt 25–30 Tiere pro Nacht, wobei die Spitzenwerte in den Monaten Juni bis Oktober liegen.
ACHTUNG: Neben den üblichen Verboten, keine lebenden Pflanzen oder Tiere, sowie kein totes Material von der Insel zu entfernen, gelten auf diesen Inseln besondere Regelungen bei der Schildkrötenbeobachtung:

– Besucher dürfen nach Einbruch der Dämmerung nicht mehr ohne Aufseher am Strand spazierengehen. Die Aufseher benachrichtigen die Besucher, sobald eine Schildkröte an Land kommt.
– Es ist untersagt, Lagerfeuer zu entzünden, den Strand abzuleuchten oder gar eine Beachparty zu feiern.
– Eierlegende Schildkröten dürfen nicht zu sehr bedrängt werden. Achten Sie auf die Weisungen der Aufseher.
– Jede Beeinträchtigung der Schildkröten, z. B. reiten oder stehen auf dem Panzer, zerren an den Flossen usw., ist verboten.
– Leuchten Sie Jungtiere am Strand oder im Wasser nicht an, da sie vom Licht angezogen werden und dann in die falsche Richtung schwimmen, da sie sich an der Helligkeit über dem Meer orientieren.
– Während der Eiablage darf die Schildkröte beim Fotografieren nur von hinten angeblitzt werden. Erst nach der Eiablage gestatten es die Aufseher, das Tier auch von vorne aufzunehmen.
– Akzeptieren Sie es, wenn Aufseher das Fotografieren mit Blitz untersagen. Dies dient nur zum Schutz einer stark bedrohten Tierart. Bedenken Sie: Nicht alles muß im Bild festgehalten werden!

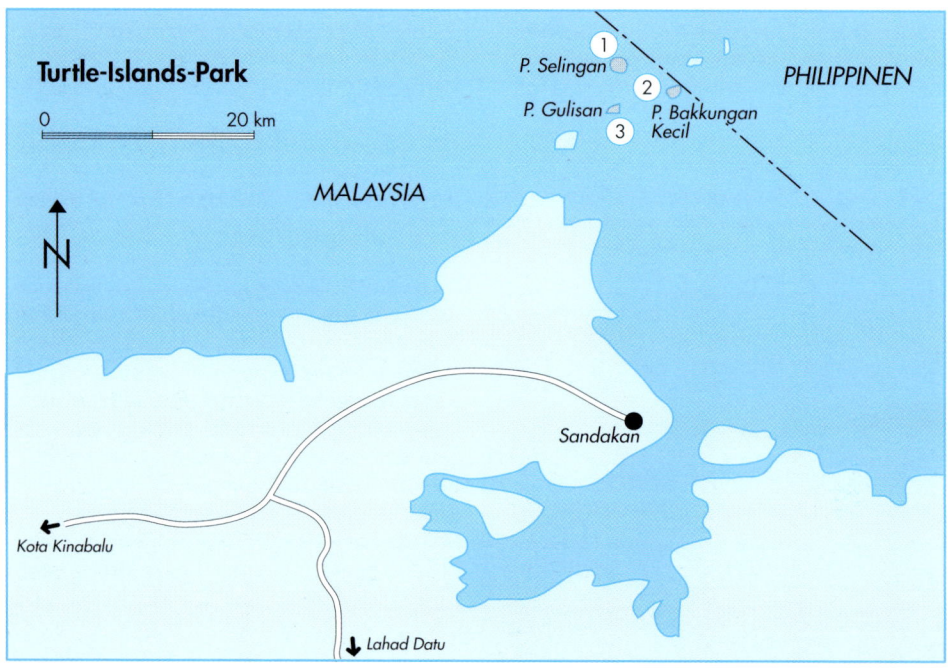

Von Bambusplattformen werden Sinknetze zum nächtlichen Fischfang verwendet.

Im Gebiet unterwegs

<u>Pulau Selingan</u> ①: Die Insel kann mühelos in kurzer Zeit umrundet werden. Kurz nach Sonnenaufgang sieht man oft noch viele Schildkrötenspuren im Sand. Es kommt auch schon einmal vor, daß sich eine Schildkröte nachts selbst eine Falle baut, wenn sie ihre Eier unter größeren Stücken Treibholz vergraben will. Die bevorzugten Strände zur Eiablage befinden sich im Osten und Südwesten der Insel, nahe der Kantine bzw. des Leuchtturmes.

<u>Pulau Bakkungan Kechil</u> ②: Diese Insel liegt der philippinischen Grenze am nächsten. Der Norden und Westen wird von den Schildkröten am häufigsten aufgesucht. Da es hier keine Übernachtungsmöglichkeiten gibt, eignet sich die Insel nur für Tagesausflüge.

<u>Pulau Gulisan</u> ③: Die kleinste Insel des Parks kann ebenfalls nur tagsüber besucht werden. Hier liegen im Norden und Osten die bevorzugten Strände der Echten Karettschildkröten.

Porzellanschnecken der Gattung *Cyprea* findet man häufig an den Stränden der Inseln.

Die Landkarten-Kegelschnecke muß mit Vorsicht behandelt werden, da sie über ein hochwirksames Gift verfügt.

Die Eiablage der Meeresschildkröten

Durch Bejagung und die Verschmutzung der Meere sind die großen Meeresschildkröten vom Aussterben bedroht. In Asien kommt hinzu, daß die Eier der Tiere als Delikatesse gelten und von Fischern gesammelt werden. Zum Schutz der Tiere wurden in Malaysia Parks und Aufzuchtstationen eingerichtet.

Kurz nach Anbruch der Dunkelheit kommen die großen Schildkröten aus dem Meer, um ihre Eier im warmen Sand zu vergraben. Sie benötigen sehr viel Ruhe und werden von künstlichen Lichtern irritiert, von Gesprächen oder größerem Lärm möglicherweise sogar so weit erschreckt, daß die Eiablage unterbleibt oder die Tiere zumindest in den nächsten Jahren nicht mehr zurückkommen.

Nach Verlassen des Meeres kriechen die Schildkröten den Strand bis über die Hochwassermarke hinauf und suchen ein geeignetes Gelände für die Eiablage. Mit den Vorderflossen wird ein etwa 30 cm tiefes Loch in den Sand gegraben. Die Hinterflossen setzt das Tier dazu nur selten ein. Nachdem das Loch die notwendige Größe erreicht hat, beginnt die eigentliche Eiablage. Die meisten Gelege auf Pulau Selingan enthalten um 100 Eier, es soll allerdings auch vorkommen, daß bis zu 200 Eier von einem Tier gelegt werden.

Sofort nach dem Ende der Eiablage beginnt das Tier, das Loch zu verschließen. Mit den Flossen werden Sand und herumliegendes Material in und über das Loch geschaufelt, so daß später die Stelle nicht mehr zu entdecken ist. Anschließend kehrt das Tier ins Meer zurück.

Der gesamte Vorgang dauert über eine Stunde und ist von zahlreichen Ruhephasen unterbrochen, da die Arbeit die Schildkröte stark beansprucht.

Nach etwa 55 Tagen sind die Eier von der ständigen Sonneneinstrahlung ausgebrütet. Die jungen Schildkröten beginnen, sich den Weg nach oben freizugraben. Meist durchstoßen sie nachts den Sand, um der Hitze des Tages zu entgehen. Für sie beginnt nun der Weg zum Meer. Unterwegs werden sie Beute von Waranen, Vögeln und Ratten. Im Meer dienen sie Fischen als willkommene Nahrung. Die Verschmutzung des Meeres tut ein übriges. Plastiktüten und Teerreste werden den Jungtieren oftmals zum Verhängnis.

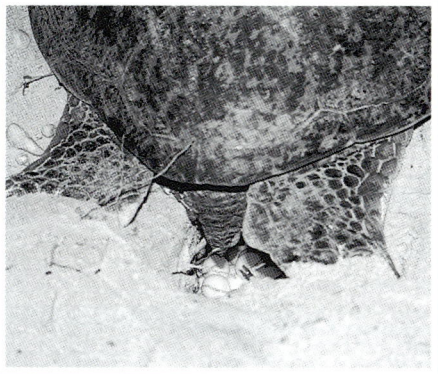

Auch der Weg zu und von den Inseln bietet einiges Interessante. Im Gebiet vor der Küste Sabahs sind Delphine recht häufig. Achten Sie auf die Rufe der Einheimischen. Der lokale Name des Delphins ist »Ikan Lumba-Lumba«.

Unterwegs fallen viele Bambusgerüste im Wasser auf. Es handelt sich um Fischerplattformen, von denen aus nachts Sinknetze herabgelassen werden.

Praktische Tips

Anreise

Die Anreise ist nur mit dem Boot von Sandakan aus möglich. Verschiedene Veranstalter organisieren in Zusammenarbeit mit dem Sabah Parks Office den Transport.

Klima/Reisezeit

Die Inseln können ganzjährig besucht werden. Die besten Beobachtungschancen hat man in der Zeit zwischen Juni und September. In der Zeit von Oktober bis Januar kann infolge des Monsuns tageweise der Bootsverkehr ausgesetzt werden.

Unterkunft

Auf Pulau Selingan stehen Chalets für zur Zeit 20 Besucher zur Verfügung. Die Buchung des Zimmers muß vor der Anreise beim Sabah Parks Office (s. »Adressen«) erfolgen.

Im Turtle-Islands-Park bemüht man sich, den Verlust von Jungtieren zu verringern, indem man jedes Gelege sofort ausgräbt und in eine gesicherte Station, die Hatchery, bringt. Hier werden die Eier erneut im Sand vergraben, wobei jedes Gelege gesondert eingezäunt und mit einem Schild versehen wird, auf dem die Gelegenummer, das Datum der Ablage und die Anzahl der Eier vermerkt werden. Abends und nachts sammeln die Aufseher dann die geschlüpften Jungschildkröten ein und bringen sie in Eimern zum Meer. Dort werden sie in Wassernähe oder in seichten Wellen ausgesetzt.

Verpflegung

Zu den Chalets auf Pulau Selingan gehört auch ein kleines Restaurant. Hier bekommt man Frühstück und kleinere Gerichte. Alle Chalets verfügen aber auch über Küchen. Die Lebensmittel müssen aus Sandakan mitgebracht werden.

Adressen

↪ Sabah Parks, 9th Floor, Wisma Khoo, P.O. Box 768, 90008 Sandakan, Tel. 089/273453.
  Hier erhält man das Permit und die Zimmerreservierung.

22 Kinabatangan River

Dichter Sekundärregenwald; geheimnisvolle Dschungelflüsse; üppige Pflanzenwelt entlang der Flußufer; Nashornvögel, Reiher; sicheres Nasenaffenvorkommen; zeitweises Auftreten von Elefanten.

Eine der urwüchsigsten Landschaften im Bereich Sandakans befindet sich am Kinabatangan-Fluß. Der mäandrierende Dschungelfluß kommt aus Zentral-Sabah und durchzieht das Land, bis er südöstlich von Sandakan in die Sulu-See fließt. Im Mündungsbereich findet man eine sumpfige Landschaft, in der hauptsächlich Mangroven vorkommen. Dschungelwanderungen und Tierbeobachtungen sind am besten in der Region zwischen der Straße nach Lahad Datu und Sukau möglich. Der Fluß mit seinen Seitenarmen und einzelnen kleineren Seen bildet den Lebensraum einer reichhaltigen Tierwelt.

Leider schreitet auch hier die Zivilisation ständig weiter fort. An vielen Stellen ist den ganzen Tag über das Kreischen der Kettensägen zu hören. Es kommt vor, daß bei der Fahrt auf dem Fluß der Eindruck völliger Abgeschiedenheit entsteht, weil rechts und links nur Wald zu sehen ist. Doch nach der nächsten Biegung kann sich das Bild völlig ändern. Straßenbauarbeiten, Abholzungen oder die Camps der Arbeiter machen sofort die rauhe Realität bewußt.

Am Kinabatangan-Fluß besteht noch wenig Infrastruktur; im Bild ein Bootsanleger mit Toilette.

Pflanzen und Tiere

Der Sekundärregenwald des Gebietes entstand wahrscheinlich als Folge früherer starker Abholzungen. Nur einzelne Exemplare von Bäumen des Primärregenwaldes sind erhalten geblieben. Dazu gehören auch einige Zweiflügelfruchtbäume, meist sind es Meranti-Bäume, die allein schon durch ihre Größe auffallen. An den Ufern der Flußarme und Seen wachsen Taro-Pflanzen (S. 42) und Ingwer.

Das Charakteristikum des Sekundärregenwaldes ist die größere Lichteinstrahlung bis zum Boden und ein dadurch vermehrtes Pflanzenwachstum. Im Unterholz gedeiht eine Strahlenpalmenart (S. 48), die sich mit Hilfe ihrer Dornen an anderen Pflanzen verankert. Auch fehlen die auf anderen Bäumen sitzenden Vogelnestfarne (S. 73) natürlich nicht. An Stellen mit besonders viel Licht rankt das zu den Aronstabgewächsen gehörende Fensterblatt (S. 108) über andere Pflanzen hinweg. In der Nähe von Ansiedlungen wird häufig Yams angebaut, deren Knollen als Stärkelieferanten dienen.

Die Tierwelt am Kinabatangan weist einige Besonderheiten auf. Hier lebt eine große Population Nasenaffen (s. S. 93), so daß diese Affen mit ziemlicher Sicherheit beobachtet werden können. Wie überall kommen auch Javaneraffen vor, allerdings sind sie hier nicht so sehr mit Menschen vertraut und entsprechend zurückhaltender. Orang-Utan und Gibbon sind eher selten zu sehen. Manchmal findet man Schlafnester der Orang-Utans oder hört die Rufe der Gibbons. Ein weiteres seltenes Tier, dessen Anwesenheit aber immer wieder durch frische Spuren oder Kot erkennbar wird, ist der Asiatische Elefant (s. S. 158).

Während die meisten Affen auch in den späten Nachmittags- oder den frühen Morgenstunden beobachtet werden können, ist der Kantschil (S. 49) fast nur nachts zu sehen. Dämmerung und Nacht sind die besten Zeiten, um viele Tiere der Region zu beobachten. Leuchtet man mit einer starken Taschenlampe in die Bäume, bestehen gute Chancen, einmal den nur etwa 30 cm großen Plumplori zu sehen. Diese nachtaktive, baumlebende Halbaffenart ernährt sich von Früchten und kleineren Tieren. Auffallend ist ihre sehr langsame Fortbewegung. Ein weiteres nachtaktives Tier, das häufig in der Nähe menschlicher Behausungen (regelmäßig im Camp von Uncle Tan) auftaucht, ist die Kleinfleck-Zibetkatze oder Tangalunga, die zur Familie der Schleichkatzen gehört. Die etwa 60 cm lange Schleichkatze läßt sich leicht am gestreiften Hals und dem Punktmuster des Körpers erkennen. Sie ernährt sich vorwiegend von kleineren Wirbeltieren, allerdings wird auch pflanzliche Kost nicht verschmäht.

In den frühen Morgenstunden lassen sich an den kleinen Seen nahe des Kinabatangan hervorragend Otter beobachten. Häufig sind es die etwa 60 cm großen Haarnasenotter mit braunem Fell oder die nur 40 cm großen, grau- bis dunkelbraunen Zwergotter. Naß sieht das Fell beider Arten dunkel aus, so daß eine Unterscheidung schwerfällt. Das sicherste Kennzeichen ist die behaarte Nasenregion des Haarnasenotters.

Tagsüber gibt es gute Beobachtungsmöglichkeiten für Schönhörnchen, z. B. das »Bornean Black-banded Squirrel«, und

Nutzung des Tropenholzes – Zerstörung des Regenwaldes

»Grüne Hölle« oder »Paradies auf Erden«. Wie man den Regenwald auch bezeichnen mag, beide Begriffe deuten bereits auf seine Vielfältigkeit und seinen Artenreichtum hin. Der Mensch nutzt von jeher Arten des Regenwaldes. Schränke und andere Möbel, Särge, Bauholz, Fenster, Türen, Toilettensitze, Besenstiele, Frühstücksbrettchen und Zahnstocher sind nur einige Produkte, die aus Tropenholz hergestellt werden. Dessen Langlebigkeit auch unter ungünstigen Bedingungen, wie z. B. im Wasserbau, ließ es als Material der Wahl erscheinen.

Lange Zeit wurde allerdings nicht berücksichtigt, welche Schäden in den Ursprungsländern mit der Abholzung verbunden sind. Der riesige Artenreichtum der Regenwälder und ihre scheinbare Produktivität führten zu falschen Rückschlüssen über ihre Nutzbarkeit. Die besonderen klimatischen Verhältnisse bringen es mit sich, daß bereits das Einschlagen weniger Bäume unabsehbare Schäden hervorruft. Die starke Sonneneinstrahlung, die zuvor durch das Kronendach abgeschirmt wurde, gelangt plötzlich ungehindert zum Boden. Die schattengewöhnten Stämme der umstehenden Bäume halten der Besonnung nicht stand; sie verbrennen regelrecht. Die heftigen Regenfälle werden auch nicht mehr durch das Blätterdach gebremst. Ungehindert prasseln sie zu Boden und waschen die nur dünne Humusschicht aus. Den Pflanzen gehen wertvolle Nährstoffe

verloren. Die Lücken im Wald werden so immer größer.

Hinzu kommt, daß Holzfäller mit schweren Maschinen arbeiten, die breite Schneisen im Wald hinterlassen. Auf dem Weg zum Zielbaum wird alles planiert.

Die starke Erosion führt zur Anreicherung von Schwebteilchen in den Flüssen. Fische können in diesen Gewässern nicht mehr leben. Naturvölker, die auf den Fischfang als Nahrungsquelle angewiesen sind, und fischfressende Tiere sind nun ebenfalls bedroht.

Weltweite Auswirkungen hat der Verlust an genetischer Information, der mit der Zerstörung der Regenwälder einhergeht. Nutzpflanzen und -tiere stammen oft von Arten ab, die ursprünglich in Regenwäldern lebten. Überzüchtungserscheinungen lassen sich oft nur durch Einkreuzen von Wildformen abwenden. Woher sollen die aber stammen, wenn sie mit ihrem Lebensraum verschwunden sind.

Dies betrifft beispielsweise auch Heilpflanzen. Aus ihnen werden heute Medikamente gegen Malaria, Leukämie oder Ruhr hergestellt. Biochemiker gehen davon aus, daß man ständig weitere Heilpflanzen entdecken könnte (möglicherweise sogar gegen AIDS), wenn nur genügend Informationen gesammelt würden.

Doch leider geht die Zerstörung nahezu unaufhaltsam weiter. Riesige Gebiete werden täglich gerodet, um den Bedarf an Gütern für die westliche Welt zu decken. Dabei kann niemand die Folgen – auch durch weltweite Klimaveränderungen – voraussehen.

Spitzhörnchen (S. 107) oder Tupaias, die von einigen Wissenschaftlern bereits zu den Halbaffen, von anderen noch zu den Insektenfressern gezählt werden. Es kommen auch Ruß- und Bartgleithörnchen vor. Der Borneo-Flugfrosch wird manchmal stolz von Einheimischen vorgeführt, dann aber meist als getötetes Exemplar.

Am Fluß leben sehr viele Vögel, neben dem Grünkopfliest auch der farbenprächtige Dschungelfischer (S. 41). An seichten Stellen des Flusses suchen viele Seidenreiher nach Nahrung. Ein auch hier häufig vorkommender Greifvogel ist der Brahminenweih (S. 61). Die eindruckvollsten Vertreter der Vogelwelt sind aber sicherlich die Nashornvögel. Vertreten ist diese Familie am Kinabatangan durch den Schildschnabel, den Malabarhornvogel und Rhinozerosvogel (S. 125).

Schlangen sind wie überall im Regenwald schwer zu entdecken. An den Flußufern ist tagsüber häufig der Bindenwaran anzutreffen, der als ausgezeichneter Schwimmer auch im Wasser nach Beute sucht.

Im Gebiet unterwegs

Im Gegensatz zu anderen Gebieten Malaysias ist es nahezu unmöglich, die Region um den Kinabatangan ① auf eigene Faust zu erkunden. Bereits der Ort Sukau ② ist nur schwierig und zeitaufwendig erreichbar. Von hier aus müßte man ein Boot mieten, was ohne perfekte Sprachkenntnisse nicht realisierbar ist. Unterkünfte sind nicht vorhanden.

In Sandakan und Umgebung gibt es allerdings einige Organisationen, die recht interessante Touren in diese Region anbieten. Sie kennen die Umgebung sehr genau und veranstalten Tages- oder mehrtägige Touren. Normalerweise werden die Touren in kleinen Gruppen durchgeführt, auf Anfrage lassen sich Exkursionen aber auch mit nur 1–2 Personen vereinbaren. Einzelne Veranstalter besitzen Unterkünfte im

Dschungel bzw. am Fluß, so daß Tierbeobachtungen garantiert werden können.
Weil die günstigsten Plätze zur Tierbeobachtung häufig wechseln, seien an dieser Stelle nur 3 empfehlenswerte Veranstalter genannt.

▷ Sandakan Adventure Tours, Alexander Ng, im Hotel City View, 3rd Avenue, Sandakan, Tel. 089/212225.
Alexander Ng organisiert Tagestouren zur Nasenaffen- und Nashornvogelbeobachtung.

▷ Wildlife Expeditions Sdn. Bhd., Wisma Khoo Siak Chiew, 9th Floor, 3rd Avenue, Sandakan, Tel. 089/219616.
Organisation von 1- bis 2-Tagestouren zum Kinabatangan und den Gomantong Caves. Übernachtung in einer River Lodge.

▷ Uncle Tan, Labuk Rd., Mile 17,5, Sandakan, Tel. 01886/381.
Dies scheint die beste Adresse für Exkursionen in die Kinabatangan-Region zu sein. Neben perfekter Organisation und

◀ Regenwaldgebiete werden großflächig gerodet, um Plantagen – hier Ölpalmen – anzulegen.

bester Ortskenntnis von Uncle Tan bietet er die Möglichkeit, sich tagelang in seinem Camp im Dschungel aufzuhalten. Das Camp (S. 183) ist zwar recht primitiv (wer unbedingt die tägliche Dusche benötigt, sollte hier maximal einen Tag einplanen), liegt aber so günstig, daß Tierbeobachtungen hervorragend möglich sind.

Kaladien werden als Zierpflanzen und zur Herstellung von Medizin angepflanzt.

ACHTUNG: Bei nächlichen Exkursionen kann es vorkommen, daß man auf Wasserbüffel, Bantengs, Bartschweine oder Elefanten trifft. In jedem Fall ist es ratsam, möglichst rasch und ruhig den Rückzug anzutreten und nur aus sicherer Entfernung bzw. einem Versteck oder vom Baum aus zu beobachten.

Kleinfleck-Zibetkatzen tauchen nachts häufig in der Nähe menschlicher Ansiedlungen auf, um nach Nahrung zu suchen.

Haarnasenotter können oft in der Morgendämmerung beobachtet werden.

Praktische Tips

Anreise
Die Anreise erfolgt jeweils von Sandakan aus. Die Veranstalter starten entweder mit Booten vom Hafen aus oder, wie Uncle Tan, mit dem Minibus Richtung Lahad Datu.

Klima/Reisezeit
Die Gegend kann ganzjährig bereist werden. In der Zeit von Mai bis August gibt es die geringsten Niederschläge.

Vor dem Grün des Waldes heben sich die gelben Blüten des Rosenapfels leuchtend ab.

Adressen
↪ Sabah Parks Office, Wisma Khoo, 9th Floor, 3rd Avenue, Sandakan, Tel. 089/273453.

Blick in die Umgebung
Nahe des Kinabatangan-Flusses befinden sich die **Gomantong-Caves** ③. In diesen Höhlen werden Vogelnester (s. S. 99) für die »Birds Nest Soup« gesammelt. Ein Besuch vom Kinabatangan aus ist prinzipiell möglich. Zeitweise sind die Höhlen geschlossen, um ein exzessives Sammeln von Nestern und die Ausrottung der Art zu verhindern. In diesem Fall ist auch ein Besuch durch Touristen nicht möglich. Allerdings sind die Niah-Höhlen in Sarawak interessanter.
In der Nähe von Sandakan befinden sich der **Turtle-Islands-Park** (s. S. 142) und die **Orang-Utan-Auswilderungsstation Sepilok** (s. S. 136).
10 km außerhalb Sandakans liegt eine **Krokodilfarm** an der Labuk Road. Hier werden hauptsächlich Exemplare des Salzwasser- oder Leistenkrokodils gezüchtet.

23 Danum Valley Field Centre

Primärregenwald; Vorkommen seltener Großsäuger wie Elefant und Sumatra-Nashorn; Beobachtungsmöglichkeiten von Orang-Utans und Nasenaffen; etwa 240 Vogelarten; Dschungeltrekking; Waldlehrpfad; Permit erforderlich.

1975 führte eine Expedition des WWF Malaysia zum Oberlauf des Sungai Segama. Der Reichtum der Pflanzen- und Tierwelt war (und ist auch heute noch) so beeindruckend, daß die Organisation die Unterschutzstellung des Gebietes forderte. 1981 wurde dann ein 434 km² großes Gelände zur Danum Valley Conservation Area erklärt. Nachdem 1984 eine Straße zum Zentrum des Gebietes gebaut worden war, konnte die Anlage eines Field Centre beginnen, das 1986 offiziell seiner Bestimmung übergeben wurde. In Zusammenarbeit des Yayasan Sabah, des Sabah Forestry Department und der Universität Malaysia entwickelte man ein Programm zur Erforschung des Tropischen Regenwaldes. Gleichzeitig soll hier die interessierte Öffentlichkeit im Umgang mit der Natur vertraut gemacht werden. Konkrete Trainingsprogramme und individuelle Erforschung der Natur Sabahs kennzeichnen das Angebot im Schutzgebiet.

Das Ziel der wissenschaftlichen Arbeit gilt der Aufklärung von ökologischen Zusammenhängen im Tropischen Regenwald und deren Beeinflussung durch die kommerzielle Waldnutzung. Besondere Aufmerksamkeit widmet man den Änderungen der Gewässergüte und den Auswirkungen auf Wirbeltiere.

Danum Valley bietet hierzu ideale Voraussetzungen, da hier eines der letzten intak-

Das Bartschwein zählt zu den Bewohnern des Waldes, die, besonders in Parks, rasch ihre Scheu vor dem Menschen verlieren.

ten Primärregenwaldgebiete Sabahs existiert, in dem noch Großsäuger wie Elefant, Sumatra-Nashorn (s. S. 75), Orang-Utan (s. S. 141) und Nebelparder vorkommen. Allerdings schreitet auch in dieser Region die Nutzung des Waldes immer weiter voran, so daß Plantagen und Holzfällercamps bis an die Grenzen des Schutzgebietes heranreichen.

Insgesamt sind bereits 30 km Naturpfade sowie ein Waldlehrpfad mit über 300 beschrifteten Bäumen angelegt worden. Einzelne Abschnitte dieser Pfade werden zeitweise für Erhebungen gesperrt. Es gilt, diese Gebote unbedingt zu befolgen.

Pflanzen und Tiere

Sieht man während der etwa 2-stündigen Fahrt zum Schutzgebiet noch zahlreiche Plantagen und LKWs mit Baumstämmen, so ändert sich das Bild mit dem Erreichen des Danum Valley. Unberührter Primärregenwald mit zahlreichen Zweiflügelfruchtgewächsen, Würgfeigen (S. 101), Farnen und Rotangpalmen (S. 100) bildet an seinen Randbereichen den scheinbar so undurchdringlichen Dschungel. Im Wald selbst gelangt kaum Licht an den Boden, so daß Unterwuchs fast vollständig fehlt. Stattdessen erscheint ein Gewirr dickerer

Auch im Danum Valley gehören Flüsse zu den Lebensadern; hier können immer Tiere beobachtet werden.

Riesenhörnchen sind Baumbewohner, die nur zum Boden kommen, um größere Abstände zwischen Bäumen zu überbrücken.

und dünnerer Baumstämme, die bis zu den Kronen nahezu astlos sind. An besser belichteten Stellen findet man oft Sago- und Salakpalmen, deren Mark bzw. Früchte als Nahrungsmittel verwendet werden. In hoch liegenden Astgabeln leben riesige Geweih- (S. 71) und Vogelnestfarne (S. 73), am dunklen Erdboden eher dünnblättrige *Hymenophyllum*-Farne. Vertreter einer Pflanzengattung, die schon seit dem Karbon existiert, sind die *Selaginella*-Moosfarne (S. 33) im Unterwuchs des Waldes. Auf Felsen und Bäumen, die genü-

Perfekte Tarnung der Gottesanbeterin *Hymenopys coronatus*.

Die Elefanten von Borneo

Umweltschutzverbände nehmen an, daß es nur noch etwa 1500 Elefanten auf Borneo gibt. Im Gegensatz zum größeren Afrikanischen Elefanten trägt nur das Männchen des Asiatischen Elefanten Stoßzähne. Eine Bejagung der Tiere wegen ihres Elfenbeins war nie ein Problem. Trotzdem sind sie extrem vom Aussterben bedroht, da sich ihre Verbreitung auf Sabah und Ost-Kalimantan beschränkt. Durch Zerstörung ihres Lebensraumes werden sie immer weiter zurückgedrängt. Futter finden sie oft nur noch in Plantagen, die sie beim Durchstreifen verwüsten.

Wahrscheinlich wurde der Elefant erst vor einigen hundert Jahren vom Sultan von Sulu als Arbeitstier nach Borneo eingeführt. Ausgerissene und verwilderte Tiere wären demnach die Vorfahren der heute noch vorkommenden Elefanten. Die Theorie erscheint logisch, weil das Gebiet, in dem Elefanten vorkommen, sehr eng begrenzt ist, bisher keine fossilen Elefantenfunde vorliegen und es keine eigenständigen Begriffe für diese Tiere in den Sprachen der Jäger der Gebiete gibt.

Andererseits besteht die Möglichkeit, daß der Elefant auch auf Borneo einheimisch ist, da die Tiere in einem der mineralreichsten Gebiete mit sehr dünner Besiedlungsdichte leben. Ihre weitere Verbreitung auf Borneo wäre dann durch zu starke Bejagung und den Mangel an Mineralien in anderen Gegenden verhindert worden. Für beide Theorien fehlen endgültige Beweise.

Werden Elefanten gefangen, bringt man sie zunächst in Parks (wie hier in Sepilok), um sie später erneut auszuwildern.

gend Sonne erhalten, kriechen die oberirdischen Rhizome der *Pyrosia*-Farne und überziehen das Substrat mit einem dichten Geflecht.

Auf abgestorbenen Pflanzenteilen wachsen Pilze, die zur Verrottung des Materials beitragen. Ein weiterer Faktor bei der Umsetzung zu Humus sind die Kleinsttiere des Waldbodens. Tausendfüßer (S. 72), Ameisen und Termiten verarbeiten totes Pflanzenmaterial.

Neben den auch hier eher seltenen Großtieren wie Nashorn, Elefant und Nebelparder bestehen gute Chancen, wildlebende Orang-Utans (S. 139) und Nasenaffen (S. 95) zu sehen. Bei Bestandsaufnahmen wurden neben verschiedenen Schönhörnchen-, 3 Spitzhörnchen- und 9 Rattenarten entdeckt, darunter Hausratte, Kleine Pazifikratte, Asiatische Langschwanzratte und Müller's Sundaratte.

Gelegentlich kommt hier auch der **Indische Muntjak** vor, ein sehr urtümlicher Hirsch, der nur bis 140 cm Körperlänge und etwa 65 cm Schulterhöhe erreicht. Auffällig ist die Hirschart durch das kurze Geweih und die bis 2,5 cm langen, seitlich aus dem Maul herausragenden oberen Eckzähne der Männchen. Diese Hauer werden im Rivalenkampf und beim Beuteerwerb eingesetzt. Neben Kräutern, Früchten und Samen fressen Muntjakhirsche Eier, Aas und Kleintiere, die mit den Hufen erschlagen oder mit den Zähnen getötet werden.

Von den über 240 Vogelarten der Region sind der Hinduspint, der Olivrücken-Dschungelschnäpper, Blau- und Blauschwanzpittas (S. 139), Schwarznacken-Pirol, Grünrücken-Nektarvogel und Seidenreiher recht häufig. Malayen- und Malabarhornvögel können gut vom Ufer des Sungai Segama aus beobachtet werden. Spätnachmittags und in den frühen Morgenstunden begeben sich der Malaienuhu und der Sunda-Fischuhu an Flußufern auf die Jagd nach Fischen, Kleinsäugern und Insekten.

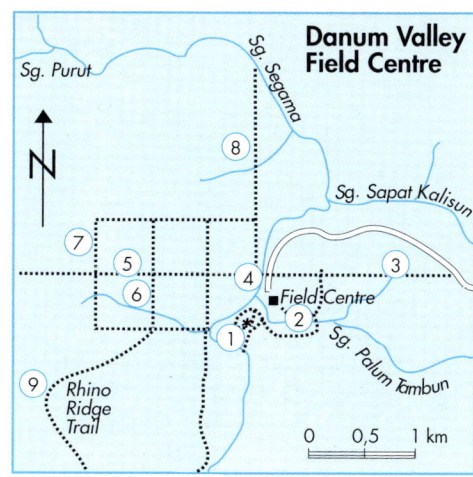

Im Gebiet unterwegs

Um einen ersten Eindruck zu gewinnen, bietet sich der Weg zum Beobachtungsturm ① nahe des Field Centre an. Von hier aus gibt es gute Überblicke über das Gebiet bis zum Sungai Segama. Direkt am Camp beginnt auch ein Naturlehrpfad ②, der mit guter Beschilderung die botanische Einordnung und den ökologischen Wert von Pflanzen vermittelt. Unterwegs trifft man bereits auf Kleinsäuger wie Hörnchen und Spitzhörnchen.

Nach diesen recht kurzen Wanderungen im Gebiet besteht die Möglichkeit, den **East Ridge Trail** ③ zu erkunden. An diesem Weg beginnt eine Markierung in 100-m-Intervallen. Je größer die Entfernung vom Camp wird, desto höher ist die Wahrscheinlichkeit, hier Gibbons (S. 108) und Nashornvögel zu sehen.

In westlicher Richtung führt der Weg zunächst über die **Segama Brücke** ④, von der aus sich das Tierleben am Ufer des Flusses gut beobachten läßt. Besonders in den frühen Morgenstunden finden sich hier zahlreiche Tiere ein. Tagsüber sind Eisvögel und Warane häufige Besucher der Uferbereiche. Am westlichen Ufer des Segama setzt sich die Markierung im **West**

Die Sinnpflanze (Mimose) hat die Fähigkeit, ihre Blättchen abzuklappen (im unteren Teil des Fotos sichtbar).

Malayen-Uhus werden in einigen Gegenden gerne als Haustiere gehalten.

Ridge Trail ⑤ fort. Abzweigungen (ebenfalls mit der Markierung) führen in südliche ⑥ und nördliche ⑦ Richtungen. Auch hier gilt, daß mit steigender Entfernung vom Camp die Wahrscheinlichkeit zunimmt, Großtiere zu sehen.

Folgt man dem ersten Abzweig nach Norden ⑧, gelangt man nach etwa 2 km erneut zum Ufer des Segama. In der Dämmerung kommen Gruppen von Nasenaffen in diese Gegend. In Richtung Süden geht der markierte Pfad in den **Rhino Ridge Trail** ⑨ über. Hier fehlt die Markierung, das Gelände wird schwieriger. Im gesamten südlichen Gebiet werden immer mal wieder Nashörner gesichtet.

ACHTUNG: Vor dem Aufbruch ist es sinnvoll, sich bei den Rangern zu erkundigen. Sie können auch Verhaltensmaßnahmen für die Begegnung mit Nashörnern geben. Gute Kondition erfordert es, dem West Rigde Trail zunächst bis zum Ende zu folgen und dann in nördlicher Richtung zum Segama zu marschieren. Der Wald verbirgt hier zahlreiche Tiere wie Gibbons, Orang-Utans und Languren, die oft nur an ihren Rufen ausgemacht werden können. Im Pflanzengewirr entdeckt man nur mit einiger Mühe und Übung Elfenblauvögel (S. 76) und Pittas. Am Ufer des Flusses sind dann aber Nasenaffen häufig. Hier kreisen auch Brahminenweihen auf der Suche nach Beute. Hornvögel verharren regungslos in Baumwipfeln. Die Anwesenheit von Orang-Utans erkennt man am Fluß auch an den großen Schlafnestern, die diese Menschenaffen in hochgelegenen Astgabeln errichten.

Praktische Tips

Anreise

Danum Valley ist nur über Lahad Datu erreichbar. 3mal wöchentlich besteht die Möglichkeit, mit dem Versorgungsfahrzeug der Station in das Gebiet zu gelangen. Die Fahrt folgt etwa 15 km der Hauptstraße Richtung Tawau. Bei Silam zweigt eine Holzfällerstraße ab. Nach 23 km erreicht man Taliwas. Von hier sind es dann weitere 47 km zum Camp.

Es besteht auch die Möglichkeit, mit dem gecharterten Minibus oder einem Mietwagen ins Camp zu gelangen. Die Straßen sind allerdings zum großen Teil in sehr schlechtem Zustand.

ACHTUNG: Selbstfahrer müssen auf den Holzfällerstraßen mit sehr rücksichtsloser Fahrweise von riesigen Holztransportern rechnen.

Klima/Reisezeit

Danum Valley kann ganzjährig besucht werden. Während der Ferien und an Feiertagen kommen viele Ausflügler zum Camp. Die entstehende Unruhe beschränkt sich aber auf die unmittelbare Umgebung des Field Centre.

Zu jeder Jahreszeit muß mit heftigen Regenfällen gerechnet werden, auf die man durch entsprechende Bekleidung und Schutzhüllen für optische Geräte vorbereitet sein sollte.

Unterkunft/Verpflegung

Im Camp stehen Unterkunftsmöglichkeiten zur Verfügung. Bewohner des Resthouses erhalten alle Mahlzeiten. Im Hostel gibt es lediglich Küchenutensilien, die Lebensmittel müssen bereits in Lahad Datu gekauft werden. Frischobst sollte in jedem Fall selbst mitgebracht werden.

Da die Kapazität der Unterkünfte begrenzt ist, sollte das Permit bereits in Kota Kinabalu beantragt werden. Häufig sind die Unterkünfte mit Studenten oder Wissenschaftlern belegt. In solchen Fällen müssen Sie längere Wartezeiten einkalkulieren.

Adressen

- ➪ Innoprise Corporation Sdn. Bhd., Forestry Division, Yayasan Sabah Building, Likas Bay, Kota Kinabalu, Tel. 35496;
- ➪ Yayasan Sabah, Forestry Division Branch, Hap Seng Building, Lahad Datu, Tel. 81092.

Termitenhügel können über 1 m Höhe erreichen. Die äußere Schicht ist so hart, daß keine Feinde an die Insekten herankommen.

Die Schleierdame ragt anmutig aus dem Waldboden.

Nebenreiseziele

N1 Penang

Im Nordwesten der Halbinsel Malaysia liegt die über 1000 km² große Insel Penang. Reizvolle Ziele auf der Insel sind der Schlangentempel, der botanische Garten, das Reservat Pantai Aceh und die Schmetterlingsfarm.

Im **Schlangentempel** gibt es die Gelegenheit, einmal lebende Exemplare der Lanzenotter, der »Wagler's Pit Viper«, zu sehen. Diese Art kommt in den Wäldern Malaysias recht häufig vor, ist aber praktisch, wie die meisten Schlangenarten, nie zu sehen. Die hübsch gezeichneten Reptilien mit dem deutlich dreieckig abgesetzten Kopf sind giftig. Im Tempel sind sie angeblich von den Räucherkerzen betäubt, zumindest jedoch so ruhig, daß Besucher den Schlangen mit einem leichten Gruselgefühl sehr nahe kommen können bzw. zwischen ihnen hindurchwandern. Im Nebenraum des Tempels liegen einige Exemplare ohne Giftzähne für Souvenirfotos bereit.

Der **botanische Garten** Penangs zeigt ein breites Spektrum der ursprünglichen Vegetation Malaysias und zahlreiche Zierpflanzen. Entlang der Wege wurden etliche Pflanzen recht gut beschildert, so daß ein späteres Wiedererkennen z. B. im Regenwald erleichtert wird. Zahlreiche Vogelarten und Hunderte von Javaneraffen bewohnen die Anlagen. Ausgeschilderte Pfade führen von hier durch z. T. erhaltenen Primärregenwald zum Penang Hill. Im Nordwesten der Insel liegt das **Pantai Aceh Reservat**. Dschungelpfade, z. T. auch durch Mangroven, führen entweder nahe der Küste entlang oder durchs Hinterland. In den Monaten zwischen Juni und September kommen unregelmäßig Meeresschildkröten (s. S. 146) zur Eiablage im Gebiet von Pantai Kerachut an Land.

Liebhaber der wirbellosen Tiere werden von der **Schmetterlingsfarm** Penangs begeistert sein. Zahllose Arten gleiten scheinbar schwerelos durch die Luft. Die pflanzenreichen Gärten sind nur mit Netzen gegen das Fortfliegen der Schmetterlinge gesichert. Terrarien mit Skorpionen und anderen Spinnentieren runden das Bild ab. Die City von Penang, Georgetown, bietet eine breitgefächerte Hotelpalette, hinzu kommen zahlreiche Hotels im Bereich der Strände. Die Insel wird ganzjährig von Touristenmassen besucht, besonders in der Zeit der europäischen Sommermonate.

N2 Vogelschutzgebiet Kuala Gula

Etwa 25 km nordwestlich von Taiping liegt direkt an der Küste, nahe dem kleinen Fischerdorf Kuala Gula, ein Vogelschutzgebiet. Hier sind im Gegensatz zu vielen anderen Gegenden der Westküste Mangroven erhalten geblieben, die den Lebensraum für eine reichhaltige Vogelwelt bieten. Im Fischerdorf können Boote gemietet werden, von denen aus man in den Mangroven Weißbauchseeadler (S. 113), Brahminenweihen (S. 61), gelegentlich Saruskraniche, China-Seidenreiher, Raupenschmätzer, Kappenpittas, Milchstörche und Buntschnabelkuckucke beobachten kann. Schlammspringer (S. 112) und Winkerkrabben (S. 94) sowie Einsiedlerkrebse sind in den Mangroven recht häufig. Mit etwas Glück (und einem ortskundigen Führer) bestehen gute Chancen, die Hundskopf-Wassertrugnatter oder den Wasserschuppenkopf zu sehen. Während diese beiden Arten hauptsächlich Meeresbewohner sind, die allerdings auch in küstennahen Bereichen, vornehmlich der Gezeitenzone, jagen, lebt die Mangroven-Nachtbaumnatter, eine dunkelblauschwarze Trugnatternart mit gelben Querringen, in den Mangroven. Hier ernährt sie sich von Vögeln, verschmäht jedoch auch Kleinsäuger nicht.

Direkt im Vogelschutzgebiet und im Fischerdorf bestehen keine Übernachtungsmöglichkeiten. Das Gebiet eignet sich für einen Tagesausflug von Taiping aus oder für einen Abstecher auf dem Weg von oder nach Penang.

N3 Ipoh und Umgebung

Ipoh, die zweitgrößte Stadt Malaysias, hat in ihrer Umgebung einiges zu bieten. Prähistorische Zeichnungen in einer Felswand bei Tambun deuten auf die Anwesenheit von Menschen vor über 5000 Jahren hin. Heute leben in der Wand noch etliche Seglervögel und in den Felsspalten Hufeisennasen-Fledermäuse (S. 101). Der Pfad zur Felswand verfällt allerdings immer mehr, so daß es ratsam ist, sich vor dem Besuch den Weg im örtlichen TDC-Büro genau beschreiben zu lassen.

Von der Ortschaft Tanjung Rambutan aus besteht die Möglichkeit, den **Gunung Korbu** zu besteigen. Dies ist nur mit einheimischen Führern (Orang Asli) möglich und erfordert neben guter Kondition auch einige Sprachkenntnisse. Der Weg führt durch Berg- und Nebelwald mit der charakteristischen Pflanzenwelt wie Orchideen, Farnen, Moosen und Kannenpflanzen. Alle Vorräte müssen getragen werden. Weniger mühsam ist es, bei Gopeng die Rafflesia (s. S. 118; S. 120) zu sehen. Etwa 10 km

Wasserfasane können bei Kuala Gula gut beobachtet werden.

außerhalb dieser Ortschaft befindet sich am Hang ein Gelände, auf dem zahlreiche Knospen stehen. Informationen zur Blütezeit erhält man ebenfalls im TDC-Büro. Diese Tages- und Halbtagesausflüge sind gut von Ipoh aus durchzuführen. Hier findet man ein großes Angebot unterschiedlichster Übernachtungsmöglichkeiten.

N4 Kuala-Selangor-Naturpark

Das Mündungsdelta (»Kuala«) des Sungai Selangor gab der Stadt ihren Namen. Ende der 80er Jahre wurde hier ein Naturpark geschaffen, der besonders für Ornithologen interessant ist. Rund 130 Vogelarten konnten bisher in dem nur 16 km² kleinen

Der Malayenstorch kommt häufig bei Kuala Selangor vor.

Sumpfgebiet bestimmt werden. Schlick und Mangroven (S. 112), Seen und ein wenig »trockener« Regenwald am Bukit Selangor, dem Granithügel, der das Gelände überragt, bestimmen das Bild des Parks. Von Beobachtungsposten aus ist es hier hervorragend möglich, einige der vielen Brut- und Zugvogelarten zu sehen. Teichwasserläufer, Seidenreiher, Nachtreiher, Rohrdommel und Milchstorch sind nur einige der ans Wasser gebundenen Arten. Sunda- und Flußregenpfeifer sind ebenfalls zeitweise zu beobachten, halten sich allerdings häufiger an sandigen Uferstellen auf.

Im Mangrovensumpf tauchen oft Javaneraffen (S. 85) auf, die hier nach Nahrung suchen. Im Wald des Bukit Selangor kommen Haubenlanguren (S. 28) vor. Bisher existiert nur ein kurzer Lehrpfad mit ausgeschilderten Pflanzen, die Ranger sind aber bemüht, den Pfad weiter auzubauen. Übernachtungsmöglichkeiten bestehen im Ort Kuala Selangor oder im Resthouse des Parks.

N5 Wasserfall Kota Tinggi Lumbong

Über 30 m tief stürzt das Wasser des Lumbong am Fuß des 620 m hohen Gunung Muntahak hinab. Die natürlichen Pools laden zum, wenn auch sehr kalten, Bad in exotischer Kulisse ein. Der Regenwald reicht bis an den Wasserfall heran, bunte Vögel leuchten im Grün der Vegetation, Schmetterlinge tanzen an den Ufern. Ein gleichmäßiges Rauschen erfüllt die Luft, die vom Wasser kühl und feucht ist. Am Rande des Wasserlaufes führen Pfade zum Fluß hinauf. Ist nicht gerade Wochenende, besteht die Chance, in relativer Ruhe Pflanzen und Tiere zu beobachten. Zahlreiche Echsen, darunter Mabuyen (S. 81) und Agamen (S. 81), leben im Gebiet, das auch von Javaneraffen (S. 85) und Haubenlanguren (S. 28), Plantagen- und Riesenhörnchen (S. 157) bewohnt wird.

Für den längeren Aufenthalt gibt es Chalets und ein Restaurant. Von der menschlichen Nähe und den damit verbundenen Speiseresten werden aber leider viele Ratten angezogen, die nachts einigen Lärm verursachen. Zahlreiche Ziergewächse wurden angepflanzt. Besonders attraktiv sind Lotusblumen und Seerosen auf den Teichen sowie die herrlichen Blüten der verschiedenen Heliconienarten.

Auf dem 16 km langen Weg von Kota Tinggi nach Norden zum Wasserfall führt die Straße durch schier endlose Ölpalmen-, Kautschuk- und manchmal auch Teeplantagen. Hier lohnt ein Stop, um den Kautschukzapfern bei der Arbeit zuzusehen.

N6 Naturpark Teluk Chempedak

Nur 5 km vom Zentrum Kuantans, der geschäftigen Stadt an der Ostküste West-Malaysias, liegt die Teluk-Chempedak-Bucht. Am langen Sandstrand der Bucht stehen Kasuarina- (S. 113) und Schraubenbäume (S. 57), Kokospalmen und allerlei Ziersträucher, wie z. B. der Flammenbaum (S. 56). Über den Sand ranken Strandwinden, auf den anschließenden offenen Flächen wachsen Sinnpflanzen (S. 160). Im Westen der Bucht liegt ein kleiner Naturpark mit einigen (nur wenig ausgeschilderten) Pfaden. In den Vormittagsstunden und gegen Abend kommen zahlreiche Affen (Javaneraffen und Haubenlanguren) in die Randbereiche des Waldes, um nach Zivilisationsmüll zu suchen. Selten tauchen an den Straßen Wildschweine auf. Das Vorkommen des Schuppentiers wird immer wieder durch totgefahrene Exemplare bezeugt. Plantagenhörnchen nutzen die Telefonleitungen als bequemes »Straßennetz« zwischen entfernten Bäumen. Indischer Hirtenstar (S. 17) und Brahminenweihe (S. 61) sind sehr häufig. Beste Beobachtungsmöglichkeiten bestehen bei dem von Fruchtbäumen umrahmten Jugendhotel Asrama Bendahara. In die Mangobäume kommen recht häufig Riesenhörnchen (S. 157).

Am nördlichen Ende der Bucht führt ein zunächst noch geteerter Weg in den Wald hinein. Nach etwa 10 Minuten gelangt man zu einer weiteren Bucht, in der zeitweise Schwertschwänze (S. 57) vorkommen. Von dieser Bucht aus führt ein schmaler Pfad über die Landzunge hinweg in Richtung Beserah, dem nächsten Fischerdorf. Die offenere Vegetation der Landzunge besteht im wesentlichen aus zahlreichen Farnarten. Hier wachsen auch viele Kannenpflanzen.

An der Bucht von Teluk Chempedak gibt es etliche Unterkunftsmöglichkeiten. Von Mitte Oktober bis Februar kommt es zu heftigen Regenfällen und Stürmen.

Blick in die Umgebung

Etwa 25 km westlich von Kuantan befinden sich die Höhlen von Panching. Im Gunung Tapis, einem einzelnen aus den Kautschukplantagen herausragenden Kalksteinfelsen, liegen die **Charas-Höhlen**. Steile, feuchte Stufen führen zum Eingang hinauf.

In den Höhlen wurden von Mönchen Buddhastatuen aufgestellt, darunter ein 10 m langer liegender Buddha. An den Decken der Höhle leben Salanganen (S. 22) und Fledermäuse.

N7 Sekayu

Gut 50 km südwestlich von Kuala Terengganu befinden sich die Wasserfälle von Sekayu (S. 168). Umrahmt von dichtem Dschungel, der westlich an die Ausläufer des Taman Negara grenzt, ist hier eine reizvolle Kulisse für Wanderungen im Regenwald vorhanden. Die Dschungelpfade, die allerdings nicht überall besonders gut ausgeschildert sind, gestatten gute Einblicke in die Vegetation des Regenwaldes und in die Kleintier- und Insektenwelt.

Spitzhörnchen sind hier ebenso oft beobachtbar wie Riesen- (S. 157) und Schönhörnchen. Javaneraffen (S. 85) halten sich im Besucherzentrum auf, da sie regelmäßig von Wochenendausflüglern gefüttert werden. In der Dämmerung bestehen gute Aussichten, in der Umgebung Wildschweine, zeitweise sogar Kantschile (S. 49) zu sehen.

Das hügelige Gebiet läßt auch kürzere Wanderungen schon recht anstrengend werden. Dies gilt insbesondere, wenn man den Pfaden am Flußufer folgt und dadurch häufig keinen Schatten findet. Fast unter jedem der Wasserfälle sind durch die Auswaschungen kleine Pools entstanden, die zum erfrischenden Bad einladen. Einige Wildtiergehege, in denen Gibbons und Muntjaks untergebracht sind, vervollständigen das Bild des Parks als Erholungszentrum. Bei der Beobachtung der Muntjaks wird durch das naturbelassene Gehege und nicht zuletzt durch die Anwesenheit von Mückenmassen quasi ein »Natureindruck« erweckt.

Im Zentrum des Parks stehen Unterkünfte zur Verfügung, kleinere landestypische Restaurants befinden sich direkt am Park. Ein Besuch ist immer recht lohnend, sollte jedoch während der Regenzeit (zwischen Oktober und Februar) von den aktuellen Wetteraussichten abhängig gemacht werden. An Wochenenden und während der Schulferien wird das Gebiet gerne von einheimischen Kurzurlaubern besucht.

N8 Pulau Rendang/Pulau Perhentian

Die Inseln Rendang, Perhentian Besar und Perhentian Kecil liegen 50 km (P. Rendang) bzw. 20 km (P. Perhentian) von der Ostküste Malaysias entfernt im Südchinesischen Meer zwischen Kota Bahru und Kuala Terengganu. Alle 3 Inseln sind seit einigen

Sonnenuntergang bei Pulau Rendang an der Ostküste.

Einer der Sekayu-Wasserfälle nahe Kuala Terengganu (N 7).

Jahren zu Meeresschutzparks erklärt worden, um die Unterwasserwelt erhalten zu können. Korallenriffe direkt vor den Inseln, bunte tropische Fische sowie Suppen- und Karettschildkröten (s. S. 146) können beim Schnorcheln oder Tauchen beobachtet werden. Zwischen Juli und September kommen die Seeschildkröten auf diesen Inseln auch zur Eiablage an Land (die Häufigkeit ist jedoch weitaus geringer als im Turtle-Islands-Park bei Sandakan; s. S. 142). Die Inseln bieten an der Küstenlinie das Bild exotischer Strände: kristallklares Wasser, weißer Sand und Kokospalmen. Die hügeligen Inseln, deren höchste Erhebungen 320 m (auf Perhentian) bzw. 350 m (auf Rendang) aufragen, sind fast vollständig bewaldet. Die geringe Größe der Inseln läßt keine lohnende wirtschaftliche Nutzung im großen Stil zu, so daß der Wald

weitgehend unberührt ist. In einigen Gebieten wurden schmale Pfade angelegt, andere Teile müssen selbständig erobert werden. Strahlen- (S. 48) und Rotangpalmen (S. 100) erschweren mit ihren weit ausladenden, dornenbestückten Blattstielen und Sprossen das Vorwärtskommen. Eindrucksvolle Baumriesen der Zweiflügelfruchtgewächse (s. S. 136) gibt es auch auf diesen Inseln; sie sind aber in der Minderzahl. Im Küstenbereich sind zahlreiche Seevögel, darunter auch der Weißbauchseeadler (S. 113), zu beobachten. Der Wald beherbergt Javaneraffen, Riesen- und Langnasenhörnchen, Radnetzspinnen, Termiten, Ameisen und Schnurfüßer (S. 122). Im Wald von Perhentian Besar gibt es zahlreiche Flughunde (S. 172), die abends auf Nahrungssuche gehen. Es ist ein eindrucksvolles Bild, wenn Scharen dieser

Tiere über den Küstenstreifen ziehen. Leider leben hier, wie auch in vielen anderen Gegenden, viele Ratten in der Nähe menschlicher Ansiedlungen. Diese Tiere scheuen auch nicht den sehr engen Kontakt mit dem Menschen und gehen zumindest nachts gerne in die Häuser und Zimmer oder Zelte. Nahrungsmittel müssen immer (!) möglichst frei aufgehängt werden. Unterkünfte sind auf den Inseln entweder als Strandbungalow oder im Dorf vorhanden, es besteht aber auch die Möglichkeit, im Zelt zu wohnen.

Die Anreise erfolgt von Kuala Terengganu aus nach P. Rendang, vom nördlich gelegenen Kuala Besut aus nach P. Perhentian.

N9 Gunung-Gading-Park

Im äußersten Westen Sarawaks liegt der Gunung-Gading-Park mit etwa 5400 ha Größe. Das Gebiet wird vom Sungai Lundu durchzogen, an dessen Oberlauf verschiedene Wasserfälle liegen. Einige (schlecht) ausgeschilderte Pfade führen durch den Regenwald. Nur mit Glück ist es möglich, die Hauptattraktion des Parks, die Rafflesia (s. S. 118), zu finden. Besser ist es, einen Besuch mit den Rangern aus Lundu zu vereinbaren. Das Gelände ist recht hügelig mit dem 900 m hohen Gunung Gading als höchster Erhebung. Entlang des Flusses bestehen in der Dämmerung gute Beobachtungsmöglichkeiten für Sambarhirsche, Muntjak und Kantschil (S. 49). Tagsüber kündet das Knacken von Ästen von der Anwesenheit der Weißhandgibbons (S. 65).

Der Park liegt nahe dem Ort Lundu, der etwa 100 km von Kuching entfernt ist. Es bestehen keinerlei Übernachtungsmöglichkeiten im Park, Transportmittel gibt es nur an Wochenenden und Feiertagen, da die Wasserfälle beliebte Ausflugsziele der lokalen Bevölkerung sind. Übernachten kann man nur in Lundu, eine Tagestour von Kuching aus ist zu teuer und zeitintensiv.

N10 Kubah

20 km westlich von Kuching liegt das Kubah-Naturschutzgebiet mit etwa 22 km^2 Größe. Das Areal wird von etlichen Flüssen durchzogen, die dem Sandstein der bis zu 400 m hohen Hügel sein charakteristisches zerklüftes Aussehen gegeben haben. Wasserfälle mit bis zu 10 m Höhe bieten malerische Anblicke im Tropischen Regenwald. Neben zahlreichen Zweiflügelfruchtbaumarten sowie Strahlen- und Rotangpalmen (S. 100) gibt es etliche Orchideenarten, z. B. der Gattung *Eria*. Die Nähe zur Küste und die damit gegebene Anbindung an die Mangroven bringt eine artenreiche Tierwelt mit sich. Sehr häufig sind hier Bartschwein (S. 155) und Kantschil (S. 49), Prevost's Schönhörnchen und Plantagenhörnchen, Malaienhornvogel und Dschungelfischer (S. 41) sowie zahlreiche Nektarvogelarten. Bindenwarane und Mabuyen gehören zu den Reptilien, die überall im Park anzutreffen sind. Bisher wurden nur einige markierte Pfade angelegt, Unterkunftsmöglichkeiten befinden sich noch in der Planung. Ende 1992 sollen sie jedoch fertiggestellt sein. Auch Naturlehrpfade sind geplant.

N11 Santubong-Halbinsel

32 km nördlich von Kuching ragt die Santubong-Halbinsel ins Südchinesische Meer. Hier mündet der Sungai Sarawak im breiten Delta ins Meer. Direkt am Ufer liegt der Fischerort Santubong, in dessen Nähe bedeutende Megalithfunde gemacht wurden. Die Blöcke waren mit Ritzereien versehen, die u. a. Menschen darstellten. Nachbildungen der Blöcke werden im Sarawak Museum in Kuching ausgestellt. Dominiert wird die Halbinsel vom 880 m hohen Gunung Santubong. Der Berg, vollständig bewaldet, ragt aus einer bereits stark urbanisierten Landschaft auf. Hier werden schon rein optisch die Gegensätze

zwischen der ursprünglichen Natur und der Regenwaldzerstörung deutlich. Direkt an der Küste befindet sich **Camp Permai**, ein Erholungsgebiet für Städter mit Stränden, der Möglichkeit zu Dschungelwanderungen und einem kleinen Waldlehrpfad. Die Menge der Besucher schränkt die Tierwelt stark ein. Häufig sind hier lediglich Indischer Hirtenstar (S. 17), Feldsperling und Glanzkrähe (S. 26). Interessant ist aber, direkt hinter dem benachbarten Cultural Village den Berg zu besteigen. Der schmale Pfad führt steil bergan, bis nach etwa 45 Minuten ein erster kleiner Wasserfall erreicht ist. Nach weiteren 45 Minuten gelangt man zu einem zweiten, größeren Wasserfall. Der Gipfel ist recht enttäuschend, bietet er doch infolge dichten Bewuches nur sehr eingeschränkte Aussichtsmöglichkeiten. Zahlreiche Reptilienarten sind unterwegs zu beobachten, darunter sehr viele Agamen und Schönechsen, gelegentlich auch Schlangen wie Lanzenotter und Schmuckbaumnatter (S. 135). Im Wald selbst sind ornithologische Beobachtungen schwierig, da der Bewuchs sehr dicht ist. An der Küste leben jedoch zahlreiche

Der Regenwald reicht bis hinauf zum artenreichen Gunung Santubong.

N12 Similajau-Nationalpark

Der etwa 7000 ha große Park liegt 16 km nordöstlich von Bintulu direkt am Meer. Das Besondere ist der lange Sandstrand, der nirgends von Flußdeltas unterbrochen wird, im Gegensatz zu anderen Küstenbereichen Sarawaks. Die einzigen Unterbrechungen bilden Sandsteinfelsen, die oft erhaben aus dem Sand ragen. Das bewaldete Hinterland ist von kleineren Flüssen durchzogen. Über 20 Säuger- und mehr als 180 Vogelarten lassen das Gebiet zoologisch sehr interessant werden. Während der Wald seine Tierwelt nur zögerlich offenbart, bietet sich am Strand die Gelegenheit, Javaneraffen (S. 85), Wildschweine, Schwertschwänze (S. 57) sowie Ufer- und Seevögel zu beobachten. Zwischen Mai und August kommen in unregelmäßigen Abständen Suppenschildkröten zur Eiablage (s. S. 146) an den Strand. Das vorgelagerte Korallenriff bei Kuala Likau eignet sich zum Schnorcheln. Dschungelwanderungen sind zur Zeit noch nicht auf markierten Pfaden möglich, so daß Orientierungshilfsmittel (Kompaß) unbedingt erforderlich sind. Kanufahrten entlang der Küste oder auf den Flüssen sind ornitholo-

Weißbauchseeadler (S. 113) und Brahminenweihen (S. 61). Entlang der Hauptstraße führen oberirdische Telefonleitungen, die von Eisvögeln (meist dem Grünkopfliest; S. 113) als Ansitz benutzt werden.
Neben Camp Permai oder dem benachbarten Luxushotel besteht die Möglichkeit, in den Ortschaften Santubong oder Buntal zu übernachten.

Krokodile kommen nur noch selten in den Flüssen und Brackwassergebieten vor.

gisch sehr ergiebig. Hier leben beispielsweise der Malaienreiher (S. 59) und der
Blauflügelpitta.
ACHTUNG: Gelegentlich werden an diesem Küstenabschnitt bzw. in den Flüssen
noch Leistenkrokodile gesichtet. Die
Wahrscheinlichkeit, einem solchen Reptil
zu begegnen, ist zwar überaus gering,
kann aber zu lebensgefährlichen Situationen führen. Die lokale Bevölkerung ist
meist recht gut informiert und gibt bereit-
willig Auskunft, um Besucher vor Antritt
einer Bootstour zu warnen.
Der Similajau-Park ist zur Zeit nur mit dem
Boot erreichbar, Unterkunftsmöglichkeiten bestehen nicht. Mit etwas Glück und
Verhandlungsgeschick besteht die Mög-

Flughunde erheben sich in der Dämmerung über dem
Pulau-Tiga-Park.

lichkeit, am Strand zu zelten. Alle Ausrü-
stungsgegenstände und Verpflegung
(Trinkwasser!) müssen mitgebracht werden. Bis Ende 1992 sollen jedoch sowohl
eine Zufahrtstraße wie auch ein Besucherzentrum mit Übernachtungsmöglichkeiten
gebaut werden. Nähere Auskünfte erteilen
die Nationalparkbehörden in Kuching,
Miri oder Bintulu.

N13 Lambir-Hill-Park

24 km südlich von Miri liegt der knapp
7000 ha große Lambir-Hill-Nationalpark.
Die namengebende höchste Erhebung ist
der Lambir Hill, eine 465 m hohe Sand-
steinkuppel. Der Park beherbergt verschiedene Vegetationsformen, darunter Primär-,
Sekundärregenwald und Gebiete mit
»shifting cultivation«. Zweiflügelfruchtbaumarten, Strahlenpalmen (S. 48), Aron-
stab- und Ingwergewächse, Epiphyten und
Orchideen sowie einige Kannenpflanzenarten sind verbreitet. Von einigen Wasserfällen stürzt das Wasser kaskadenartig in
kleinere Teiche, die zum Schwimmen geeignet sind.
Zur Tierwelt des Areals gehören Weiß-
handgibbon (S. 65) und Muntjak, Bartschwein und das seltene Schuppentier.
Sehr häufig sind Sambarhirsche und, wie
sollte es anders sein, Javaneraffen nahe des
Camps zu sehen. Zikaden (S. 122) machen
sich meist nur durch ihr lautes Geschnarre
bemerkbar. Abends sind häufig Gottesanbeterinnen (S. 157) in der Kantine bei der
Jagd auf andere Insekten zu beobachten.
Der Park ist der Lebensraum von über
150 Vogelarten, wie dem Rotkehl- und
Schlicht-Nektarvogel, dem Gelbscheitel-
Bartvogel und zahlreichen Hornvögeln.
Zum Erleben der Flora und Fauna eignen
sich die gut ausgeschilderten Pfade, auf
denen man zwischen 30 Minuten und
7–8 Stunden unterwegs sein kann, oder
ein 40 m hoher Beobachtungsturm, der
etwa 1 km vom Besucherzentrum entfernt

Tagsüber hängen die Flughunde bewegungslos in Bäumen.

an einem Baumriesen angebracht wurde. Von hier bietet sich ein hervorragender Überblick über das Gebiet und die Gelegenheit, zahlreiche Vogelarten aus der Nähe zu betrachten. Es besteht die Möglichkeit, im Park zu übernachten. Die Buchung muß allerdings im voraus von Kuching oder Miri aus erfolgen. Die Nähe zur Stadt und die attraktiven Badegelegenheiten locken an Wochenenden viele Kurzurlauber hierher.

N14 Pulau-Tiga-Nationalpark

Drei Inseln, Pulau Tiga, Pulau Kalampunian Besar und Pulau Kalampunian Damit bilden den 1978 eingerichteten Nationalpark, der ein etwa 160 km² großes Areal umfaßt. Korallenriffe und klares tropisches Meer umrahmen die nur 100 m aus dem Wasser ragenden Inseln, die vollständig bewaldet sind. Kokospalmen und Kasua-

rina-Bäume (S. 113) sind die häufigsten Pflanzen der Inseln. Im Sand ranken Strandwinden. Nahe der Rangerstation befindet sich eine Lagune mit Mangroven, Nipapalmen (S. 56) und Schraubenbäumen (S. 57). Im Wald wachsen einige Fruchtbäume, z. B. Rambutan (S. 24), Mangostane, Guave und Langsat. Neben dem Leben im Korallenriff, das die Vielfalt bunter tropischer Fische und gelegentlich auch Suppen- und Karettschildkröte (S. 147) beherbergt, bieten die Inseln einigen Tierarten Lebensraum. Hier lebt eine größere Population des Malabar-Hornvogels ebenso wie Bülbüls und Nektarvögel. Über dem Meer kreisen oft Seeadler; zwischen September und April kommen Schwärme des Arielfregattvogels über die Inseln. Im Inland leben Javaneraffen, Bindenwarane und Mabuyen. In den Mangroven gibt es zahlreiche Flughunde, die den Tag schlafend an Bäumen hängend verbringen und abends zur Nahrungssuche

Anemonenfische gehören zu den bunten Farbtupfern im Korallenriff. Auf dem Foto ein Orangeringel-Anemonenfisch, der bis 10 cm lang wird. Er lebt wie alle Anemonenfische in Symbiose mit »seiner« Anemone, bei der er sich stets aufhält.

ausfliegen. Es ist ein eindrucksvolles Bild, in der Dämmerung plötzlich Scharen riesiger Fledertiere aus den Mangroven aufsteigen zu sehen, die bis zum Festland fliegen, um Früchte, Blätter, Blüten, selten auch Insekten zu fressen.

Auf den Inseln bestehen keine Übernachtungsmöglichkeiten, es kann allerdings gezeltet werden. Die Ausrüstung und auch die Verpflegung müssen vom Festland mitgebracht werden. Einige kleine Brunnen liefern das Trinkwasser, die Versorgung ist aber nicht ganzjährig gesichert. Besonders gegen Ende der trockenen Periode, zwischen Februar und April, wird meist nur salziges Wasser gefördert. Trinkwasser sollte in ausreichender Menge mitgebracht werden.

Die Anreise erfolgt entweder direkt von Kota Kinabalu oder vom 140 km entfernten Küstenort Kuala Penyu aus. Ein regelmäßiger Fährdienst besteht nicht, Boote müssen gechartert werden.

N15 Tawau-Hills-Park

Im Südosten Sabahs befindet sich dieser 280 km² große Park. Ursprünglich war hier der Flachlandregenwald verbreitet. Bis 1979 wurden allerdings weite Teile des Gebietes gerodet, so daß heute nur noch einzelne Baumriesen erhalten sind. Sekundärvegetation hat die Lücken geschlossen, ein dichter Wald ist entstanden. Im Norden und Osten dominieren 3 Berge, der Gunung Magdalena (1310 m), der Gunung Lucia (1201 m) und der Gunung Maria (1067 m), nordwestlich der Rangerstation ragt der 762 m hohe Bukit Gelas empor. Diese Höhenzüge sind von unberührtem Wald bedeckt.

Im Bereich des Rangerpostens gibt es einige markierte Pfade, die z. B. zu einer 3 Stunden entfernten heißen Quelle oder zu Wasserfällen führen. Im Wald wachsen Lianen, Orchideen, Begonien und Baumfarne (S. 29). Interessant sind die langen schlanken Stämme der Mengaris-Bäume, die von Bienen als Nestplatz ausgesucht werden, weil sie hier vor Nachstellungen durch andere Tiere (z. B. den Malaienbären; S. 49) sicher sind.

Die Tierwelt ist in den gut begehbaren Bereichen des Parks sehr scheu, da hier an Wochenenden reger Besucherandrang herrscht. In den unzugänglicheren Gebieten leben Javaneraffen, Maronen-Languren und das Riesenhörnchen (S. 157). Eines der sehr häufigen Tiere ist Prevost's Schönhörnchen, das in den umliegenden Plantagen zur regelrechten Plage wird. Nashornvögel sind meist nur zu hören, Nektarvögel und der Rotbüschel-Bartvogel sind im dichten Grün des Waldes nur schwer auszumachen. In der Nähe von Gewässern leben zahlreiche Froscharten, darunter auch der Zipfelfrosch (S. 45), der allerdings durch seine bräunliche Färbung gut im Laub des Bodens getarnt ist.

Im Park gibt es keine festen Übernachtungsmöglichkeiten. Wer sich hier länger aufhalten will oder weitere Touren plant, kann allerdings campen. Die gesamte Ausrüstung und Verpflegung muß dann aber mitgebracht werden. Die günstigste Reisezeit sind die relativ trockenen Monate zwischen Februar und April.

N16 Sipadan Island

Sipadan wird als eines der 10 besten Taucherparadiese der Welt bezeichnet. Das reiche Korallenvorkommen, die bunte Fischwelt und das Vorkommen von Seeschildkröten, die in der Umgebung beobachtet werden können und zur Eiablage hierher kommen, läßt die nur 0,04 km^2 große Insel zur echten Attraktion werden. Die Insel kann nur mit dem gemieteten Boot in etwa 1 – 2 Stunden von Semporna aus erreicht werden. Zelten ist auf der Insel möglich. Das Unternehmen Borneo Divers & Sea Sports, Locked Bag 194, Kota Kinabalu, organisiert Tauchexpeditionen zur Insel. Diese Alternative ist zwar etwas kostenaufwendiger als eine individuell organisierte Tour, das Erlebnis der Unterwasserwelt ist die Kosten jedoch wert.

Reiseplanung

Vor der Reise

Informationen
Malaysia
Informationen erhält man in Europa durch die Fremdenverkehrsämter.
➪ Tourist Development Corporation of Malaysia (TDC), Rossmarkt 11, 6000 Frankfurt/Main, Tel. 069/28 37 82/83.
Singapur
➪ Singapore Tourist Promotion Board (STPB), Poststr. 2 – 4, 6000 Frankfurt/Main, Tel. 069/23 14 56/57.

Einreise
Malaysia
Zur Einreise bis zu einer Dauer von drei Monaten benötigen Bürger der Bundesrepublik nur einen noch 6 Monate gültigen Reisepaß. Der Reisepaß muß auch bei der Einreise von und nach Sabah bzw. Sarawak vorgelegt werden. Man erhält jeweils eine neue Aufenthaltsgenehmigung. Verlängerungen der Aufenthaltserlaubnis können beim jeweils zuständigen Dep. of Immigration beantragt werden. Diese Behörde findet man in größeren Städten.
Singapur
Hier reicht auch der noch 6 Monate gültige Reisepaß zur Einreise aus. Die Aufenthaltsgenehmigung wird dann für maximal 90 Tage erteilt. In Einzelfällen wird die Vorlage der Weiter- bzw. Ausreisepapiere verlangt.

Gesundheit/Impfungen
Malaysia/Singapur
In Malaysia und Singapur gibt es ein gut funktionierendes Gesundheitswesen. Probleme kann es allenfalls in sehr abgelegenen Gegenden geben.
Es gibt zur Zeit keinerlei Pflichtimpfungen.

Reisende, die sich in den letzten 6 Tagen vor der Einreise in einem Gelbfiebergebiet (Südamerika/Afrika) aufgehalten haben, müssen eine entsprechende Schutzimpfung vorweisen.
Empfohlen werden eine Cholera- und Thyphusimpfung. Eine Schutzimpfung gegen Hepatitis ist anzuraten. Malaria-Prophylaxe mit Tabletten muß unbedingt sogfältig durchgeführt werden. Gängige Mittel sind zur Zeit Resochin, Fansidar und für den Fall der Fälle Lariam.

Währung
Malaysia
Der Ringgit (RGT) ist die Landeswährung. Oft wird die Währung auch als Malay Dollar (M$) bezeichnet. Ein- und Ausfuhr von Devisen unterliegen keinerlei Beschränkung.
Als Zahlungsmittel empfehlen sich Reiseschecks in westlicher Währung (US$, DM). Der österreichische Schilling ist nahezu unbekannt. Auch Kreditkarten werden als Zahlungsmittel akzeptiert.
Für Reisen in abgelegene Gebiete empfiehlt sich die Mitnahme von US$ in Bargeld, um flüssig zu sein, auch wenn Banken geschlossen oder längere Zeit nicht erreichbar sind.
Singapur
Die Landeswährung ist der Singapore Dollar (S$). Es gibt auch in Singapur keine Beschränkung bei der Ein- und Ausfuhr von Devisen.
Im übrigen gilt das für Malaysia Gesagte.

Zollbestimmungen
Malaysia
Dinge des persönlichen Gebrauchs dürfen zollfrei eingeführt werden, dazu gehören auch Kameras. Bei der Einfuhr einer Videokamera kann theoretisch eine Kaution verlangt werden, die bei der Ausreise er-

stattet wird. Für Schußwaffen muß eine Genehmigung beantragt werden. Für Tiere muß man ein Gesundheitszeugnis des Ursprungslandes vorweisen.

Verboten ist die Einfuhr von pornographischem Material und Drogen. Der Handel mit Drogen wird mit dem Tod bestraft!

Singapur

In Singapur gelten ähnliche Bestimmungen wie in Malaysia. Auch hier finden die strengen Drogengesetze ihre Anwendung. Besonders muß man das Einfuhrverbot von Waffen beachten. Dazu zählen auch der mitgebrachte Kris oder das Blasrohr aus Malaysia. Waffen müssen deklariert werden. Sie werden dann entweder bis zur Ausreise beim Zoll deponiert oder man muß sich ein Permit besorgen, das jedoch nur 7 Tage gültig ist.

Reisezeit

Malaysia und Singapur sind nahezu ganzjährig zu bereisen. Auch in der Regenzeit bieten sich faszinierende Eindrücke und regionale Ausweichmöglich-

keiten. Wird der Regen an der Ostküste zu heftig, kann die Westküste bereist werden, die weitgehend vom Nordostmonsun verschont wird, und umgekehrt.

Optimal ist es, zum Ende des Nordostmonsuns zu reisen. Dann ist die Vegetation noch frisch. Gleichzeitig ergibt sich für Sarawak der Vorteil guter Transportbedingungen, da das Verkehrsnetz weitgehend an die Flüsse gebunden ist. Sinkt der Wasserstand zu sehr, kann es unmöglich werden, weit ins Landesinnere vorzudringen.

Anreise

Singapur/Malaysia

Aus Europa werden beide Staaten regelmäßig von unterschiedlichen Fluggesellschaften angeflogen. Die Fluggesellschaften Malaysias bzw. Singapurs sind:

⇨ Malaysian Airline System (MAS), An der Hauptwache 7, 6000 Frankfurt/Main 1, Tel. 069/28 96 51;

⇨ Singapore Airlines (SIA), Im Kettenhofweg 51, 6000 Frankfurt/Main 17, Tel. 069/72 40 204.

Auf abgelegenen Strecken wird das Autofahren zum Abenteuer.

Zwischen den verschiedenen Flugveranstaltern gibt es erhebliche Preisunterschiede. Auch überregionale Vergleiche lohnen sich.

Zeitverschiebung
Malaysia und Singapur sind der Mitteleuropäischen Zeit um 7 Stunden voraus. Während der Sommerzeit beträgt der Zeitunterschied nur 6 Stunden.

Reisen im Land

Malaysia

Mit dem Mietwagen
In West-Malaysia existiert ein gutes Straßennetz. Viele internationale Firmen vermieten Fahrzeuge. Sie verfügen in fast jeder größeren Stadt über eine Agentur, so daß es möglich ist, Fahrzeuge an einem Ort zu mieten und später an einem anderen wieder abzugeben.
Ein Liter Benzin kostet etwa DM 0,80. Auf einzelnen Streckenabschnitten der Highways muß eine Mautgebühr bezahlt werden. Die Kosten für Mietwagen belaufen sich auf etwa M$ 130/Tag zuzüglich Versicherungsbeiträgen. Günstiger wird es, wenn man das Fahrzeug für eine Woche mietet.
Zum Anmieten benötigt man einen internationalen Führerschein.
TIPS: Malaysia hat Linksverkehr. Die Regel »Rechts vor Links« hat auch hier ihre Gültigkeit. In geschlossenen Ortschaften gilt 50 km/h, außerhalb von Ortschaften geben Hinweisschilder die zulässige Höchstgeschwindigkeit an. Das Anlegen der Sicherheitsgurte ist Pflicht.
Die internationalen Verkehrsschilder findet man auch Malaysia. Zusätze sind allerdings nur in der Landessprache angegeben:

Awas	Vorsicht
Berhenti	Stop
Ikut kiri	Linksfahren

Achtung! Unfallgegend! – das Schild spricht für sich.

Kurangkan Laju	Langsamfahren
Jalan Sehala	Einbahnstraße (Pfeilrichtung)
Utara	Norden
Selatan	Süden
Timur	Osten
Barat	Westen

Entfernungsschilder sind in Kilometern ausgewiesen. In Klammern steht häufig noch zusätzlich die alte Meilenbezeichnung »batu« (b).
Tankstellen findet man in jedem Ort. Viele verfügen über einen 24-Stunden-Service. Vor Nachtfahrten sollte jedoch trotzdem rechtzeitig getankt werden.
Straßensperren durch die Polizei sind recht häufig. Gelangt man an eine Sperre, muß rechtzeitig das Tempo verringert und gelegentlich gestoppt werden. Manchmal kontrolliert die Polizei die Papiere und fragt nach dem Ziel der Reise.

Neben den üblichen Regeln haben sich spezifische Verhaltensweisen entwickelt, deren Kenntnis nützlich ist:
- ☐ Aufblitzendes Fernlicht signalisiert: Platz da!
- ☐ Blinkt ein Fahrzeug rechts, so bedeutet dies für den nachfolgenden Wagen: Nicht überholen!
- ☐ Blinkt es links: Überholen möglich!
- ☐ Im Kreisverkehr, der in Städten noch häufig ist, gilt: Rechts vor links!
- ☐ Achtung! Expreßbusse überholen auch bei Gegenverkehr! Der Schwächere weicht (besser freiwillig) aus!

Bus

Malaysia verfügt über ein gut ausgebautes Bussystem. Innerhalb der Ortschaften und im regionalen Verkehr gibt es die Stadt- und Lokalbusse. Auf größeren Strecken verkehren Expreßbusse, für die man am besten bereits am Tag vor der Reise ein Ticket bucht. Die Expreßbusse fahren auch nachts, so daß man die häufig knappen Reisetage durch nächtliche Fahrten strecken kann.

Schiff/Boot

In Ost-Malaysia ist das Straßennetz nicht so gut ausgebaut wie auf der Halbinsel. Hier übernehmen Expreßboote die Aufgabe der Busse. Besonders in Sarawak sind diese Boote neben dem Flugzeug oft das einzige Transportmittel im Landesinneren.

Flugzeug

MAS fliegt zahlreiche Orte in West- und Ost-Malaysia an. Die gut ausgebauten Straßen machen Flüge innerhalb der Halbinsel überflüssig. Anders ist es zwischen Ost- und West-Malaysia bzw. in Sabah und Sarawak. Die Flugpreise sind recht günstig und lassen sich sogar noch durch Sondertickets reduzieren (Nachtflug, Gruppentarif, Exkursion Fare usw.). Innerhalb Ost-Malaysias gibt es zusätzlich die Flüge des Rural Air Services mit kleinen, 19-sitzigen Propellermaschinen.

Taxi

Außer den bekannten Stadttaxis gibt es in Malaysia Überland- oder Sammeltaxis. Sie verkehren bei Bedarf zwischen weiter entfernten Orten. Die Fahrpreise sind auf vier Fahrgäste berechnet, die sich die Summe teilen. Man kann aber auch das Taxi für die gesamte Strecke alleine mieten.

Bahn

Die malaiische Eisenbahn KTM (Keretapi Tanah Melayu) verfügt über zwei Nord-Süd-Strecken. Beide kommen von der thailändischen Grenze und führen bis nach Singapur. Die eine Linie geht über Butterworth, die Westküste und Kuala Lumpur nach Gemas. Hier trifft sie auf die zweite Strecke, die aus dem Nordosten über Kelantan durch den Dschungel führt.

Singapur

Bus

Busse halten in ganz Singapur den öffentlichen Verkehr aufrecht. Die Unmengen von privaten PKW verstopfen zwar die Straßen, können aber die Busse nicht behindern, da für sie eigene Busspuren angelegt wurden.
Bei Busfahrten sollte man über genügend abgezähltes Kleingeld verfügen, da die Fahrer meist nicht wechseln können/dürfen.

U-Bahn

MRT (Mass Rapid Transit) ist das neue und ständig erweiterte Beförderungsmittel Singapurs. Schneller als Bus und Taxi und vor allem bequem, klimatisiert und sauber rauschen die Bahnen im Bereich der City unterirdisch dahin. In den Außenbezirken fahren sie auf hochgestellten Schienensträngen.

Nahe der Clearwater Cave im Gunung Mulu Park (s. S. 107). ▶

Taxi

Taxis dürfen nur an bestimmten Haltestellen halten, die durch Schilder gekennzeichnet sind. Die Fahrten sind preiswert, wenn der Fahrpreis auch schwer zu berechnen ist, da Zuschläge für alles mögliche erhoben werden. Fahrten zum Flughafen sind teurer, Gepäckstücke im Kofferraum kosten extra, fahren mehr als zwei Personen mit, wird ein Aufschlag erhoben usw.

Sonstiges

Unterkunft

In Malaysia und Singapur gibt es eine große Auswahl aller möglichen Unterkünfte. Angefangen vom primitiven Schlafsaal über einfache Doppelzimmer, Bungalows am Strand oder in den Nationalparks bis zur Luxussuite für mehrere tausend Mark reicht das Angebot.

Kleidung/Ausrüstung

Für alle Anlässe ist leichte Sommerkleidung vorteilhaft. Langärmelige Hemden und lange Hosen schützen vor Insekten und Dornen. Festes Schuhwerk, möglichst knöchelhoch, mit guter Profilsohle ist für Dschungeltrekking und Bergbesteigungen notwendig. Für das Hochland und die Berge in Ost-Malaysia ist es ratsam, Jacke oder Pullover mitzunehmen.

Spezielle Ausrüstung für den Dschungel:
Neben der persönlichen Bekleidung, die möglichst wasserdicht oder -abweisend sein sollte, ist es wohl fast selbstverständlich, jeweils eine komplette Ersatzbekleidung mitzunehmen (Achtung: Schuhe nicht vergessen!). Zusätzlich werden je nach Dauer der Tour noch einige weitere Dinge benötigt. Ein dünner Baumwollschlafsack wärmt und schützt vor Schmutz (auch in einfachen Unterkünften). Ein breitkrempiger Hut bietet Sonnen- und Regenschutz. Handtuch und Toilettenartikel gehören ebenso zur Ausrüstung wie Medikamente und Verbandszeug. Taschenlampe (mit Ersatzbirnen und -batterien), Nähzeug, Schnur und Wäscheklammern (zum Trocknen nasser Kleidung am Feuer), Insektenschutzmittel, Wasserflasche, Karten, Taschenmesser, Kompaß vervollständigen das Gepäck. Bei mehrtägigen Touren müssen oft Lebensmittel mitgenommen werden, für die man einen Kocher (z. B. mit Esbit), einen Topf und Besteck benötigt. Soll das Gepäck nicht zu schwer werden, kann man tagelang Instant-Mee (Nudelgericht) essen, die nur wenig Platz beanspruchen, da sie erst unter Zusatz von Wasser aufquellen. Notfalls lassen sie sich sogar trocken knabbern.

Alle Gegenstände müssen nun nur noch verpackt werden. Optimal sind Rucksäcke mit einem Innentragegestell und großem Fassungsvermögen, weniger geeignet sind Reisetaschen, Koffer usw. Für kürzere Touren und entsprechend geringere Ausrüstung bieten sich kleine Tagesrucksäcke an.

Telefon

Der Selbstwählverkehr ist in Singapur durchgängig, in Malaysia nur eingeschränkt vorhanden. Internationale Telefongespräche kann man in Malaysia von den Telecom-Ämtern führen.
Vorwahlen: Deutschland 0049; Österreich 0043; Schweiz 0041; Singapur 02.

Stromspannung

In beiden Ländern beträgt die Spannung 220 Volt. Allerdings benötigt man einen Adapter für europäische Geräte.
In Malaysia ist nicht in allen Orten Strom vorhanden. Dies gilt insbesondere für Nationalparks und Orte in Sarawak und Sabah, die z. T. nur zu bestimmten Uhrzeiten Strom über Generatoren erzeugen.

Gesundheit

Beide Länder verfügen über ein gutes Gesundheitssystem. In den staatlichen Krankenhäusern ist die Versorgung kostenlos.

In Privatkliniken müssen die Kosten selbst getragen werden. Sie liegen aber unter denen Europas, so daß die heimische Krankenversicherung später die Kosten übernimmt. In schwierigen Fällen ist es ratsam, nach Singapur zu reisen, da hier die medizinische Versorgung am besten ist. Auch die hier entstehenden Kosten müssen selbst bezahlt werden.

Eine Reisekrankenversicherung ist in jedem Falle anzuraten, um eventuell notwendige Krankenrücktransporte durchführen zu können.

Öffungszeiten

Malaysia

Geschäfte: Von 9.30–19.00 Uhr, Supermärkte und Kaufhäuser 10.00–22.00 Uhr. In den moslemischen Staaten Johore, Kedah, Perlis, Kelantan und Terengganu ist der Freitag statt des Sonntags Feiertag. Banken: Von 10.00–15.00 Uhr montags bis freitags, samstags von 9.30–11.30 Uhr. In den moslemischen Staaten sind die Banken donnerstags von 9.30–11.30 Uhr geöffnet.

Ämter/Post: Montag bis Donnerstag von 8.00–12.45 Uhr und 14.00–16.15 Uhr, freitags von 8.00–12.15 Uhr und 14.45–16.15 Uhr. In moslemischen Staaten sind die Ämter freitags geschlossen.

Singapur

Geschäfte: Täglich von 9.30–18.00 Uhr, in Einkaufszentren auch bis 21.00 Uhr. Banken: Werktags von 10.00–15.00 Uhr, samstags von 9.30–11.30 Uhr. General Post Office: Werktags von 8.00–18.00 Uhr, samstags bis 16.00 Uhr.

Diplomatische Vertretungen

Malaysia

Botschaften in Kuala Lumpur
- ➭ BRD: 3 Jalan U Thant,
  Tel. 242 96 66/242 99 59;
- ➭ Österreich: MUI Plaza Building, Jalan
  P. Ramlee, Tel. 248 42 77/298 12 76;
- ➭ Schweiz: 16 Persiaran Madge,
  Tel. 48 06 22/48 07 51.

Die Übernachtung kann nicht immer allen Luxus bieten; hier das Dschungelcamp von Uncle Tan.

Eine Lotusblüte am Chini-See.

Singapur

- ▷ BRD: Far East Shopping Centre, 14th Floor, Orchard Road, Tel. 737 13 55;
- ▷ Generalkonsulat Österreichs: Shaw Centre, 20th Floor, Suite 2004, Scotts Road, Tel. 235 40 88–9;
- ▷ Schweiz: Liat Towers, Suite 1703/04, Orchard Road, Tel. 737 46 66.

Fotografie

Bei der Zusammenstellung der Kameraausrüstung sollte man das Gewicht beachten. Im allgemeinen reicht es aus, ein Gehäuse, ein Normal-, ein Weitwinkel und ein Zoomobjektiv bis 200 mm Brennweite mitzunehmen. Ein möglichst leistungsstarker Blitz hilft im Regenwald weiter.

Filme kann man in Malaysia und Singapur kaufen. Sie sind nicht teuerer als in Europa, jedoch oft falsch gelagert (unbedingt auf Material aus dem Kühlschrank bestehen, im Zweifelsfall auf den Kauf verzichten!). Am besten bringt man den gesamten Vorrat mit. Silicagel saugt in der Fototasche die überschüssige Feuchtigkeit auf. Für Aufnahmen im diffusen Licht des Waldes eignen sich Filme mit 200 oder 400 ASA. Sonst reichen 64 oder 100 ASA aus.
Ein Problem bereitet die Lagerung der Filme. Die Hersteller verweisen immer darauf, belichtete Diafilme, die besonders empfindlich auf klimatische Einwirkungen reagieren, möglichst sofort entwickeln zu lassen. Dieses Problem kann umgangen werden, wenn Sie Negativfilme verwen-

den, die auch in Malaysia und Singapur schnell und gut entwickelt werden können. Bei Diafilmen ist dies nicht so einfach. Erstens können nicht alle Labore Diafilme entwickeln, und zweitens bildet die Filmgelatine der entwickelten Filme einen optimalen Nährboden für Pilze. Bei kurzen Reisen von nur wenigen Wochen lassen sich Schwierigkeiten am ehesten vermeiden, wenn das Filmmaterial möglichst kühl und trocken gelagert wird.

Die nächste Hürde taucht dann am Flughafen auf. Hier wird das Bordgepäck, also auch die Fotoausrüstung, aus Sicherheitsgründen durchleuchtet. Auch wenn die Geräte angeblich »filmsafe« sind, Defekte sind nie auszuschließen. Wenn Sie rechtzeitig vor dem großen Ansturm die Kontrolle passieren, sind die Sicherheitsbeamten meist noch freundlich genug, nach höflicher Anfrage eine reine Sichtkontrolle der Filme durchzuführen. Sie können ihnen die Arbeit erleichtern, indem Sie durchsichtige Filmdöschen verwenden und das Material gesammelt in Klarsicht-Taschen transportieren.

Neben dem Fotomaterial muß auch der Tasche besondere Aufmerksamkeit geschenkt werden. Alukoffer schützen die Ausrüstung recht gut, sind aber sehr schwer, unflexibel und deshalb unterwegs oft zu unhandlich. Stofftaschen scheinen die Wahl zu sein, müssen aber unbedingt einige Bedingungen erfüllen: Ein stabiler nichtflexibler Boden schützt die Ausrüstung vor Stößen von unten. Das Material muß spritzwasserdicht sein. Für Flußfahr-

ten, bei denen oft Wasser ins Boot schwappt (z. B. im Gunung-Mulu-Park), sind Taschen geeignet, bei denen der Reißverschluß unter einem überlappenden Deckel liegt.

Die besten Lichtverhältnisse herrschen morgens bzw. am Spätnachmittag.

Wer Menschen fotografieren möchte, sollte vorher um Erlaubnis fragen. Absagen müssen dann aber auch ehrlich akzeptiert werden.

Viele Menschen in Asien sind allerdings gerne bereit, sich regelrecht in Positur zu stellen.

Zum Thema »Tierfotografie« s. das Kapitel »Tierbeobachtung« (s. S. 47).

Besondere Bestimmungen
<u>Singapur</u>

Rauchen: Rauchverbote gelten in öffentlichen Gebäuden, in Aufzügen, öffentlichen Verkehrsmitteln und in klimatisierten Restaurants. Zuwiderhandlungen werden mit bis zu 1000 S$ bestraft.

Sauberkeit: Wegwerfen von Abfall, dazu gehören auch Zigarettenkippen, wird mit 500 S$ geahndet.

Fußgänger im Straßenverkehr: Überquert man eine Straße innerhalb einer Zone von 50 m vor einem Überweg, einem Tunnel oder einer Ampel, so werden 50 S$ Strafe fällig.

Kaugummis: Um der Verschmutzung mit der klebrigen Masse Herr zu werden, wurde Ende 1991 der Verkauf verboten. Touristen ist die Einfuhr von einem Päckchen Kaugummi zum persönlichen Gebrauch gestattet.

Sprache

Singapur

Es gibt vier Amtssprachen: Englisch, Malaiisch, Mandarin und Tamil. Verständigungsschwierigkeiten treten bei genügenden Englischkenntnissen praktisch nicht auf.

Malaysia

Die Landessprache ist Bahasa Malaysia. Daneben gibt es zahlreiche lokale Sprachen, vornehmlich in Sabah und Sarawak. Mit Englisch kann man sich auch in Malaysia recht problemlos verständigen. Schwierigkeiten können nur in entlegenen Gebieten auftreten. Sprachbücher helfen dann gut weiter (s. Literaturliste).

Ein paar wichtige Worte und Begriffe

Insel	Pulau
Meer	Laut
See	Tasek
Fluß	Sungai
Strand	Pantai
Stadt	Bandar
Dorf	Kampung
Bucht	Teluk
Berg	Gunung
Hügel	Bukit
Straße	Jalan
Wald	Hutan
Ich	Saya
Du	Anda
Wir	Kami
Wie geht es Ihnen?	Apa khabar
Guten Morgen	Selamat pagi
Guten Tag	Selamat petang
Guten Abend	Selamat malam
Gute Nacht	Selamat tidur
Auf Wiedersehen	Selamat tinggal
Willkommen	Selamat datang
Entschuldigung	Maafkan saya
Bitte	Tolong/sila
Danke	Terima kasih
Ja	Ya
Nein	Tidak
Wann?	Bila?
Wo?	Di mana?

Was ist das?	Apakah nama?
Wieviel kostet das?	Berapa harganyah?
Ein wenig	sedikit
Toilette	Tandas
Wasser	Air
Getränk	Minuman
Essen (Gericht)	Makanan
Durstig	Haus
Hungrig	Lapar
Tee	Teh
Kaffee	Kopi
Reis	Nasi
Gebratener Reis	Nasi goreng
Fleisch	Daging
Rind	Lembu
Huhn	Ayam
Fisch	Ikan
Krabben	Udang
Gemüse	Sayur sayuran
Obst	Buah Buahan
Null	Kosong
Eins	Satu
Zwei	Dua
Drei	Tiga
Vier	Empat
Fünf	Lima
Sechs	Enam
Sieben	Tujuh
Acht	Lapan
Neun	Sembilan
Zehn	Sepuluh
Elf	Sebelas
Zwölf	Dua belas
Zwanzig	Dua puluh
Hundert	Seratus
Tausend	Seribu
Ein halb	Setengah
Minute	Minit
Stunde	Jam
Wieviel Uhr?	Jam berapa?
Tag	Hari
Woche	Minggu
Monat	Bulan
Jahr	Tahun
Kalt	Dingin
Heiß	Panas
Krank	Sakit

Anhang

Literatur

Bärtels, A., Farbatlas Tropenpflanzen, Ulmer, Stuttgart, 1990

Francis, Ch.M., Pocket Guide to the Birds of Borneo, The Sabah Society, Kota Kinabalu, 1984

George, U., Regenwald, Gruner und Jahr, Hamburg, 1985

Hoi-Sen, Y., Malaysian Butterflies – an introduction, Tropical Press, Kuala Lumpur, 1989

Homann, E. u. K., Sarawak-Handbuch, Peter-Rump-Verlag, Bielefeld, 1988

Homann, E. u. K./Lutterjohann, M., Malaysia & Singapur, Peter- Rump-Verlag, Bielefeld, 3. Aufl. 1992

King, B./Woodcock, M./Dickinson, E.C., A Field Guide to the Birds of South-East Asia, Collins, London, 1989

Lötschert, W./Beese, G., Pflanzen der Tropen, BLV, München, 3. Aufl. 1989

Lutterjohann, M., Malaiisch für Globetrotter, Peter-Rump-Verlag, Bielefeld, 1990

Mackinnon, J., Borneo, Time-Life, Amsterdam, 12. Aufl. 1990

Rubeli, K., Tropical Rain Forest in South-East Asia, Tropical Press, Kuala Lumpur, 1987

Payne, J./Francis, Ch.M./Phillips, K., A Field Guide to the Mammels of Borneo, The Sabah Society, Kota Kinabalu, 1985

Payne, J./Andau, M., Orang-Utan Malaysia's Mascot, Berita Publishing, Kuala Lumpur, 1989

Tweedie, M.W.F./Harrison, J.L., Malaysian Animal Life, Longman Malaysia, Kuala Lumpur, 1981

Wallace, A.R., Der Malayische Archipel, Societäts-Verlag, Frankfurt, 1983

Bildnachweis

Wörterbuch
Deutsch / Wissenschaftlich / Englisch

Arten, die keinen deutschen Namen haben, sind hier mit ihrem wissenschaftlichen Artnamen verzeichnet.

Pflanzen

Afrikanischer Tulpenbaum / Spathodea campanulata / African Tulip Tree
Alexandrinalorbeer / Calophyllum inophyllum / Alexandrine Laurel
Ameisenpflanze / Dischidia sp. / Antplant
Ananas / Ananas comosus / Pineapple
Bambus / Dendrocalamus sp. / Bamboo
Banane / Musa sp. / Banana
Baum der Reisenden / Ravenala madagascariensis / Traveller's Tree
Baumfarn / Cyathea sp. / Tree Fern
Begonie / Begonia sp. / –
Blumenrohr / Canna indica / Canna
Brennpalme / Caryota urens / Fishtail Palm
Buschige Fischschwanzpalme / Caryota mitis / Fishtail Palm
Curculigo-Bodenorchidee / Curculigo sp. / –
Davallia-Farn / Davallia sp. / Rabbit's Foot Fern
Dicranopteris-Farn / Dicranopteris curranii / False Bracken Fern
Doritis-Orchidee / Phalaenopsis esmeralda / –
Drillingsblume / Bougainvillea spectabilis / Bougainville
Durianbaum / Durio zibethinus / Durian
Eichenblattfarn / Drynaria sp. / Oak Leaf Fern
Einblattpflanze / Monophyllaea sp. / One-leaf Plant
Eria-Orchidee / Eria kinabaluensis / –
Feigenbaum / Ficus sp. / Fig Tree
Fensterblatt / Epipremnum aureum / –
Flammenbaum / Delonix regia / Flamboyant
Frangipani / Plumeria alba / Pagoda Tree
Geschnäbelte Heliconie / Heliconia rostrata / –
Geweihfarn / Platycerium coronarium / Stag's Horn Fern
Gleichenia-Farne / Gleichenia truncata / False Bracken Fern
Goldtrompete / Allamanda cathartica / –
Guave / Psidium guajava / Guava
Hakenlilie / Crinum asiaticum / Milk and Wine Lily
Hymenophyllum-Farn / Hymenophyllum sp. / Filmy Fern
Indische Lagerstroemie / Lagerstroemia indica / Queen's Crape Myrtle
Indische Lotosblume / Nelumbo nucifera / Indian Lotos
Indischer Mandelbaum / Terminalia catappa / Almond Tree
Indischer Rosenapfel / Dillenia indica / Dillenia
Ingwer / Zingiber officinale / Ginger
Jackfruchtbaum / Artocarpus heterophyllus / Jackfruit
Kaffeestrauch / Coffea arabica / Coffee
Kakaobaum / Theobroma cacao / Cocoa
Kaladie / Caladium sp. / Caladiums
Kannenpflanzen / Nepenthes sp. / Pitcher Plant
Kanonenkugelbaum / Couroupita guaianensis / Cannonball Tree
Karambole / Averrhoa carambola / Starfruit
Kartoffel-Yams / Dioscorea bulbifera / Potato Yam

Kautschukbaum / Hevea brasiliensis / Rubber Tree
Kinabalu-Betelpalme / Areca catechu kinabaluensis / Kinabalu Betle Palm
Kokospalme / Cocos nucifera / Coconut Palm
Königsgrenadille / Passiflora quadrangularis / Passionfruit
Langsat / Lasium domesticum / Langsat
Leptospermum / Leptospermum recurvum / Tea Tree
Litchi / Litchi chinensis / Lychee
Lumbah-Bodenorchidee / Spathoglottis sp. / Ground Orchid
Mangobaum / Mangifera indica / Mango
Mangostane / Garcinia mangostana / Mangosteen
Mangrove / Rhizophora conjugata und R. mangle / Mangrove
Maniok / Manihot esculenta / Cassava
Medinille / Medinilla magnifica / Medinilla
Meranti / Shorea macroptera / –
Nipapalme / Nypa fruticans / Nipa Palm
Ölpalme / Elaeis guineensis / Oilpalm
Pagodenbaum / Plumeria alba / Pagoda Tree
Palmfarn / Cycas rumphii / Cycad
Papaya / Carica papaya / Papaya
Paprika / Capsicum sp. / Chili
Pfeffer / Piper nigrum / Pepper
Pholidota-Orchidee / Pholidota sp. / Pholidota
Polystichum-Farn / Polystichum tsus-simense / –
Prunkwinde / Pharbitis nil / Bind Weed
Puderquastenstrauch / Calliandra sp. / Powder Puff Tree
Pyrrosia-Farn / Pyrrosia longifolia / –
Rafflesia / Rafflesia sp. / Rafflesia
Rambutan / Nephelium lappaceum / Rambutan
Reis / Oryza sativa / Rice
Resam / Dicranopteris curranii und Gleichenia truncata / –
Rhododendron / Rhododendron sp. / Rhododendrons
Roseneibisch / Hibiscus roas-sinensis / Hibiscus
Rotangpalme / Calamus sp. / Rattan
Rotstielpalme / Cyrtostachys renda / Sealing-wax Palm
Sagopalme / Metroxylon sagu / Sago
Salakpalme / Salacca zalacca / Salac Palm
Scharlachrote Alpinie / Alpinia purpurata / Red Ginger
Schraubenbaum / Pandanus sp. / Screw Palm
Schwimmfarn / Salvinia molesta / Water Spangle
Seerose / Nymphaea sp. / Water Lily
Selaginella-Moose / Selaginella sp. / Spikemoss
Sinnpflanze / Mimosa pudica / Touch-me-not
Springkraut / Impatiens platyphylla / Kinabalu Balsam
Strahlenpalme / Licuala sp. / Fan Palm
Strandkasuarine / Casuarina equisetifolia / Australian Pine
Strelitzie / Strelitzia sp. / Bird of Paradise
Taro / Colocasia esculenta / Cocoyam
Teestrauch / Camellia sinensis / Tea
Tibouchine / Tibouchina urvilleana / Glory Bush
Trichomanes-Farn / Trichomanes sp. / Filmy Fern
Vogelnestfarn / Asplenium nidus / Bird's Nest Fern
Wagnersche Heliconie / Heliconia wagneriana / Wild Plantain
Wasserhyazinthe / Eichhornia crassipes / Water Hyacinth
Wassersalat / Pistia stratios / –
Weißer Stechapfel / Datura meteloia / White Angle's Trumpet
Wunderstrauch / Codiaeum variegatum / Croton

Würgfeige / Ficus sp. / Strangling Fic
Ziegenfußwinde / Ipomoea pes-caprae / Beach Vine
Zuckerrohr / Saccharum officinarum / Sugar Cane
Zweiflügelfruchtbaum / Dipterocarpus sp. / Dipterocarp
  Tree

Säugetiere

Asiatische Langschwanz-Riesenratte / Leopoldamys sabnus /
  Long- tailed Giant Rat
Asiatischer Elefant / Elephas maximus / Asian Elephant
Asiatischer Wasserbüffel / Bubalus arnee / Wild Water
  Buffalo
Banteng / Bos javanicus / Banteng
Bartgleithörnchen / Petinomys genibarbis / Whiskered
  Flying Squirrel
Bartschwein / Sus barbatus / Bearded Pig
Borneo-Gibbon / Hylobates lar muelleri / Grey Gibbon
– / Callosciurus adamsi / Ear's-spot Squirrel
– / Callosciurus orestes / Bornean Black-banded Squirrel
Delphin / Delphinus delphis / Common Dolphin
Gaur / Bos gaurus / Gaur
Großer Flughund / Pteropus vampyrus / Large Flying Fox
Großkantschil / Traglatus napu / Larger Malay Mouse Deer
Haarnasenotter / Lutra sumatrana / Hairey-Nosed Otter
Haubenlangur / Presbytis cristata / Silvered leaf Monkey
Hausratte / Rattus rattus / House Rat
Hauswasserbüffel / Bubalus arnee bubalis / Water Buffalo
Hufeisennasen / Rhinolopus sp. / Horseshoe Bat
Indischer Sambar / Cervus unicolor / Sambar Deer
Insel-Flughund / Pteropus hypomelanus / Island Flying Fox
Javaneraffe / Macaca fascicularis / Long-tailed Macaque
  (Crab- eating Monkey)
Kinabalu-Ratte / Rattus baluensis / Summit Rat
Kinabalu-Schönhörnchen / Callosciurus baluensis / Kinabalu
  Squirrel
Kleine Pazifikratte / Rattus exulans / Polynesian Rat
Kleinfleck-Zibetkatze / Viverra tangalunga / Malay Civet
Kleinkantschil / Traglatus javanicus / Lesser Malay Mouse
  Deer
Kurzschwanz-Stachelschwein / Hystrix brachyura / Common
  Porcupine
Langnasenhörnchen / Rhinosciurus laticaudatus / Shrew-
  faced Ground Squirrel
Leopard / Panthera pardus / Leopard
Malaien-Riesenhörnchen / Ratufa bicolor / Giant Squirrel
Malaienbär / Helarctos malayanus / Sun Bear
Malaiischer Palmenroller / Paradoxurus hermaphroditus /
  Common Palm Civet
Malaiisches Schuppentier / Manis javanica / Malay Pangolin
Maronen-Langur / Presbytis rubicunda / Maroon Leaf
  Monkey
Müller's Sundaratte / Sundamys muelleri / Muller's Rat
Muntjak / Muntiacus muntjak / Common Barking Deer
Nasenaffe / Nasalis larvatus / Proboscis Monkey
Nebelparder / Neofelis nebulosa / Clouded Leopard
Orang-Utan / Pongo pygmaeus / Orang-Utan
Plantagenhörnchen / Callosciurus notatus / Plantain Squirrel
Plumplori / Nycticebus coucang / Slow Lori
Prevost's Schönhörnchen / Callosciurus prevostii / Prevost's
  Squirrel

Roter Langur / Presbytis melalophos / Banded Leaf Monkey
Rothund / Cuon alpinus / Red Dog
Rundblattnasen / Hipposideros sp. / Roundleaf Bat
Ruß-Gleithörnchen / Pteromyscus pulverulentus / Smoky
  Flying Squirrel
Schabrackentapir / Acrocodia indica / Malayan Tapir
Schweinsaffe / Macaca nemestrina / Pig-tailed Macaque
Siamang / Hylobates syndactylus / Siamang
Spitzhörnchen / Tupaia glis / Tree Shrew
Sumatra-Nashorn / Dicerorhinus sumatrensis / Sumatran
  Rhinoceros
– / Sundasciurus lowii / Low's Squirrel
Taguan / Petaurista petaurista / Giant Flying Squirrel
Tiger / Neofelis tigris / Tiger
Ungka / Hylobates lar agilis / Ungka
Wanderratte / Rattus norvegicus / Common Rat
Weißhand-Gibbon / Hylobates lar carpenteri / Lar Gibbon
Wildschwein / Sus scrofa / Wild Boar
Zwergotter / Aonyx cinerea / Oriental Small-clawed Otter

Vögel

Argusfasan / Argusianus argus / Great Argus
Arielfregattvogel / Fregatta ariel / Lesser Frigate-Bird
Augenstreifenbülbül / Loidorusa goiavier / Yellow-vented
  Bulbul
Bambuslaubsänger / Abroscopus superciliaris / Yellow-
  bellied Flycatcher-warbler
Bengalenkuckuck / Centropus bengalensis / Lesser Coucal
Beo / Gracula religiosa / Hill-myna
Bergbuschsänger / Cettia fortipes / Strong-footed Bush-
  warbler
Bergschneidervogel / Orthotomus cucullatus / Mountain-
  tailorbird
Besrasperber / Accipiter virgatus / Besra Sparrow-Hawk
Bindenraupenfänger / Coracina striata / Bar-bellied Cuckoo-
  shrike
Blaubart-Blattvogel / Choropsis cyanopergon / Lesser green
  Leafbird
Blauflügel-Blattvogel / Chloropsis cochinchinensis / Blue-
  winged Leafbird
Blauflügelpitta / Pitta moluccensis / Lesser Blue-winged Pitta
Blaupitta / Leucopitta cyanea / Bluepitta
Blauschwanzpitta / Eucichla guajana / Blue-tailed Pitta
Blauwangen-Bartvogel / Cyanops asiaticus / Blue-throated
  Barbet
Borneobartvogel / Cyanops monticola / Mountain Barbet
Borneomistelfresser / Dicaeum monticolum / Bornean
  Fire-breasted Flowerpecker
Brahminenweih / Haliastur indus / Brahminy Kite
Braunbartvogel / Calorhampus fuliginosus / Brown Barbet
Braunkehl-Nektarvogel / Anthreptes malacensis / Plain-
  throated Sunbird
Braunliest / Halcyon smyrnensis / Smyrna Kingfisher
Bronzedrongo / Dicrurus aeneus / Bronzed Drongo
Diardkuckuck / Rhopodytes diardii / Chestnut-bellied
  Malkoha
Dickschnabeltaube / Treron capellei / Large Green Pigeon
Doppelhornvogel / Buceros bicornis / Great Hornbill
Dreifarbenweih / Aviceda leuphotes / Black Baza
Dschungelfischer / Ceyx erithacus / Malay Forest-kingfisher

Einfarbmistelfresser / Dicaeum concolor / Plain Flower-pecker

Elfenblauvogel (Türkis-Irene) / Irena puella / Asian Fairy Bluebird

Fahlbauch-Fruchttaube / Ducula badia / Mountain Imperial Pigeon

Falkenkauz / Ninox scutulata / Oriental Hawk-Owl

Feldsperling / Passer montanus / Eurasian Tree-sparrow

Flaggendrongo / Dicrurus paradiseus / Greater Racket-tailed Drongo

Flußregenpfeifer / Charadrius dubius / Little ringed Plover

Frühlingstaube / Treron vernans / Pink-necked Green Pigeon

Furchenjahrvogel / Rhyticeros undulatus / Wreathed Hornbill

Gelbbauch-Laubsänger / Pycnosphrys montis / Yellow-breasted Flycatcher-warbler

Gelbbrusttimalie / Mixornis guleria / Striped Tit-Babbler

Gelbrücken-Nektarvogel / Aethopyga siparaja / Yellow-backed Sunbird

Gelbwangenbülbül / Loidorusa flavescens / Flavescent Bulbul

Gelbwangenspinnenjäger / Arachnothera chrysogenys / Yellow-eared Spiderhunter

Glanzkäfertaube / Chalcophaps indica / Emerald-Dove

Glanzkrähe / Corvus splendens / House-crow

Goldbrustbülbül / Rubigula melanictera / Black-crested Bulbul

Granatpitta / Pitta granatina / Garnet-pitta

Graudrongo / Dicrurus leucophaeus / Ashy Drongo

Graukopf-Grüntaube / Treron olax / Little Green Pigeon

Graureiher / Ardea cinerea / Grey Heron

Grünkopfliest / Todiramphus chloris / White-collared King-fisher

Grünkopftrogon / Harpactes oreskios / Orange-breasted Trogon

Grünrücken-Nektarvogel / Cyrtostomus jugularis / Olive-backed Sunbird

Gurial / Pelargopsis capensis / Stork-billed Kingfisher

Halsbandkrähe / Corvus torquatus / Collared Crow

Halsbandtrogon / Harpactes diardii / Diard's Trogon

Haubensegler / Hemiprocne longipennis / Grey-rumped Tree-swift

Heckenkuckuck / Centropus sineneis / Crow-Pheasant

Hinduspint / Merops viridis / Blue-throated Bee-eater

Horsfieldnachtschwalbe / Caprimulgus macrurus / Large-tailed Nightjar

Indischer Hirtenstar / Acridotheres tristis / Common Myna

Jambufruchttaube / Megaloprepia jambu / Jambu Fruit-dove

Kappenliest / Halcyon pileata / Black-capped Kingfisher

Kappenpitta / Pitta sordida / Hooded Pitta

Klagekuckuck / Cacomantis merulinus / Plaintive Cuckoo

Koromandelkuckuck / Clamator coromandus / Chestnut-winged Cuckoo

Kupferkehl-Naektarvogel / Chalcostetha calcostetha / Copper-throated Sunbird

Kupferschmied / Xantholaema haemacephala / Copper-smith Barbet

Langschnabelspinnenjäger / Arachnothera robusta / Long-billed Spiderhunter

Langschopf-Hornvogel / Berenicornis comatus / Long-crested Hornbill

Malabarhornvogel / Anthracoceros coronatus / Indian Pied Hornbill

Malaienblauschnäpper / Cyornis turcosus / Malaysian Blue Flycatcher

Malaienbülbül / Malayornis plumosus / Olive-winged Bulbul

Malaienfächerschwanz / Rhipidura javanica / Malaysian Fantail

Malaienhornvogel / Anthracoceros malayanus / Malaysian Black Hornbill

Malaienliest / Actenoides concretus / Rufous-collared King-fisher

Malaienpfaufasan / Polyplectron malacense / Malay Pea-cock-pheasant

Malaienreiher / Ardea sumatrana / Great-billed Heron

Malaiensegler / Apus nipalensis / Malay House-swift

Malaienstorch / Leptoptilos javanicus / Lesser Adjutant Stork

Malaienuhu / Bubo sumatranus / Malaysian Eagle-Owl

Mangroveblauschnäpper / Cyornis rufigaster / Mangrove Blue Flycatcher

Mangrovenreiher / Butorides striatus / Striated Heron

Mangrovepitta / Pitta megarhyncha / Larger Blue-winged Pitta

Meninting-Eisvogel / Alceo meninting / Deep-blue King-fisher

Milchstorch / Mycteria cinerea / Milky Wood-Stork

Nachtreiher / Nycticorax nycticorax / Night Heron

Olivrücken-Dschungelschnäpper / Rhinomyias olivacea / Oliv-backed Jungleflycatcher

Orangebauch-Mistelfresser / Dicaeum trigonostigma / Orange-bellied Flowerpecker

Perlhalstaube / Streptopelia chinensis / Spotted Turtle-dove

Pickeringfruchttaube / Ducula pickeringii / Grey Imperial Pigeon

Purpurhuhn / Porphyrio porphyrio / Purple Swamphen

Rhinozerosvogel / Buceros bicornis / Rhinoceros Hornbill

Riesenpitta / Hydrornis caeruleus / Giant Pitta

Rohrdommel / Botaurus stellaris / Bittern

Roststirnschnäpper / Anthipes solitarius / Rufous-browed Flycatcher

Rostwangen-Schneidervogel / Orthotomus ruficeps / Ashy Tailorbird

Rotaugenbülbül / Malayornis brunneus / Red-eyed Bulbul

Rotbartspint / Nyctyornis amictus / Red-bearded Bee-eater

Rotbrust-Grundschnäpper / Dendrobiastes hyperythrus / Snowy- browed Flycatcher

Rotbrustpirol / Oriolus cruentus / Black-and-crimson Oriole

Rotbüschel-Bartvogel / Psilopogon pyrolophus / Fire-tufted Barbet

Rotkehl-Nektarvogel / Anthreptes rhodolaema / Red-throated Sunbird

Rotkopfpitta / Pitta arcuata / Blue-banded Pitta

Rotschwanz-Schneidervogel / Orthotomus sericeus / Rufous-tailed Tailorbird

Rotstirn-Schneidervogel / Orthotomus sutorius / Long-tailed Tailorbird

Rubinwangen-Nektarvogel / Chalcoparia singalensis / Ruby-cheeked Sunbird

Ruderdrongo / Dicrurus remifer / Racket-tailed Drongo

Runzelhornvogel / Rhyticeros corrugatus / Wrinkled Horn-bill

Saruskranich / Grus antigone / Sarus Crane

Schildschnabel / Rhinoplax vigil / Helmeted Hornbill

Schimmerkuckuck / Rhamphococcyx curvirostris / Chest-nut-breasted Malkoha

Schlichtnektarvogel / Anthreptes simplex / Plain Sunbird

Schwarzflügel-Raupenschmätzer / Hemipus hirundinaceus / Black-winged Pygmy Triller

Schwarznackenpirol / Oriolus chinensis / Black-naped Oriole

Schwarzring-Brillenvogel / Chlorocharis emiliae / Olive Black-eye

Seidenreiher / Egretta garzetta / Little Egret

Sonneratkuckuck / Penthoceryx sonneratii / Banded Bay-Cuckoo

Sperbertäubchen / Geopelia striata / Barred Ground-dove

Streifenbartvogel / Thereiceryx lineatus / Lineated Barbet

Südsee-Laubsänger / Acanthopneuste trivirgata / Mountain Leaf-warbler

Sunda-Fischuhu / Ketupa ketupa / Malaysian Fish-Owl

Sunda-Regenpfeifer / Charadrius peronii / Malay Plover

Teichwasserläufer / Tringa stagnatilis / Marsh-Sandpiper

Vielfarben-Bartvogel / Chotorea rafflesii / Many-coloured Barbet

Wasserfasan / Hydrophasianus chirurgus / Pheasant-tailed Jacana

Weißaugenbülbül / Malayornis simplex / White-eyed Bulbul

Weißbauch-Seeadler / Haliaeetus leucogaster / White-bellied Sea-eagle

Weißbrust-Kielralle / Amaurornis phoenicurus / White-breasted Swamp-Hen

Weißbürzelsegler / Apus affinis / House Swift

Weißnest-Salangane / Collocalia fuciphaga / White-nest Swiftlet

Weißschwanzsegler / Rhaphidura leucopygialis / Silver-rumped Swift

Wespenbussard / Pernis apivorus / Honey-buzzard

Reptilien, Amphibien und Fische

Anemonenfische / Amphiprion sp. / Clownfishes

Asiatischer Ochsenfrosch / Rana tigrina / Bullfrog

Baumschnüffler / Ahaetulla mycterizans / Bronzeback

Bengalenwaran / Varanus bengalensis / Bengal Monitor

Bindenwaran / Varanus salvator / Common Water Monitor

Borneo-Flugfrosch / Rhacophorus pardalis / Squirrel Frog

Borneo-Schönechse / Calotes cristatellus / Green-crested Lizard

Borneo-Winkelkopfagame / Gonocephalus liogaster / Agamid Lizard

Echte Karettschildkröte / Eretmochelys imbricata / Hawks-bill Turtle

Faltengecko / Ptychozoon kuhli / Kuhl's Gecko

Flugdrache / Draco sp. / Flying Dragon

Goldschlange / Chrysopelea ornata / –

Grüne Baumnatter / Elaphe prasina / Grass-green Whip Snake

Grüner Baumfrosch / Rana hosei / Green Tree Frog

Hammerhai / Sphyrna sp. / Hammerhead Shark

Hausgecko / Hemidactylus frenatus / House Gecko

Indische Schönechse / Calotes versicolor / Indian Lizard

Kobra / Naja naja / Cobra

Königskobra / Ophiophagus hannah / King Cobra

Lederschildkröte / Dermochelys coriacea / Leatherback Turtle

Leistenkrokodil / Crocodylus porosus / Salt-water Crocodile

Mangroven-Nachtbaumnatter / Boiga dendrophila / Man-grove Snake

Muräne / Gymnothorax sp. / Moray

Netzpython / Python reticulata / Reticulate Python

Oliv-Baumskink / Dasia olivacea / Fleet-footed Skink

Peitschennatter / Ahaetulla prasina / Oriental Whip Snake

Rattennatter / Zaocys carinatus / Keeled Rat Snake

Rauhnackenwaran / Varanus rudicollis / Rough-necked Monitor

Rotohrfrosch / Rana erythraea / Green-Backed Frog

Schlammspringer / Periophthalmus sp. / Mudskippers

Schmetterlingsagame / Leiolepis belliana / Agamid Lizard

Schmuckbaumnatter / Chrysopelea sp. / Flying Snakes

Sunda-Gavial / Tomistoma schlegelii / False Gavial

Suppenschildkröte / Chelonia mydas / Green Turtle

Tokee / Gecko gecko / Tokay

Vielstreifenmabuye / Mabuya multifasciata / Sun Lizard

Waglers Lanzenotter / Trimeresurus wagleri / Wagler's Pit Viper

Waldgecko / Cnemaspis sp. / Forest Gecko

Wasserschuppenkopf / Bitia hydroides / Homalopsine Colubrid Snake

Weißbart-Ruderfrosch / Rhacophorus leucomystax / Malayan Tree-frog

Weißspitzenriffhai / Triaenodon obesus / White Tip Shark

Zipfelfrosch / Megophrys nasuta / Nose-horned Frog

Wirbellose

Bandfüßer / Polydesnichen sp. / Millipede

Blutegel / Haemadipsa sp. / Land Leech

Chamäleonschnecke / Nerita chamaelon / –

Danaiden / Radena vulgaris / Blue Glassey Tiger

Diadem-Seeigel / Diadema setosum / Sea Urchin

Diogenes-Einsiedlerkrebs / Dardanus diogenes / Hermit Crab

Fangschrecke / Mantodea sp. / Praying Mantis

Fiebermücke / Anopheles sp. / Mosquito

Fleckenfalter / Euthalia monina / Malay Baron

Helena-Vogelfalter / Troides helena / Common Birdwing

Hundertfüßer / Scolopendra sp. / Centipede

Kleiner Einsiedlerkrebs / Paguristes sp. / Hermit Crab

Landkarten-Kegelschnecke / Conus geographus / Cone Shell

Laternenträger / Fulgora sp. / Lantern Fly

Molukken-Schwertschwanz / Tachyplus gigas / Horseshoe Crab

Nashornkäfer / Ocryctes rhinoceros / Rhinoceros Beetle

Portugiesische Galeere / Physalia physalis / Portuguese Man-of-war

Porzellanschnecke / Cyprea annulus / –

Radnetzspinne / Nephelia maculata / Araneids

Riesenmuschel / Tridacna maxima / Giant Clam

Ritterfalter / Trogonoptera brookiana / Rajah Brooke's Bird-wing

Roßameise / Camponotus gigas / Giant Ant
Rotbrauner Tausendfüßer / Trigniulus lumbricinus / Millipede
Rotkörperlibelle / Crocothemis servilia / Red-bodied Dragonfly
Schnurfüßer / Thyropygos pachyurus / Millipede
Seepocken / Tetraclita sp. / Barnacles

Stabschrecke / Carausius sp. / Stick Insect
Tausendfüßer / Platyrachus sp. / Millipede
Termite / Macrotermes sp. / Termite
Weberameise / Oecophylla smaragdina / Weaving Ant
Winkerkrabbe / Uca sp. / Fiddler Crab
Zikade / Dundubia sp. / Green-bodied Cicada

Englisch / Deutsch

Arten, die keinen deutschen Namen haben, sind hier mit ihrem wissenschaftlichen Artnamen verzeichnet.

Pflanzen

African Tulip Tree / Afrikanischer Tulpenbaum
Alexandrine Laurel / Alexandrinalorbeer
Almond Tree / Indischer Mandelbaum
Antplant / Ameisenpflanze
Australian Pine / Strandkasuarine
Bamboo / Bambus
Banana / Banane
Beach Vine / Ziegenfußwinde
Bind Weed / Prunkwinde
Bird of Paradise / Strelitzie
Bird's Nest Fern / Vogelnestfarn
Bougainvillie / Drillingsblume
Caladiums / Kaladie
Canna / Blumenrohr
Cannonball Tree / Kanonenkugelbaum
Cassava / Maniok
Chili / Paprika
Cocoa / Kakaobaum
Coconut Palm / Kokospalme
Cocoyam / Taro
Coffee / Kaffeestrauch
Croton / Wunderstrauch
Cycad / Palmfarn
Dillenia / Indischer Rosenapfel
Dipterocarp Tree / Zweiflügelfruchtbaum
Durian / Durianbaum
False Bracken Fern / Dicranopteris- oder Gleichenia-Farne
Fan Palm / Strahlenpalme
Fig Tree / Feigenbaum
Filmy Fern / Hymenophyllum- oder Trichomanes-Farne
Fishtail Palm / Brennpalme
Fishtail Palm / Buschige Fischschwanzpalme
Flamboyant / Flammenbaum
Ginger / Ingwer
Glory Bush / Tibouchine
Ground Orchid / Lumbah-Bodenorchidee
Guava / Guave
Hibiscus / Roseneibisch
Indian Lotos / Indische Lotusblume
Jackfruit / Jackfruchtbaum
Kinabalu Balsam / Springkraut
Kinabalu Betle Palm / Kinabalu Betelpalme
Langsat / Langsat
Lychee / Litchi
Mango / Mangobaum
Mangosteen / Mangostane
Mangrove / Mangrove
Medinilla / Medinille
Milk and Wine Lily / Hakenlinie
Nipa Palm / Nipapalme
Oak Leaf Fern / Eichenblattfarn
Oilpalm / Ölpalme
One-leaf Plant / Einblattpflanze
Pagoda Tree / Frangipani (Pagodenbaum)
Papaya / Papaya
Passionfruit / Königsgrenadille
Pepper / Pfeffer
Pineapple / Ananas
Pitcher Plant / Kannenpflanze
Potato Yam / Kartoffel-Yams
Powder Puff Tree / Puderquastenstrauch
Queen's Crape Myrtle / Indische Lagerstroemie
Rabbit's Foot Fern / Davallia-Farn
Rafflesia / Rafflesia
Rambutan / Rambutan
Rattan / Rotangpalme
Red Ginger / Scharlachrote Alpinie
Rhododendrons / Rhododendron
Rice / Reis
Rubber Tree / Kautschukbaum
Sago / Sagopalme
Salac Palm / Salakpalme
Screw Palm / Scharubenbaum
Sealing-wax Palm / Rotstielpalme
Spikemoss / Selaginella-Moose
Stag's Horn Fern / Geweihfarn
Starfruit / Karambole
Strangling Fic / Würgfeige
Sugar Cane / Zuckerrohr
Tea / Teestrauch
Tea Tree / Leptospermum
Touch-me-not / Sinnpflanze
Traveller's Tree / Baum des Reisenden
Tree Fern / Baumfarn
Water Hyacinth / Wasserhyazinthe
Water Lily / Seerose
Water Spangle / Schwimmfarn
White Angle's Trumpet / Weißer Stechapfel
Wild Plantain / Wagnersche Heliconie

Säugetiere

Asian Elephant / Asiatischer Elefant
Banded Leaf Monkey / Roter Langur
Banteng / Banteng
Bearded Pig / Bartschwein
Bornean Black-banded Squirrel / Callosciurus orestes
Clouded Leopard / Nebelparder
Common Barking Deer / Muntjak
Common Dolphin / Delphin
Common Palm Civet / Malaiischer Palmenroller
Common Porcupine / Kurzschwanz-Stachelschwein
Common Rat / Wanderratte
Ear's-spot Squirrel / Callosciurus adamsi
Gaur / Gaur
Giant Flying Squirrel / Taguan
Giant Squirrel / Malaiisches Riesenhörnchen
Grey Gibbon / Borneo-Gibbon
Hairey-Nosed Otter / Haarnasenotter
Horseshoe Bat / Hufeisennasen
House Rat / Hausratte
Island Flying Fox / Insel-Flughund
Kinabalu Squirrel / Kinabalu-Schönhörnchen
Lar Gibbon / Weißhand-Gibbon
Large Flying Fox / Großer Flughund
Larger Malay Mouse Deer / Großkantschil
Leopard / Leopard
Lesser Malay Mouse Deer / Kleinkantschil
Long-tailed Giant Rat / Asiatische Langschwanz-Riesen-
    ratte
Long-tailed Macaque (Crab-eating Monkey) / Javaneraffe
Low's Squirrel / Sundasciurus lowii
Malay Civet / Kleinfleck-Zibetkatze
Malay Pangolin / Malaiisches Schuppentier
Malayan Tapir / Schabrackentapir
Maroon Leaf Monkey / Maronen-Langur
Muller's Rat / Müller's Sundaratte
Orang-Utan / Orang-Utan
Oriental Small-clawed Otter / Zwergotter
Pig-tailed Macaque / Schweinsaffe
Plantain Squirrel / Plantagenhörnchen
Polynesian Rat / Kleine Pazifikratte
Prevost's Squirrel / Prevost's Schönhörnchen
Proboscis Monkey / Nasenaffe
Red Dog / Rothund
Roundleaf Bat / Rundblattnasen
Sambar Deer / Indischer Sambar
Shrew-faced Ground Squirrel / Langnasenhörnchen
Siamang / Siamang
Silvered leaf Monkey / Haubenlangur
Slow Lori / Plumplori
Smoky Flying Squirrel / Ruß-Gleithörnchen
Sumatran Rhinoceros / Sumatra-Nashorn
Summit Rat / Kinabalu-Ratte
Sun Bear / Malaienbär
Tiger / Tiger
Tree Shrew / Spitzhörnchen
Water Buffalo / Hauswasserbüffel (Kerabau)
Whiskered Flying Squirrel / Bartgleithörnchen
Wild Boar / Wildschwein
Wild Water Buffalo / Asiatischer Wasserbüffel

Vögel

Ashy Drongo / Graudrongo
Ashy Tailorbird / Rostwangen-Schneidervogel
Asian Fairy Bluebird / Elfenblauvogel (Türkis-Irene)
Banded Bay-Cuckoo / Sonneratkuckuck
Bar-bellied Cuckoo-Shrike / Bindenraupenfänger
Barred Ground-Dove / Sperbertäubchen
Besra Sparrow-Hawk / Besrasperber
Bittern / Rohrdommel
Black-and-crimson Oriole / Rotbrustpirol
Black Baza / Dreifarbenweih
Black-capped Kingfisher / Kappenliest
Black-crested Bulbul / Goldbrustbülbül
Black-naped Oriole / Schwarznackenpirol
Black-winged Pygmy Triller / Schwarzflügelraupenschmätzer
Blue banded Pitta / Rotkopfpitta
Blue-tailed Pitta / Blauschwanzpitta
Blue-throated Barbet / Blauwangen-Bartvogel
Blue-throated Bee-eater / Hindusspint
Blue-winged Leafbird / Blauflügel-Blattvogel
Bluepitta / Blaupitta
Bornean Fire-breasted Flowerpecker / Borneomistelfresser
Brahminy Kite / Brahminenweih
Bronzed Drongo / Bronzedrongo
Brown Barbet / Braunbartvogel
Chestnut-bellied Malkoha / Diardkuckuck
Chestnut-breasted Malkoha / Schimmerkuckuck
Chestnut-winged Cuckoo / Koromandelkuckuck
Collared Crow / Halsbandkrähe
Common Myna / Indischer Hirtenstar
Copper-throated Sunbird / Kupferkehl-Nektarvogel
Coppersmith Barbet / Kupferschmied
Crow-Pheasant / Heckenkuckuck
Deep-blue Kingfisher / Meninting-Eisvogel
Diard's Trogon / Halsbandtrogon
Emerald-Dove / Glanzkäfertaube
Eurasian Tree-Sparrow / Feldsperling
Fire-tufted Barbet / Rotbüschel-Bartvogel
Flavescent Bulbul / Gelbwangenbülbül
Garnet-Pitta / Granatpitta
Giant Pitta / Riesenpitta
Great Argus / Argusfasan
Great-billed Heron / Malaienreiher
Great Hornbill / Doppelhornvogel
Greater Racket-tailed Drongo / Flaggendrongo
Grey Heron / Graureiher
Grey Imperial Pigeon / Pickeringfruchttaube
Grey-rumped Tree-swift / Haubensegler
Helmeted Hornbill / Schildschnabel
Hill-Myna / Beo
Honey-Buzzard / Wespenbussard
Hooded Pitta / Kappenpitta
House-Crow / Glanzkrähe
House Swift / Weißbürzelsegler
Indian Pied Hornbill / Malabarhornvogel
Jambu Fruit-Dove / Jambufruchttaube
Large Green Pigeon / Dickschnabeltaube
Large-tailed Nightjar / Horsefieldnachtschwalbe
Larger Blue-winged Pitta / Mangrovepitta
Lesser Blue-winged Pitta / Blauflügelpitta

Lesser Coucal / Bengalenkuckuck
Lesser Frigate-Bird / Arielfregattvogel
Lesser green Leafbird / Blaubart-Blattvogel
Lineated Barbet / Streifenbartvogel
Little Egret / Seidenreiher
Little Green Pigeon / Graukopf-Grüntaube
Little ringed Plover / Flußregenpfeifer
Long-billed Spiderhunter / Langschnabelspinnenjäger
Long-crested Hornbill / Langschopf-Hornvogel
Long-tailed Tailorbird / Rotstirn-Schneidervogel
Malay Forest-Kingfisher / Dschungelfischer
Malay House-swift / Malaiensegler
Malay Peacock-Pheasant / Malaienpfaufasan
Malay Plover / Sunda-Regenpfeifer
Malaysian Black Hornbill / Malaienhornvogel
Malaysian Blue Flycatcher / Malaienblauschnäpper
Malaysian Eagle-Owl / Malaienuhu
Malaysian Fantail / Malaienfächerschwanz
Malaysian Fish-Owl / Sunda-Fischuhu
Mangrove Blue Flycatcher / Mangrovenblauschnäpper
Many-coloured Barbet / Vielfarben-Bartvogel
Marsh-Sandpiper / Teichwasserläufer
Milky Wood-Stork / Milchstorch
Mountain Barbet / Borneobartvogel
Mountain Imperial Pigeon / Fahlbauch-Fruchttaube
Mountain Leaf-Warbler / Südsee-Laubsänger
Mountain-Tailorbird / Bergschneidervogel
Nicht Heron / Nachtreiher
Oliv-backed Jungleflycatcher / Olivrücken-Dschungel-
    schnäpper
Olive-backed Sunbird / Grünrücken-Nektarvogel
Olive Black-eye / Schwarzring-Brillenvogel
Olive-winged Bulbul / Malaienbülbül
Orange-bellied Flowerpecker / Orangebauch-Mistelfresser
Orange-breasted Trogon / Grünkopftrogon
Oriental Hawk-Owl / Falkenkauz
Pheasant-tailed Jacana / Wasserfasan
Pink-necked Green Pigeon / Frühlingstaube
Plain Flowerpecker / Einfarbmistelfresser
Plain Sunbird / Schlicht-Nektarvogel
Plain-throated Sunbird / Braunkehl-Nektarvogel
Plaintive Cuckoo / Klagekuckuck
Purple Swamphen / Purpurhuhn
Racket-tailed Drongo / Ruderdrongo
Red-bearded Bee-eater / Rotbartspint
Red-eyed Bulbul / Rotaugenbülbül
Red-throated Sunbird / Rotkehl-Nektarvogel
Rhinoceros Hornbill / Rhinozerosvogel
Ruby-cheeked Sunbird / Rubinwangen-Nektarvogel
Rufous-browed Flycatcher / Roststirnschnäpper
Rufous-collared Kingfisher / Malaienliest
Rufous-tailed Tailorbird / Rotschwanz-Schneidervogel
Sarus Crane / Saruskranich
Silver-rumped Swift / Weißschwanzsegler
Smyrna Kingfisher / Braunliest
Snowy-browed Flycatcher / Rotbrust-Grundschnäpper
Spotted Turtle-Dove / Perlhalstaube
Stork-billed Kingfisher / Gurial
Striated Heron / Mangrovenreiher

Striped Tit-Babbler / Gelbbrusttimalie
Strong-footed Bush-Warbler / Bergbuschsänger
White-bellied Sea-Eagle / Weißbauch-Seeadler
White-breasted Swamp-Hen / Weißbrustkielralle
White-collared Kingfisher / Grünkopfliest
White-eyed Bulbul / Weißaugenbülbül
White-nest Swiftlet / Weißnest-Salangane
Wreathed Hornbill / Furchenjahrvogel
Wrinkled Hornbill / Runzelhornvogel
Yellow-backed Sunbird / Gelbrückennektarvogel
Yellow-bellied Flycatcher-Warbler / Bambuslaubsänger
Yellow-breasted Flycatcher-Warbler / Gelbbauch-Laub-
    sänger
Yellow-eared Spiderhunter / Gelbwangenspinnen-
    jäger
Yellow-vented Bulbul / Augenstreifenbülbül

Reptilien, Amphibien und Fische
Agamid Lizard / Borneo-Winkelkopfagame
Agamid Lizard / Schmetterlingsagame
Bengal Monitor / Bengalenwaran
Brozeback / Baumschnüffler
Bullfrog / Asiatischer Ochsenfrosch
Clownfishes / Anemonenfische
Cobra / Kobra (Brillenschlange)
Common Water Monitor / Bindenwaren
False Gavial / Sunda-Gavial
Fleet-footed Skink / Baumskink
Flying Dragon / Flugdrache
Flying Frog / Borneo-Flugfrosch
Flying Snakes / Schmuckbaumnatter
Forest Gecko / Waldgecko
Grass-green Whip Snake / Grüne Baumnatter
Green-backed Frog / Rotohrfrosch
Green Crested Lizard / Borneo-Schönechse
Green Tree Frog / Grüner Baumfrosch
Green Turtle / Suppenschildkröte
Hammerhead Shark / Hammerhai
Hawksbill Turtle / Echte Karettschildkröte
Homalopsine Colubrid Snake / Wasserschuppenkopf
House Gecko / Hausgecko
Indian Lizard / Indische Schönechse
Keeled Rat Snake / Rattennatter
King Cobra / Königskobra
Kuhl's Gecko / Faltengecko
Leatherback Turtle / Lederschildkröte
Malayan Tree-frog / Weißbart-Ruderfrosch
Mangrove Snake / Mangroven-Nachtbaumnatter
Moray / Muräne
Mudskippers / Schlammspringer
Nose-horned Frog / Zipfelfrosch
Oriental Whip Snake / Peitschenatter
Reticulate Python / Netzpython
Rough-necked Monitor / Rauhnackenwaran
Salt-water Crocodile / Leistenkrokodil
Sun Lizard / Vielstreifenmabuye
Tokay / Tockee
Wagler's Pit Viper / Waglers Lanzenotter
White Tip Shark / Weißspitzenriffhai

Wirbellose

Atlas Moth / Atlasmotte
Barnacles / Seepocken
Blue Glassey Tiger / Danaiden
Centipede / Hundertfüßer
Cicade / Zikade
Common Birdwing / Helena-Vogelfalter
Cone Shell / Kegelschnecke
Fiddler Crab / Winkerkrabbe
Giant Ant / Roßameise
Giant Clam / Riesenmuschel
Hermit Crab / Einsiedlerkrebs
Horseshoe Crab / Schwertschwanz
Land Leech / Blutegel

Lantern Fly / Laternenträger
Malay Baron / Fleckenfalter
Millipede / Schnurfüßer (Tausendfüßer)
Mosquito / Mücke
Portuguese Man-of-war / Portugiesische Galeere
Praying Mantis / Fangschrecke
Rajah Brooke's Birdwing / Ritterfalter
Red-bodied Dragonfly / Rotkörperlibelle
Rhinoceros Beetle / Nashornkäfer
Sea Urchin / Seeigel
Stick Insect / Stabschnecke
Termite / Termite
Weaving Ant / Weberameise

Register

Fett gedruckte Seitenzahlen verweisen auf Fotos, schräg gedruckte auf Essays (im Text blau unterlegt). Seitenzahlen mit dem Zusatz »ff.« bezeichnen den Beginn eines Hauptreiseziels.

Sach-/Ortsregister

Die Natur als Reiseziel

Reiselust heute – das heißt auch Lust auf unberührte Natur, auf außergewöhnliche Landschaften, interessante Vegetation und vielfältige Tierwelt. Die »Reiseführer Natur« ermöglichen die optimale Planung Ihrer Reise – und somit ein eindrucksvolles Naturerlebnis vor Ort.

- Vorstellung des Reiselandes speziell für Naturfreunde
- Alle bedeutenden Natursehenswürdigkeiten mit Beschreibungen, Schutzgebieten, Beobachtungsplätzen und vielem mehr
- Praktische Reisetips mit Tourenvorschlägen, Wanderwegen, Übersichtskarten mit Hinweisen zu den beschriebenen Sehenswürdigkeiten
- Fotos, die begeistern – von Landschaften, Pflanzen und Tieren.

Wolfgang Bittmann/
Brigitte Fugger
Galapagos
160 Seiten, 110 Farbfotos, 44 s/w-Fotos, 6 Zeichnungen und 26 Karten, 1 Übersichtskarte

Wolfgang Bittmann
Brigitte Fugger/
USA
240 Seiten, 209 Farbfotos, 80 s/w-Fotos, 31 Karten 1 Zeichnung, 2 Übersichtskarten

Roberto Cabo
Spanien
239 Seiten, 205 Farbfotos, 59 s/w-Fotos, 32 Karten, 1 Übersichtskarte

Brigitte Fugger/
Wolfgang Bittmann
Australien
239 Seiten, 192 Farbfotos, 77 s/w-Fotos, 34 Karten, 4 Übersichtskarten

Horst und Wally Hagen
Ostafrika
245 Seiten, 171 Farbfotos, 73 s/w-Fotos, 28 Karten, 1 Übersichtskarte

Aygün und Max Kasparek
Türkei
239 Seiten, 165 Farbfotos, 61 s/w-Fotos, 33 Karten, 4 Übersichtskarten

Gertrud Neumann-
Denzau/Helmut Denzau
Indien
239 Seiten, 210 Farbfotos, 58 s/w-Fotos, 38 Karten, 1 Übersichtskarte

Eckart Pott/Werner Küpker
Südliches Skandinavien
239 Seiten, 195 Farbfotos, 104 s/w-Fotos, 27 Karten, 2 Grafiken, 1 Übersichtskarte

Winfried Wisniewski
Island
160 Seiten, 123 Farbfotos, 44 s/w-Fotos, 18 Karten, 1 Zeichnung, 3 Übersichtskarten

In Vorbereitung für 1993:
Brasilien/Venezuela, Griechenland, Kanarische Inseln, Neuseeland